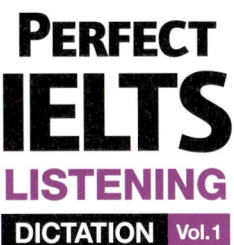

PERFECT
IELTS
LISTENING
DICTATION **Vol.1**

PERFECT **IELTS** LISTENING DICTATION VOL.1 전용 단어

초판 1쇄 발행 2017년 5월 15일

지은이 장대석
발행인 정현순
발행처 ㈜북핀

출판등록 제2016-000041호(2016. 6. 3)
주소 서울시 광진구 천호대로 572, 5층 505호
전화 070-4242-0525 / 팩스 02-6969-9737

디자인 조수영

ISBN 978-11-87616-13-9 13740

값 15,000원

IELTS 고득점을 위한 수험생 맞춤형 종합 솔루션

PERFECT
IELTS
LISTENING
DICTATION Vol. 1 전용 단어

장대석 지음

Wisdom Garden

IELTS Listening의
시작과 완성은 Dictation이다!

Perfect IELTS 시리즈는 출판된 이후 수년간 IELTS 분야 최고의 베스트셀러이자 IELTS를 준비하는 사람이라면 반드시 봐야 할 필수 기본서로 많은 분의 사랑을 받아왔습니다. 교재를 개발하면서 항상 최우선에 두었던 것은 어떻게 하면 IELTS를 공부하는 분들의 실력과 점수를 좀 더 향상시킬 수 있을까 하는 고민이었습니다. 이번에 출간하게 된《Perfect IELTS Listening Dictation VOL. 1, VOL. 2》역시도 그러한 고민 끝에 탄생한 책입니다.

'Waddell', '3290 5876 4401 2899', 'TF274Q5'.

실제 IELTS 시험 Listening 파트에서 출제된 문제의 정답입니다. 이런 식의 익숙하지 않은 주소나 사람 이름 또는 숫자를 받아 적는 문제는 IELTS Listening 시험마다 항상 나오고 있고 많은 경우 60% 이상을 차지하고 있습니다. 실제 IELTS Listening 문제 유형 총 6개 중 Multiple Choice와 Matching을 제외한 나머지 4개의 문제 유형이 직접 받아쓰는 문제인 것을 보면 Dictation이 IELTS Listening에서 얼마나 큰 비중을 차지하고 있는지 알 수 있습니다. 그래서 많은 응시자들이 좋은 점수를 얻기 위해 이런 받아쓰기 유형의 문제를 충분히 많이 풀어보며 시험에 대비하길 원하지만, 막상 제대로 실전처럼 공부하기에 효과적인 책이나 문제집이 없습니다. 더구나 문제의 특성상 한 번 풀어본 문제는 답이 쉽게 외워져서 그나마도 많지 않은 문제들을 여러 번 반복해서 푸는 공부는 받아쓰기 문제 유형을 속 시원히 해결할 수 있는 대안이 되질 못 했습니다. 그래서 수험생들의 그러한 고민을 해결하고자 이 책을 출간하게 되었습니다.

이 책은 IELTS 시험을 공부하는 수험생들이 IELTS Listening에서 가장 어려워하는 세 가지를 해결하는 데 중점을 두었습니다. 첫째는 그동안 영어 공부를 해오면서도 접해보지 못했던 IELTS Listening 전용의 생소한 단어와 숫자 정복이고, 둘째는 IELTS Listening의 각 section에 자주 등장하는 여러 주제의 전문 단어 정복이며, 마지막으로 기존 시험과 달리 스펠링을 하나하나 정확히 적어야 하는 주관식 형식의 시험에 대한 완벽 대비입니다. 따라서 기존에 출간된《Perfect IELTS Listening》학습서와 함께《Perfect IELTS Listening Dictation VOL. 1, VOL. 2》를 공부한다면 IELTS 네 파트 중 가장 점수 올리기 힘들고 시간이 많이 드는 Listening 파트를 좀 더 효과적이고 효율적으로 공부해서 최단 시간에 원하는 점수를 받을 수 있을 것이라 확신합니다.

고득점을 원한다면 IELTS 전용 단어, 전문 단어, 필수 단어를 익혀라!

앞서 예시로 보여준 정답을 보면 문제의 난도가 높지는 않지만, 평소 이런 답들에 대한 대비가 없는 상태이다 보니 많은 응시자들이 실제 시험에서 받아 적지도 못하거나, 적다가 실수해서 자주 오답 처리되는 비율이 높습니다. 그리고 시험에서는 녹음 내용을 한 번만 들려주기 때문에 정답을 받아 적다가 스펠링을 한 개를 빠뜨리거나 숫자 하나라도 놓치게 된다면 안타깝게도 오답이 됩니다. 또한 영국 또는 호주 발음으로 이루어진 IELTS Listening 시험에서 이런 발음에 익숙하지 않기 때문에 실수를 더욱 가중시킵니다. 이런 어려움을 이기고 정답을 맞혀 고득점을 받는 노하우는 절대적으로 IELTS Listening에만 나오는 전용 단어, 시험에 자주 출제되는 전문 단어 및 필수 단어를 익히는 것입니다. 평생 IELTS를 공부할 것이 아니면 시험에 안 나오고 시험과 관련 없는 드라마나 영화의 대사, 뉴스 혹은 다른 시험의 받아쓰기가 아닌 IELTS Listening에 최적화되어 있는 책으로 제대로 된 받아쓰기 공부를 해야 최단 시간에 최고의 효율로 원하는 점수를 받을 수 있습니다.

본 교재《Perfect IELTS Listening Dictation VOL. 1 – 전용 단어》에서는 최근 10년간 실제 Listening 시험에서 출제된 문제와 정답 중에서 주소, 이름, 각종 번호 등을 받아 적는 문제들을 모두 종합하여 철저히 분석하였고 핵심적인 것만 모아서 출제 형식과 가장 가깝게 대화 형식으로 문제를 구성하였습니다. 또한 문제 스크립트에 사용된 모든 단어들은 IELTS Listening 시험에서 실제 자주 나오는 필수 단어들만 모아서 제작하였습니다. 따라서 본 교재의 문제를 통한 받아쓰기 연습뿐 아니라, 스크립트로 IELTS 전용 단어 받아쓰기 연습도 할 수 있으며, 문제 자체를 Speaking 연습에도 이용할 수 있도록 완벽하게 구성했습니다.

그동안 국내 최고, 최대 IELTS 전문 커뮤니티 알츠스쿨(IELTS-School)을 운영하는 운영자로서 응시자의 눈높이에서 IELTS를 분석하는 노력을 끊임없이 해 왔고, 이번 교재 역시 십 년 넘게 축약된 실제적인 IELTS 데이터와 자체 노하우를 자연스럽게 전달할 수 있도록 정성 들여 준비하였습니다. 이러한 저희의 수고가 여러분의 IELTS 성적에 반영될 것이라고 자신하며, 공부하는 여러분들이 펼쳐갈 멋진 미래와 성공을 위한 기분 좋은 출발점이 되길 기원합니다.

마지막으로 좋은 책이 탄생하도록 오랜 기간 많은 수고와 도움을 주신 출판사 편집부와 한국에서 제일 좋은 IELTS Listening 책을 만들자며 힘껏 도와주신 알츠스쿨 운영진 및 알츠스쿨 열공 가족분들께 진심으로 감사의 말씀을 드립니다.

알츠스쿨 카페지기 Cello 장대석

**IELTS
LISTENING
DICTATION**

PART 1

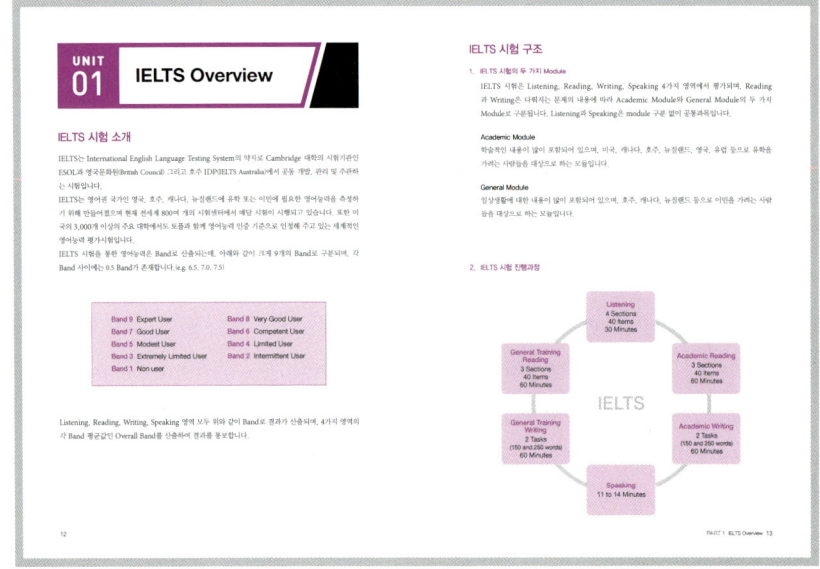

IELTS Overview 처음 IELTS 시험을 접하는 응시자들을 위해 IELTS 시험에 대한 전반적인 개념을 잡을 수 있도록 IELTS 시험의 각 파트별 개요와 상세한 설명으로 구성하였습니다.

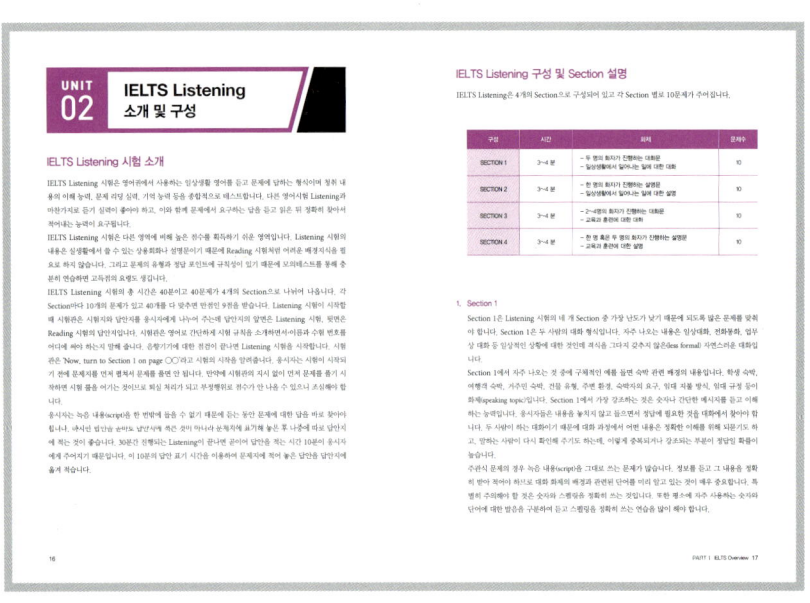

IELTS Listening 소개 및 구성 IELTS Listening 파트에 집중해서 상세하게 설명하였습니다. 이 부분을 통해 정확한 IELTS Listening 시험에 대한 이해와 구성에 대해 알 수 있으며 시험이 어떤 문제 유형으로 이루어져 있는지도 파악할 수 있습니다.

IELTS LISTENING DICTATION

PART 2

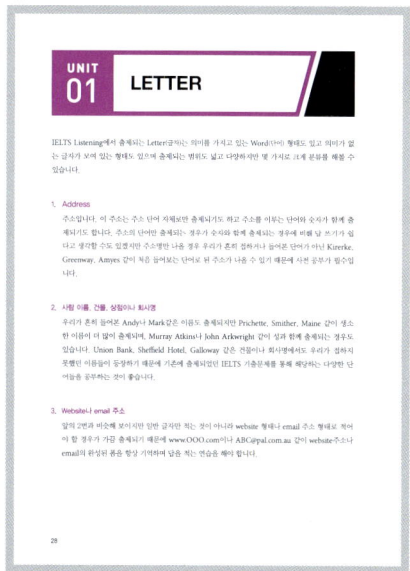

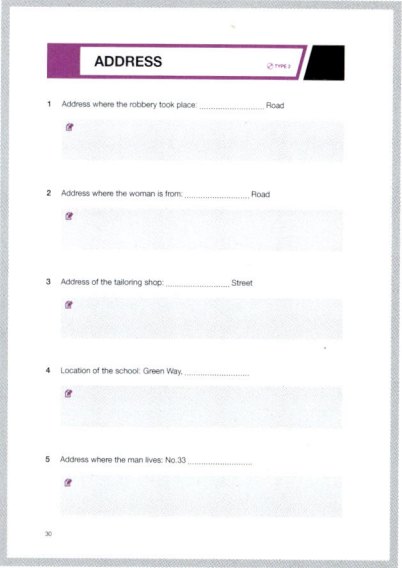

UNIT 1 Letter   IELTS Listening 실제 문제에서 어떤 종류의 문자(letter)가 출제되는지 소개하고 시험에 자주 등장하는 문자를 집 주소, 건물명, 사람 이름이나 상점 이름, 웹사이트나 이메일 주소 등으로 분류하여 문제를 풀 수 있도록 구성했습니다. 또한, 문제마다 하단에 노트가 있어서 빈칸에 들어가는 정답 문자를 받아 쓰는 동시에 들려주는 스크립트 중 중요한 단어나 좋은 표현을 받아쓸 수 있습니다.

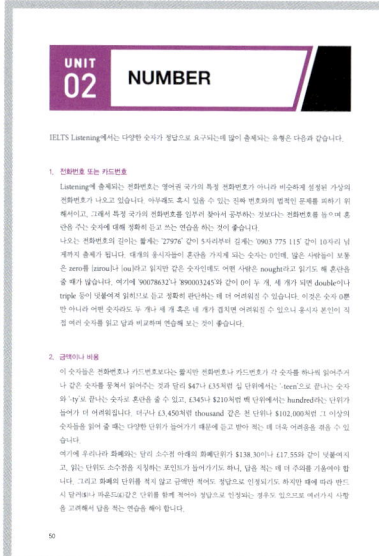

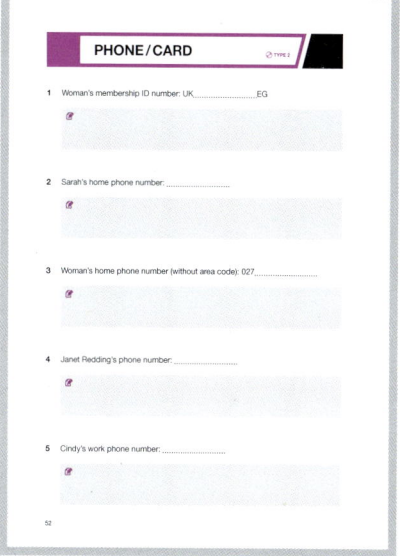

UNIT 2 Number   IELTS Listening 실제 문제에서 어떤 종류의 숫자(number)가 출제되는지 소개하고 실제 시험에서 나온 숫자를 전화번호와 카드번호, 금액이나 비용, 시간, 길이나 무게 등 측정 단위로 분류하여 문제를 풀 수 있도록 구성했습니다.

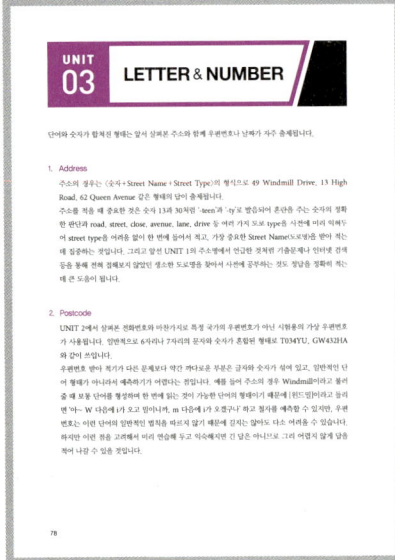

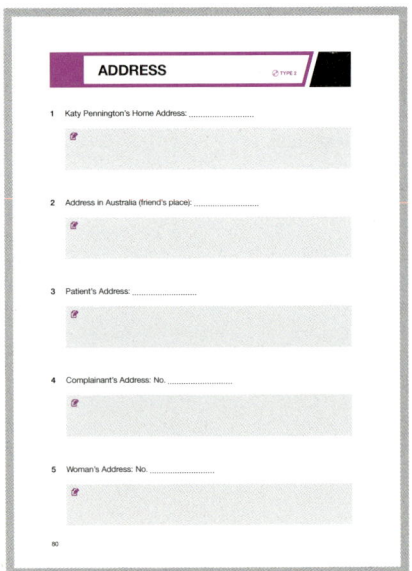

UNIT3 Letter & Number IELTS Listening 실제 문제에 나오는 문자와 숫자가 조합된 형태의 답에 대해 자세히 설명하고 시험에 실제로 나오는 문자와 숫자 조합을 크게 주소, 우편번호, 날짜, 참고번호 등으로 분류하여 문제를 풀 수 있도록 구성하였습니다.

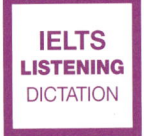

IELTS LISTENING DICTATION

ANSWERS & TAPESCRIPTS / TIP

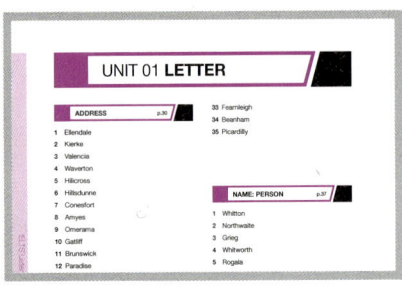

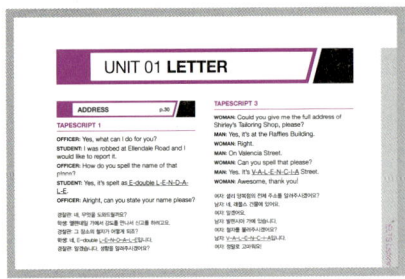

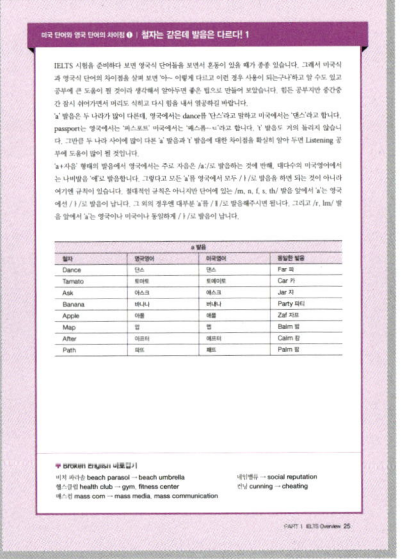

모든 문제들은 각기 독립된 대화형식으로 구성되어 있으므로 답으로 요구되는 Listening 전용 단어를 익히는 동시에 문제 대화에서 Listening에 자주 등장하는 전문 단어 및 필수 단어를 함께 살펴보며 공부할 수 있습니다. 또한 Part와 Unit이 끝날 때마다 시험에 도움이 되는 유용한 팁으로 미국 영어와 영국 영어의 차이를 설명해 놓아서 IELTS Listening의 주된 발음인 영국식 발음과 단어를 이해하며 Listening을 공부할 수 있도록 했습니다.

☑ CONTENTS

PART 1
IELTS Overview

UNIT 01
IELTS Overview

IELTS 시험 소개

IELTS는 International English Language Testing System의 약자로 Cambridge 대학의 시험기관인 ESOL과 영국문화원(British Council) 그리고 호주 IDP(IELTS Australia)에서 공동 개발, 관리 및 주관하는 시험입니다.

IELTS는 영어권 국가인 영국, 호주, 캐나다, 뉴질랜드에 유학 또는 이민에 필요한 영어능력을 측정하기 위해 만들어졌으며 현재 전세계 800여 개의 시험센터에서 매달 시험이 시행되고 있습니다. 또한 미국의 3,000개 이상의 주요 대학에서도 토플과 함께 영어능력 인증 기준으로 인정해 주고 있는 세계적인 영어능력 평가시험입니다.

IELTS 시험을 통한 영어능력은 Band로 산출되는데, 아래와 같이 크게 9개의 Band로 구분되며, 각 Band 사이에는 0.5 Band가 존재합니다. (e.g. 6.5, 7.0, 7.5)

Band 9	Expert User	Band 8	Very Good User
Band 7	Good User	Band 6	Competent User
Band 5	Modest User	Band 4	Limited User
Band 3	Extremely Limited User	Band 2	Intermittent User
Band 1	Non user		

Listening, Reading, Writing, Speaking 영역 모두 위와 같이 Band로 결과가 산출되며, 4가지 영역의 각 Band 평균값인 Overall Band를 산출하여 결과를 통보합니다.

IELTS 시험 구조

1. IELTS 시험의 두 가지 Module

IELTS 시험은 Listening, Reading, Writing, Speaking 4가지 영역에서 평가되며, Reading 과 Writing은 다뤄지는 문제의 내용에 따라 Academic Module와 General Module의 두 가지 Module로 구분됩니다. Listening과 Speaking은 module 구분 없이 공통과목입니다.

Academic Module

학술적인 내용이 많이 포함되어 있으며, 미국, 캐나다, 호주, 뉴질랜드, 영국, 유럽 등으로 유학을 가려는 사람들을 대상으로 하는 모듈입니다.

General Module

일상생활에 대한 내용이 많이 포함되어 있으며, 호주, 캐나다, 뉴질랜드 등으로 이민을 가려는 사람들을 대상으로 하는 모듈입니다.

2. IELTS 시험 진행과정

IELTS 시험 영역

1. Listening

이 영역은 약 30분 동안 진행되며 4개의 section에 걸쳐 40문제로 이루어져 있습니다. Listening 시험은 CD에 녹음된 내용을 한 번만 들려주며, 주어진 시간에 문제를 이해하고 답을 찾습니다. 녹음된 내용의 방송이 끝나면 답안지에 답을 옮겨 적을 시간이 10분간 주어집니다. 따라서 방송이 나오는 시간에는 답을 답안지에 적기 위해 노력하지 말고 문제 풀기에 집중하는 것이 좋습니다. IELTS Listening 시험은 Academic Module과 General Training Module의 구분 없이 공통입니다.

구성	특징	내용	문제수
SECTION 1	일상생활 관련	일상생활에서 일어날 수 있는 주제 관련, 두 명의 대화 예 부동산 문의, 고객센터 불편 접수 등	10
SECTION 2	일상생활 관련	일상생활에서 접할 수 있는 주제 관련, 한 명의 monologue 예 public event 안내, 전자제품 설명 등	10
SECTION 3	교육 및 학업 관련	대학 및 교육 관련 사항에 관한 2~4명의 대화 예 대학 수업 및 교과 과정, 세미나, report, 학교 행사 및 활동 관련	10
SECTION 4	교육 및 학업 관련	대학 및 교육 관련 사항에 관한 두 명의 monologue 예 강의 소개, 수강신청 방법, 신입생 학교 설명 등	10

2. Reading

이 영역은 60분 동안 진행되며 3개의 section에 걸쳐 40문제로 이루어져 있습니다. 3개 section에 나오는 지문은 총 2,200~2,800개 정도의 단어 분량입니다. 시험 시 주의할 사항은 Listening과 달리 시험이 끝난 후 답안지에 답을 옮겨 적는 시간이 없다는 것입니다. IELTS Reading은 Academic Module과 General Training Module로 나뉩니다.

Academic Module Reading

Academic Module Reading은 영어권 국가 대학교나 대학원 입학을 희망하는 사람들을 대상으로 하며 학업에 필요한 독해 능력이 구비 되었는지를 테스트합니다.(Skills of reading for learning)

General Module Reading

General Module Reading은 영어권 국가에 비 학위과정으로 공부하려는 사람 또는 캐나다, 호주, 뉴질랜드 등의 나라로 이민을 희망하는 사람들을 대상으로 한 것입니다. 영어권 사회에서 생존에 필요한 기본 영어능력을 테스트합니다.(Skills of reading for survival)

3. Writing

이 영역은 Task 1과 Task 2로 구성되어 있고 60분간 진행됩니다. IELTS협회에서는 Task 1을 20분 동안 150자, Task 2를 40분 동안 250자 이상을 쓰라고 권고하고 있습니다. 글은 주어진 시험지에만 써야 하며, 써야 할 글이 많아 처음 주어진 답안지가 부족할 경우 추가로 답안지를 더 요청할 수 있습니다.

Academic Module Writing

Task 1에서는 graph / table / chart / diagram / picture에 대한 설명을 요구하는 문제가 출제됩니다. Task 2는 에세이 시험으로 응시자는 특정 토픽에 대한 의견제시, 장단점 분석, 문제제기, 해결방안 등의 내용을 써야 합니다.

General Module Writing

Task 1에서는 request / complain / thanks 등의 여러 목적을 가진 편지 글을 씁니다. Academic Task 1과는 달리 편지를 쓸 때 꼭 써야 하는 과제들이 주어지고, 이러한 과제를 따라 쓰다 보면 자연스럽게 글의 구성을 완성시킬 수 있습니다. Task 2는 에세이 시험으로 응시자는 특정 토픽에 대한 의견제시, 장단점 분석, 문제제기, 해결방안 등등의 내용을 써야 합니다.

4. Speaking

이 영역은 3개 Part로 구성되어 있고 11~14분간 진행됩니다. Speaking 시험을 위한 별도의 장소에서 시험관과 응시자가 1:1 인터뷰 형식으로 시험을 봅니다. 개인마다 시험 시작 시간을 시험 당일에 통보 받으며, 응시자는 대기실에서 자신의 시험순서를 기다리고 있어야 합니다. 모든 시험 내용은 녹음이 되어 필요나 요청에 따라 다른 시험관에 의하여 재채점됩니다.

Speaking 시험의 전체적인 과정은 다음과 같습니다.

구성	특징		시간
PART 1	Introduction and Interview	시험관이 간단히 자기 소개를 하고 응시자의 신분증을 확인한 후 일상생활에 관련된 친숙한 주제에 관하여 질문합니다.	4~5분
PART 2	Individual long turn	시험관이 제시한 topic card의 내용에 대해 1분간 답변을 준비한 후 2분 내의 presentation 형식으로 답을 합니다.	3~4분 (답변 준비 시간 1분 포함)
PART 3	Two-way discussion	Part 2에서 주어졌던 주제에 관하여 시험관이 좀 더 심층적인 질문을 하고 응시자는 이에 답합니다.	4~5분

UNIT 02 IELTS Listening 소개 및 구성

IELTS Listening 시험 소개

IELTS Listening 시험은 영어권에서 사용하는 일상생활 영어를 듣고 문제에 답하는 형식이며 청취 내용의 이해 능력, 문제 리딩 실력, 기억 능력 등을 종합적으로 테스트합니다. 다른 영어시험 Listening과 마찬가지로 듣기 실력이 좋아야 하고, 이와 함께 문제에서 요구하는 답을 듣고 읽은 뒤 정확히 찾아서 적어내는 능력이 요구됩니다.

IELTS Listening 시험은 다른 영역에 비해 높은 점수를 획득하기 쉬운 영역입니다. Listening 시험의 내용은 실생활에서 쓸 수 있는 상용회화나 설명문이기 때문에 Reading 시험처럼 어려운 배경지식을 필요로 하지 않습니다. 그리고 문제의 유형과 정답 포인트에 규칙성이 있기 때문에 모의테스트를 통해 충분히 연습하면 고득점의 요령도 생깁니다.

IELTS Listening 시험의 총 시간은 40분이고 40문제가 4개의 Section으로 나뉘어 나옵니다. 각 Section마다 10개의 문제가 있고 40개를 다 맞추면 만점인 9점을 받습니다. Listening 시험이 시작할 때 시험관은 시험지와 답안지를 응시자에게 나누어 주는데 답안지의 앞면은 Listening 시험, 뒷면은 Reading 시험의 답안지입니다. 시험관은 영어로 간단하게 시험 규칙을 소개하면서 이름과 수험 번호를 어디에 써야 하는지 말해 줍니다. 음향기기에 대한 점검이 끝나면 Listening 시험을 시작합니다. 시험관은 'Now, turn to Section 1 on page ○○'라고 시험의 시작을 알려줍니다. 응시자는 시험이 시작되기 전에 문제지를 먼저 펼쳐서 문제를 풀면 안 됩니다. 만약에 시험관의 지시 없이 먼저 문제를 풀기 시작하면 시험 룰을 어기는 것이므로 퇴실 처리가 되고 부정행위로 점수가 안 나올 수 있으니 조심해야 합니다.

응시자는 녹음 내용(script)을 한 번밖에 들을 수 없기 때문에 듣는 동안 문제에 대한 답을 바로 찾아야 합니다. 하지만 답안을 곧바로 답안지에 적는 것이 아니라 문제지에 표기해 놓은 후 나중에 따로 답안지에 적는 것이 좋습니다. 30분간 진행되는 Listening이 끝나면 곧이어 답안을 적는 시간 10분이 응시자에게 주어지기 때문입니다. 이 10분의 답안 표기 시간을 이용하여 문제지에 적어 놓은 답안을 답안지에 옮겨 적습니다.

IELTS Listening 구성 및 Section 설명

IELTS Listening은 4개의 Section으로 구성되어 있고 각 Section 별로 10문제가 주어집니다.

구성	시간	화제	문제수
SECTION 1	3~4 분	– 두 명의 화자가 진행하는 대화문 – 일상생활에서 일어나는 일에 대한 대화	10
SECTION 2	3~4 분	– 한 명의 화자가 진행하는 설명문 – 일상생활에서 일어나는 일에 대한 설명	10
SECTION 3	3~4 분	– 2~4명의 화자가 진행하는 대화문 – 교육과 훈련에 대한 대화	10
SECTION 4	3~4 분	– 한 명 혹은 두 명의 화자가 진행하는 설명문 – 교육과 훈련에 대한 설명	10

1. Section 1

Section 1은 Listening 시험의 네 개 Section 중 가장 난도가 낮기 때문에 되도록 많은 문제를 맞춰야 합니다. Section 1은 두 사람의 대화 형식입니다. 자주 나오는 내용은 일상대화, 전화통화, 업무상 대화 등 일상적인 상황에 대한 것인데 격식을 그다지 갖추지 않은(less formal) 자연스러운 대화입니다.

Section 1에서 자주 나오는 것 중에 구체적인 예를 들면 숙박 관련 배경의 내용입니다. 학생 숙박, 여행객 숙박, 거주민 숙박, 건물 유형, 주변 환경, 숙박자의 요구, 임대 지불 방식, 임대 규정 등이 화제(speaking topic)입니다. Section 1에서 가장 강조하는 것은 숫자나 간단한 메시지를 듣고 이해하는 능력입니다. 응시자들은 내용을 놓치지 않고 들으면서 정답에 필요한 것을 대화에서 찾아야 합니다. 두 사람이 하는 대화이기 때문에 대화 과정에서 어떤 내용은 정확한 이해를 위해 되묻기도 하고, 말하는 사람이 다시 확인해 주기도 하는데, 이렇게 중복되거나 강조되는 부분이 정답일 확률이 높습니다.

주관식 문제의 경우 녹음 내용(script)을 그대로 쓰는 문제가 많습니다. 정보를 듣고 그 내용을 정확히 받아 적어야 하므로 대화 화제의 배경과 관련된 단어를 미리 알고 있는 것이 매우 중요합니다. 특별히 주의해야 할 것은 숫자와 스펠링을 정확히 쓰는 것입니다. 또한 평소에 자주 사용하는 숫자와 단어에 대한 발음을 구분하여 듣고 스펠링을 정확히 쓰는 연습을 많이 해야 합니다.

2. Section 2

Section 2는 Section 1보다 난도가 높습니다. Section 2는 Section 1의 두 사람의 대화에서 한 사람이 말하는 설명으로 바뀌는데, 하나의 주제를 한 사람이 계속 말하므로 처음 들으면 상당히 단조롭습니다. 대화의 경우에는 화제에 대해 도입, 설명, 확인 등의 대화의 기술이 적용되기에 대화 배경과 주제 파악이 다소 쉽지만 Section 2와 같이 한 사람이 단조롭게 설명을 하면 응시자들은 집중력을 쉽게 잃고 중요한 정보를 놓치게 됩니다. 하지만 Section 1과 Section 2는 형식만 조금 다를 뿐 일상생활과 관련된 주제라는 점에서 테스트 목적의 차이는 크지 않으며 Section 1과 같이 격식을 갖춘(formal) 어법은 아닙니다.

Section 2에서는 Listening의 6개 문제유형이 고루 나오는데, Sentence Completion과 Form / Note / Table / Flow-chart / Summary Completion의 유형이 다른 유형에 비해 자주 나옵니다. 주된 내용은 여행과 관광 소개, 공연 소개, 물품 설명, 장소 소개, 뉴스 등입니다. 여행과 관광에 관련된 스크립트의 내용은 여행지 소개, 모이는 지점, 출발 시간, 일정 안배, 교통수단, 갖추어야 할 장비, 비용, 주의사항 등 주로 관광객에게 설명하는 내용입니다. 근래 Section 2에서 자주 출제되는 배경은 상품이나 장소 소개입니다. 특정한 상품의 소개나 건물(수영관, 동물원 등)을 설명하는 내용입니다. 예를 들면, 특정 건물의 위치, 건물의 개점시간과 폐점시간, 해당 건물에 관련된 활동 등에 관한 설명을 해줍니다.

3. Section 3

Section 3와 Section 4는 학업적인(Academic) 주제에 대한 내용이 나옵니다. Section 3는 Section 1과 같은 대화 형식인데, Section 1이 일상생활에 대한 내용이었다면 Section 3는 대학교에서 다루게 되는 학업적인 주제를 다룹니다. 또한 formal한 어법으로 대화를 하기 때문에 상대적으로 Section 3를 어려워하는 응시자들이 많습니다. Section 3의 내용이 비록 학업적인 주제일지라도 Section 1의 대화 특징과 비슷한 점이 많고 메시지 정보도 중복된 것이 많기 때문에 집중력을 가지고 시험에 임한다면 역시 고득점이 가능한 Section입니다.

Section 3의 주제는 구체적으로 과제물 관련 토론, 강의 중 학술 토론, 조사연구 등에 대한 내용이 많습니다. 예를 들어 과제물 관련 토론 같은 경우 일반적으로 1~2명의 학생과 교수가 함께 이야기하는 경우가 많습니다. 문제로 많이 나오는 질문은 과제의 제목(Assignment Topic), 과제 내용(Assignment Content), 과제 제출 시한(Deadline) 등인데 Form / Note / Table / Flow-chart / Summary Completion 문제유형이 자주 출제됩니다. Section 3는 Section 1과 달리 세 사람의 대화로 이루어지기에 응시자는 문제를 자세히 보고 문제에서 요구하는 정보가 어떤 사람에 관한 것인지 먼저 파악해야 합니다. 그래야만 복잡한 대화 중에서 나오는 의견, 아이디어, 정보가 어떤 사람의 것인지를 찾으라는 문제들에 대한 답을 할 수 있습니다.

4. Section 4

Section 4는 Listening 시험의 제일 마지막 부분으로 난도가 가장 높습니다. Section 2와 마찬가지로 한 명 혹은 두 명의 화자가 진행하는 독백(monologue) 형태이며, Section 3와 같이 학업적인(Academic) 주제를 다룹니다. 대학 강의, 특정 주제의 토론 및 연구 발표, 연구소나 기관, 특정 제도나 규칙 소개 등의 주제가 Multiple Choice, Form / Note / Table / Flow-chart / Summary Completion, Sentence Completion 등의 문제유형으로 출제됩니다.

대학 강의는 Section 4에서 가장 자주 나오는 배경입니다. Section 4가 어떻게 진행되는지 살펴보면 토론이나 연구발표에서는 토론 주최자, 발표자 등에 대해 소개하고 간단히 토론의 진행 방법, 시간, 장소, 참석인원에 대해 설명합니다. 그리고 본격적으로 주제에 대한 심도 있는 토론이 진행됩니다. 초반의 내용은 비교적 간단하게 답을 할 수 있습니다. 그러나 토론의 구체적인 과정과 내용에 관련한 문제는 상당히 어렵습니다. 실험 결과 보고, 실험 결과에 대한 논의, 신지식의 보급, 신기술 안내 등이 주로 나옵니다.

Section 4는 Listening 시험에서 가장 점수를 많이 잃는 부분입니다. 녹음 내용도 어려운 데다가 중간에 시간 간격이 없는 경우도 많고, 한 사람의 독백 형식이어서 어느 문제에 해당하는 내용인지 놓치기 쉽습니다. 따라서 응시자들은 Section 4의 10문제를 모두 맞힌다는 생각보다는 본인에게 편하고 맞힐 수 있는 문제만 정확히 푼다는 자세로 Section 4에 임하는 것이 좋습니다. 영어 공부를 많이 한 실력자가 아니라면 Section 4는 어려운 게 당연하고 어느 정도 점수를 잃는 것은 정상적입니다.

5. IELTS Listening 시험에서 가장 흔하게 나오는 주제

1. Accommodation
2. Health / Dining
3. General Life or Academic Conversations / Conversation on the Phone
4. Course Selection
5. Library
6. News Items
7. Vacation / Trip
8. Object Introduction
9. Activity Introduction
10. Research / Survey
11. Lectures / Tutorials / Orientation Talk
12. Geographic Topics

IELTS Listening 문제유형 소개

IELTS Listening은 총 6개의 문제유형이 있습니다. 각 Section은 2~3개의 문제유형으로 진행되며, Section 당 10문제임을 고려하면 한 문제유형 당 2~5개의 문제로 구성되어 있습니다. Listening의 문제유형은 IELTS 문제가 개정될 때 바뀌는 경우도 있지만 문제의 형식은 거의 비슷하게 유지되고 있어 바뀐 문제유형의 명칭에 당황할 필요는 없습니다.

문제유형 6개는 특정 Section에만 나오는 것이 아니라 Listening 40문제를 진행하면서 Section 1부터 Section 4까지 모든 Section에서 나오며 이미 앞 Section에서 나온 문제유형이 뒤 Section에 또 나오기도 합니다.

문제유형	Variations	답안 방법
Multiple Choice	질문에 맞는 것을 3~5개의 보기 중에서 선택 – 3개에서 1개 고르기 – 5개에서 2개 고르기 – 7개에서 3개 고르기	보기에서 요구한 개수만큼의 정답 고르기
Matching	– 단어나 구절이 어느 카테고리에 해당되는지 선택하기 – 나열된 항목을 매칭하기	보기에서 정답 고르기
Plan / Map / Diagram Labelling	– 설계도, 도면의 일부를 식별하기 – 지도나 계획서에서 장소를 식별하기	글자와 숫자를 포함하여 세 단어 이내로 답 쓰기 또는 보기에서 정답 고르기
Form / Note / Table / Flow-chart / Summary Completion	– 서식의 빈칸을 완성하기 – 메모의 빈칸을 완성하기 – 표 완성하기 – 작업공정도 완성하기 – 요약문 완성하기	글자와 숫자를 포함하여 세 단어 이내로 답 쓰기 또는 보기에서 정답 고르기
Sentence Completion	– 문장의 빈칸 채우기	글자와 숫자를 포함하여 세 단어 이내로 답 쓰기
Short-answer questions	– 질문에 맞는 답 찾기	글자와 숫자를 포함하여 세 단어 이내로 답 쓰기

IELTS Listening 채점 방법 및 득점

응시자가 답안을 직접 손으로 작성하기 때문에 채점은 전산을 이용하지 않고 채점하는 사람에 의해 이루어집니다. 따라서 본인만 알아볼 수 있는 약자나 표준화되지 않은 표기법, 악필은 채점에 불이익이 있을 수 있으므로 평소 정확한 표기법과 철자로 직접 손으로 쓰는 연습을 하는 것이 좋습니다. 응시자는 각 문제에 대해 선택해서 답을 하거나 3단어 이하의 주관식 답을 쓰는데, 부분 점수를 허용하지 않고 정답 혹은 오답으로만 채점됩니다. 예를 들면 써야 할 답이 두 단어인데 한 단어는 정확히 쓰고 다른 한 단어는 스펠링이 틀리거나 다른 단어를 써서 틀렸다면 0.5점이 아니라 0점으로 처리됩니다.

40문제 모두 맞출 경우 9점을 받습니다. 맞힌 문제의 개수는 1부터 9까지의 점수대로 표현되는데, 이를 Band Score라고 합니다. 문제 출제 기관인 Cambridge ESOL은 매 시험별 난이도 차이로 인한 시험 공정성 문제를 해결하고자 난이도 지수를 산정하고, 이것을 반영해서 Band Score를 정합니다. 이 방법에 따라 점수를 매기면 한 응시자들의 정답 개수가 지난번 시험과 같더라도 시험의 난이도에 따라 Band Score는 다를 수 있습니다. 다시 정리하면 각 파트의 점수는 해당 시험일의 응시자들의 평균점수나 점수 분포에 영향을 받는 상대평가 방식이 아니라 자기가 맞은 개수와 난이도 지수를 더해서 나오는 점수이기에 절대평가 방식이라고 생각하면 됩니다. 따라서 항간에 영어 실력이 좋은 대학생들이 시험을 많이 보는 날에 함께 시험을 보면 평균이 높아져서 본인의 점수가 낮게 나올 수 있다는 이상한 소문은 그저 IELTS 시험 시스템에 대해 모르는 사람들의 억측이므로, 어떤 응시자가 보든 어떤 날짜에 보든 응시자는 본인의 시험에만 집중해서 준비하고 최선을 다해 시험을 보는 것이 좋습니다.

● **IELTS Listening 시험 Band Score**

Score 맞은 개수	Band 점수대	Proficiency 영어실력
40	9	영어에 정통하다
38 ~ 39	8 ~ 8.5	영어 능력이 우수하다
33 ~ 37	7 ~ 7.5	영어 능력이 양호하다
25 ~ 32	6 ~ 6.5	영어 능력이 비교적 좋다
17 ~ 24	5 ~ 5.5	영어 능력이 보통이다
10 ~ 16	4 ~ 4.5	영어 능력이 높지 않다
4 ~ 9	3 ~ 3.5	영어 능력이 부족하다
2 ~ 3	2 ~ 2.5	영어 능력이 낮다
1	1 ~ 1.5	영어 능력이 없다

IELTS Listening 시험 요약

- Listening은 IELTS 시험 중 가장 처음에 봅니다.
- Listening의 전체 시험 시간은 40분이며, 4개의 Section에서 총 40문제가 나옵니다.
- 각각의 Section은 10문제씩이며, 듣기와 동시에 문제지에 답을 써야 합니다.
- 30분의 듣기가 끝나면 10분간 답안지에 답안을 옮겨 적는 시간이 주어집니다.
- Section 1과 Section 3는 두 명 이상 복수의 화자가 말하는 대화문, Section 2와 Section 4는 한 명 혹은 두 명의 화자가 혼자 말하는 설명문 형식입니다.
- Listening 시험의 중간에는 입실, 퇴실을 할 수 없습니다.(다른 파트 시간에는 시험관의 허가 하에 가능합니다.)
- 영국식, 호주식, 미국식, 캐나다식 발음이 나오는데 영국식과 호주식 발음이 가장 많이 나옵니다.
- 녹음된 내용은 한 번씩만 들려줍니다.
- 주관식으로 응시자가 직접 쓴 답은 철자가 틀리거나 문법에 맞지 않으면 오답 처리됩니다.
- 문제의 순서는 거의 녹음된 내용의 순서와 같습니다.
- Section 1, 2보다 Section 3, 4의 녹음 내용이 어렵고 문장이 길며 문제도 더 어렵습니다.
- Listening 시험은 Multiple Choice, Matching, Plan / Map / Diagram Labelling, Form / Note / Table / Flow-chart / Summary Completion, Sentence Completion, Short-answer Questions의 총 6개 문제유형이 있으며, 한 시험에서 같은 유형의 문제가 여러 번 중복해서 나올 수도 있습니다.

IELTS Listening 시험에 관한 Q&A

Q: Section에 따라 정해진 문제유형이 있나요?

아닙니다. Section 1, 2, 3, 4 모두 정해진 문제유형 없이 자유롭게 나옵니다. 응시자들이 어렵게 생각하는 Matching 문제가 네 개의 Section에서 모두 나올 수도 있고, 어떤 경우에는 한 Section에 10개의 문제가 한 가지 유형만으로 나오기도 합니다. 반대로 한 Section에 여러 개의 유형이 나오기도 하는데, 4개 이상의 유형이 초과해서 나오는 경우는 없고 최대 3가지 유형의 문제가 출제됩니다.

Q: 문제에서 답안의 단어 수를 제한했을 때 부호, 관사를 더 써서 단어 수를 넘기면 오답 처리되나요?

그렇습니다. 반드시 규정한 단어 수 대로 답안을 작성해야 합니다. 일반적으로 3개의 단어를 초과하지 않습니다.

Q: 답을 적을 때 스펠링이 반드시 정확해야 하나요?

그렇습니다. 스펠링이 틀리면 오답 처리됩니다. 우리나라 말도 장부와 정부가 완전 다른 단어인 것처럼 스펠링이 틀리면 틀린 답이 됩니다. 그리고 대부분의 정답이 되는 단어는 기본적인 단어이며, 특이한 사람 이름, 지명, 고유명사 등 평소 접하지 않은 생소한 단어는 나오지 않습니다. 만약 이런 단어가 답으로 나올 경우에는 들려주는 녹음 내용에서 정확하게 제시해 줍니다.

Q: 듣기 점수와 IELTS 총 성적 사이에는 어떤 관계가 있나요?

IELTS 총 시험 성적인 Overall Score는 Listening 파트 점수와 나머지 세 파트 점수의 평균값입니다. Listening 파트나 다른 파트도 전체 점수에 대한 평가의 가중치는 같으므로 Listening을 잘하거나 못한다고 하여 특별히 이익이 있거나 불리하진 않습니다.

Q: 각 Section의 문제에 해당하는 대화나 설명이 들려지기 전에 어떤 내용을 들을 수 있나요?

각 Section 별 개괄적인 소개를 들을 수 있습니다. 어떤 화제를 들려줄 것인지, 어떤 사람이 말을 할 것인지 등에 대한 간략한 정보를 미리 들려줍니다. 이것은 문제를 풀기 위한 녹음이 나오기 전에 응시자가 해당 녹음을 이해할 수 있도록 하는 간략한 사전정보인데, 이 내용은 시험지에 특별히 표시되어 있지 않습니다. 그렇기 때문에 주의 깊게 듣고 녹음의 배경 내용을 추측해야 문제를 잘 풀 수 있습니다.

Q: 응시자가 녹음 내용을 듣기 전에 문제를 확인할 시간이 있나요?

있습니다. 각 Section의 앞뒤에 시험지를 검사할 시간이 있습니다. 그리고 녹음에서 어떤 문제의 내용인지 그 문제의 번호를 미리 말해주고 진행을 합니다.

Q: 응시자들이 각 Section을 마무리할 때 답안을 점검할 시간이 있나요?

있습니다. 한 Section이 끝나고 30초의 시간이 주어집니다. Listening 시험은 각 Section을 연달아 계속 들려주는 것이 아니라 Section 1, 2, 3의 녹음 내용 중간에 시간 간격이 있습니다. 그 시간에 해당 Section의 답안을 점검할 수도 있지만 다음 Section의 문제를 미리 보고 문제를 풀 준비를 하는 것이 훨씬 효과적인 시간 활용입니다.

Q: 여러 나라에서 시험을 보는 것으로 아는데, 같은 응시일에 보는 Listening 시험의 문제는 똑같나요?

아닙니다. IELTS는 처음 시행할 때부터 나라별 시차를 이용한 부정행위를 방지하기 위해 시간대가 비슷하지 않은 나라들은 서로 다른 문제가 나옵니다.

Q: IELTS Listening은 매 시험 새로운 문제가 나오나요? 어떤 시험처럼 문제은행 방식으로 출제되나요?

새로운 문제가 계속 나오긴 하지만, 과거에 나왔던 문제들이 문제은행에 저장되어 있다가 난이도를 조절해서 섞여 나옵니다. 일반적으로 Section 단위로 한 개의 시험이 조합되며 통계적으로 2~3개 정도 이상이 문제은행에서 나오기 때문에 예전에 시험 봤던 응시자들의 후기를 통해 관련된 정보로 미리 시험을 준비하면 상당히 효과적일 수 있습니다.

Q: 답이 명사일 경우 꼭 관사를 함께 적어야 하나요?

요즘에는 관사를 문제에 미리 적어 놓거나 써도 안 써도 다 맞게 해주기 때문에 걱정하지 않아도 되지만 지시문에 3단어 이내나 2단어 이내로 쓰라고 했을 때 관사를 써서 단어 수가 넘어간다면 오답처리가 되니 주의해야 합니다.

Q: 답이 고유명사일 경우 혹은 문장의 제일 첫 단어일 경우 꼭 대소문자를 구별해서 적어줘야 하나요?

스펠링만 정확하면 첫자의 대소문자 여부에 관계없이 정답으로 인정해 줍니다. 하지만 시험을 위해서가 아니라 제대로 영어공부를 하기 위해서는 평소에 습관적으로 기본적인 룰을 지켜서 사용하는 것이 좋습니다.

IELTS 시험을 준비하다 보면 영국식 단어들을 보면서 혼동이 있을 때가 종종 있습니다. 그래서 미국식과 영국식 단어의 차이점을 살펴 보면 '아~ 이렇게 다르고 이런 경우 사용이 되는구나'하고 알 수도 있고 공부에 큰 도움이 될 것이라 생각해서 알아두면 좋은 팁으로 만들어 보았습니다. 힘든 공부지만 중간중간 잠시 쉬어가면서 머리도 식히고 다시 힘을 내서 열공하길 바랍니다.

'a' 발음은 두 나라가 많이 다른데, 영국에서는 dance를 '단스'라고 말하고 미국에서는 '댄스'라고 합니다. passport는 영국에서는 '파스포트' 미국에서는 '패스폴~ㅌ'라고 합니다. 't' 발음도 거의 들리지 않습니다. 그만큼 두 나라 사이에 많이 다른 'a' 발음과 't' 발음에 대한 차이점을 확실히 알아 두면 Listening 공부에 도움이 많이 될 것입니다.

'a+자음' 형태의 발음에서 영국에서는 주로 자음은 /a:/로 발음하는 것에 반해, 대다수의 미국영어에서는 나비발음 '애'로 발음합니다. 그렇다고 모든 'a'를 영국에서 모두 /ㅏ/로 발음을 하면 되는 것이 아니라 여기엔 규칙이 있습니다. 절대적인 규칙은 아니지만 단어에 있는 /m, n, f, s, th/ 발음 앞에서 'a'는 영국에서선 /ㅏ/로 발음이 납니다. 그 외의 경우엔 대부분 'a'를 /ㅐ/로 발음해주시면 됩니다. 그리고 /r, lm/ 발음 앞에서 'a'는 영국이나 미국이나 동일하게 /ㅏ/로 발음이 납니다.

a 발음			
철자	영국영어	미국영어	동일한 발음
Dance	단스	댄스	Far 파
Tamato	토마토	토메이토	Car 카
Ask	아스크	애스크	Jar 쟈
Banana	바나나	버내나	Party 파티
Apple	아플	애플	Zaf 자프
Map	맙	맵	Balm 밤
After	아프터	애프터	Calm 캄
Path	파뜨	패뜨	Palm 팜

✚ Broken English 바로잡기

비치 파라솔 beach parasol → beach umbrella
헬스클럽 health club → gym, fitness center
매스컴 mass com → mass media, mass communication

네임밸류 → social reputation
컨닝 cunning → cheating

PART 2
IELTS Listening Practices

UNIT 01 LETTER

IELTS Listening에서 출제되는 Letter(글자)는 의미를 가지고 있는 Word(단어) 형태도 있고 의미가 없는 글자가 모여 있는 형태도 있으며 출제되는 범위도 넓고 다양하지만 몇 가지로 크게 분류를 해볼 수 있습니다.

1. Address

주소입니다. 이 주소는 주소 단어 자체로만 출제되기도 하고 주소를 이루는 단어와 숫자가 함께 출제되기도 합니다. 주소의 단어만 출제되는 경우가 숫자와 함께 출제되는 경우에 비해 답 쓰기가 쉽다고 생각할 수도 있겠지만 주소명만 나올 경우 우리가 흔히 접하거나 들어본 단어가 아닌 Kirerke, Greenway, Amyes 같이 처음 들어보는 단어로 된 주소가 나올 수 있기 때문에 사전 공부가 필수입니다.

2. 사람 이름, 건물, 상점이나 회사명

우리가 흔히 들어본 Andy나 Mark같은 이름도 출제되지만 Prichette, Smither, Maine 같이 생소한 이름이 더 많이 출제되며, Murray Atkins나 John Arkwright 같이 성과 함께 출제되는 경우도 있습니다. Union Bank, Sheffield Hotel, Galloway 같은 건물이나 회사명에서도 우리가 접하지 못했던 이름들이 등장하기 때문에 기존에 출제되었던 IELTS 기출문제를 통해 해당하는 다양한 단어들을 공부하는 것이 좋습니다.

3. Website나 email 주소

앞의 2번과 비슷해 보이지만 일반 글자만 적는 것이 아니라 website 형태나 email 주소 형태로 적어야 할 경우가 가끔 출제되기 때문에 www.OOO.com이나 ABC@pal.com.au 같이 website주소나 email의 완성된 폼을 항상 기억하며 답을 적는 연습을 해야 합니다.

4. 일반 명사나 형용사

시험에서 가장 많이 출제되며 일상생활에서 주로 사용하는 단어들인 drawer, glass, waterfall에서부터 대학에서 사용되는 전문 단어들인 transmitter, investigation, fertiliser 같은 단어들이 출제되고 있으며 이런 단어들은 섹션에 따라 출제범위와 분야를 달리하기 때문에 섹션 별로 출제되었던 단어들을 중심으로 더 공부를 해야 합니다.

단어는 명사형만 나오는 것이 아니라 light, natural, noisy 같은 형용사나 stored, retrained, built, adopt 같은 동사형도 출제됩니다. 이렇게 명사형 단어가 아닌 경우는 문장 완성형 문제일 경우가 많으므로 답을 쓸 때 들려주는 단어를 그대로 쓰기보다는 단어가 들어가는 문장의 문법에 맞게 변형시켜 작성해야 정답이 됩니다.

5. 그룹 단어

한 단어가 아닌 두 단어나 최대 세 단어 조합의 묶음 형태 단어가 출제됩니다. Organic food, offering bags, head office 같은 두 단어 조합인 경우 〈명사＋명사형〉이나 〈형용사＋명사형〉으로 나오는 경우가 많으며, 세 단어 조합인 경우 light and heat, safety and nutrition 같은 나열식이나 knowledge of engineering, lack of cleaning 같은 서술형이 자주 등장합니다.

1   Address where the robbery took place: .... Road

2   Address where the woman is from: .... Road

3   Address of the tailoring shop: .... Street

4   Location of the school: Green Way, ...

5   Address where the man lives: No.33 ....

6 Road where the restaurant is located: .... Road

7 Address of the house for rent: North Street, ...

8 Road where the woman is located: .... Road

9 Name of the place where the woman is from in New Zealand: ....

10 Road where the new office is located: .... Road, London

11 Road where the woman's house is located: 42 .... Road

12 Street where the cinema is located: 14 .... Street, Liverpool

13 Street where the school is located: 42 .... Street, Wakefield

14 Name of city where student lives: Elmbrook House 10, ...

15 Address of the host family: 15 ....

16 Street where office is located: 28 .... Street

17 Name of street where apartment is located: .... Street

18 Name of town where museum is located: Tate Britain, ..., London

19 Hostel address: 15 ....'s Bush Green

20 Address where hostel is located: 27 .... Street, Bloomsbury

21 Theatre address: 18 .... Street

22 Address of veterinary clinic: .... Road

23 Address where bank is located: .... Road

24 Bus station location: ....

25 Address where hotel is located: .... Road

26 Address of the library: 167 .... Street

27 Address of business office: 26 .... Business Park

28 Address of sister's house: 39 .... Road

29 Address where yoga class will be conducted: 834 .... Lane

30 Address of the bar: 555 .... Avenue

31 Location/teaching venue: Castle Hotel in ....

32 Street where restaurant is located: ....

33 Name of the golf course: ....

34 Location of the real estate project: .... Berkshire

35 Woman's address: 130 .... Avenue

NAME: PERSON

1 Man's last name: John ....

2 Man's last name: Jerry ....

3 Last name of student: Anna ....

4 Robin's last name: Robin ....

5 Diana's last name: Diana ....

6 Sarah's last name: Sarah ....

7 Richard's last name: Richard ....

8 Applicant's last name: Ellen ....

9 Woman's surname: Christina ....

10 Doctor's last name: Ronaldo ....

11 Customer's/Man's last name: Harry ....

12 Woman's surname: Elizabeth ....

13 Woman's surname: Jade ....

14 Surname of drama course instructor: Jan ....

15 Woman's/Patient's last name: Alice ....

16 Man's/Complainant's last name: ....

17 Student's last name: Charlie ....

18 Guest's last name: Susan ....

19 Last name of assigned representative: ....

20 Landlord's last name: Sam ....

21 Woman's last name: Michelle ....

22 Inquiring woman's last name: ....

23 Patient's last name: Susan ....

24 Head instructor's name: Mr. .... Curtis

25 Stranded woman's last name: Ruby ....

26 Woman's/Customer's last name: Anna ....

27 Hurt man's last name: Philip ....

28 Mother's last name: Andy ....

29 Registering man's last name: John ....

30 Registering man's last name: Ron ....

31 Registering student's family name: ....

32 Registering girl's last name: Anne ....

33 Hotel manager's last name: Mr. ....

34 Dive instructor's surname: Mr. ....

35 Man's last name: John ....

36 Name of the fruit store contact person: Mr. ....

37 Man's/Client's last name: Daryll ....

38 Client's last name: Matilda ....

39 Client's last name: Peter ....

40 Contact person's last name: Eva ....

41 Client's last name: Henry ....

42 Woman's last name: Jennifer ....

43 Pateint's last name: Ned ....

44 Manager's surname: ....

45 Woman's name: ....

1 Name of the shop: .... Shop

2 Name of the hotel: .... Hotel

3 Name of the sandwich shop: .... Sandwich Shop

4 Name of the hotel: .... Hotel

5 Name of the hotel: .... Hotel

NAME: WEBSITE, EMAIL   1D

1   Gift company website address: www. .... .com

2   School website address: www. .... .co.uk

3   House Insurance Inc. email address: .... @cat.com

4   Company website address: www. .... .com

5   Club email address: mj@........................... .co.uk

6 Email address of person-in-charge: .... @broadway.com

7 Parcel Service website address: www. .... .com

8 Insurance company website address: www. .... .com

9 Email address of real estate agent: .... @realestate.com

10 Hotel Reservation web address: www. .... .co.uk doctor의 경우 미국은 닥터라고 발음하는 것이 대부분인데 영국은 스펠링 기호 그대로 '독토' 비슷하게 발음을 합니다. /o/ 발음을 대부분 /아/라고 발음하는 미국과는 달리 /오/나 /어/라고 영국영어에서는 발음을 하는 것입니다.

모음 사이에 오는 't'와 'd'는 미국은 발음을 많이 굴려서 'ㄹ'에 가깝게 발음을 하는 반면에 영국은 단어 스펠링대로 발음하며 모음을 짧게 발음합니다. 또한 자음의 경우 모음 사이에 오는 't' 발음을 그대로 살리고 단어 마지막에 나오는 'r' 발음은 생략합니다. 그래서 좀 더 딱딱하게 들립니다.

한국에서 사용하는 영어를 들어보면 computer, water, butter같은 단어를 /r/사운드처럼 발음하는 경우가 많은데 이 경우는 미국영어의 경우입니다. 규칙은 간단합니다. /t/ 사운드가 강세 있는 모음과 강세 없는 모음 사이에 있을 경우, 미국영어에서는 /t/ 발음을 /r/ 사운드처럼 발음합니다. 하지만 영국의 경우엔 이런 사운드로 발음하지 않고 있는 그대로 /t/ 발음을 정확하게 해줍니다.

'r'이 단어 끝에 오는 경우에는 미국은 'r' 발음을 강하게 하지만 영국의 경우는 'r' 발음을 생략합니다.

하지만 영국영어에서도 'r' 발음이 전혀 없는 것은 아닙니다. radio, ride, rare와 같이 단어 처음에 위치한 'r'은 발음을 분명하게 해주고 'r' 사운드가 단어 끝에 오더라도 다음에 모음이 따라오면 'r' 발음을 해줍니다.

o 발음		
단어	영국영어	미국영어
doctor	독토	닥터
socks	쏙스	싹스
hot	홋	핫
job	좁	잡
boxer	복서	박서

t 발음		
단어	영국영어	미국영어
water	워터	워러
better	베터	베러
computer	컴퓨터	컴퓨러
letter	레터	레러
battle	바틀	배를

r 발음		
단어	영국영어	미국영어
here	히어	히어-ㄹ
there	데어	데어-ㄹ
car	카	카-ㄹ
father	파더	파더-ㄹ
park	파크	파-ㄹ크

➕ Broken English 바로잡기

가스렌지 gas-range → stove or oven   cf. 전자렌지 → microwave oven

탤런트 talent → actor / actress   휘발유 oil → gas, gasoline

드라이버 driver → screw driver

NUMBER

IELTS Listening에서는 다양한 숫자가 정답으로 요구되는데 많이 출제되는 유형은 다음과 같습니다.

1. 전화번호 또는 카드번호

Listening에 출제되는 전화번호는 영어권 국가의 특정 전화번호가 아니라 비슷하게 설정된 가상의 전화번호가 나오고 있습니다. 아무래도 혹시 있을 수 있는 진짜 번호와의 법적인 문제를 피하기 위해서이고, 그래서 특정 국가의 전화번호를 일부러 찾아서 공부하는 것보다는 전화번호를 들으며 혼란을 주는 숫자에 대해 정확히 듣고 쓰는 연습을 하는 것이 좋습니다.

나오는 전화번호의 길이는 짧게는 '27976' 같이 5자리부터 길게는 '0903 775 115' 같이 10자리 넘게까지 출제가 됩니다. 대개의 응시자들이 혼란을 가지게 되는 숫자는 0인데, 많은 사람들이 보통은 zero를 [zirou]나 [ou]라고 읽지만 같은 숫자인데도 어떤 사람은 nought라고 읽기도 해 혼란을 줄 때가 많습니다. 여기에 '90078632'나 '890003245'와 같이 0이 두 개, 세 개가 되면 double이나 triple 등이 덧붙여져 읽히므로 듣고 정확히 판단하는 데 더 어려워질 수 있습니다. 이것은 숫자 0뿐만 아니라 어떤 숫자라도 두 개나 세 개 혹은 네 개가 겹치면 어려워질 수 있으니 응시자 본인이 직접 여러 숫자를 읽고 답과 비교하며 연습해 보는 것이 좋습니다.

2. 금액이나 비용

이 숫자들은 전화번호나 카드번호보다는 짧지만 전화번호나 카드번호가 각 숫자를 하나씩 읽어주거나 같은 숫자를 뭉쳐서 읽어주는 것과 달리 $47나 £35처럼 십 단위에서는 '-teen'으로 끝나는 숫자와 '-ty'로 끝나는 숫자로 혼란을 줄 수 있고, £345나 $210처럼 백 단위에서는 hundred라는 단위가 들어가 더 어려워집니다. 더구나 £3,450처럼 thousand 같은 천 단위나 $102,000처럼 그 이상의 숫자들을 읽어 줄 때는 다양한 단위가 들어가기 때문에 듣고 받아 적는 데 더욱 어려움을 겪을 수 있습니다.

여기에 우리나라 화폐와는 달리 소수점 아래의 화폐단위가 $138.30이나 £17.55와 같이 덧붙여지고, 읽는 단위도 소수점을 지칭하는 포인트가 들어가기도 하니, 답을 적는 데 더 주의를 기울여야 합니다. 그리고 화폐의 단위를 적지 않고 금액만 적어도 정답으로 인정되기도 하지만 때에 따라 반드시 달러($)나 파운드(£)같은 단위를 함께 적어야 정답으로 인정되는 경우도 있으므로 여러가지 사항을 고려해서 답을 적는 연습을 해야 합니다.

3. 시간

시간을 답으로 요구하는 문제들은 특정 나라의 시간 표기법이 아니라 국제적으로 통용되는 시간 표기법이면 모두 정답으로 인정해줍니다. 하지만 혹시나 있을 채점오류를 방지하기 위해서 들려주는 대로 '3:30'이라고 적는 연습을 하는 것이 three past thirty라고 적는 것보다 바람직한 공부방법입니다.

시간을 답으로 적을 때는 앞서 설명한 금액이나 비용처럼 숫자만 적을 때도 있지만 대개는 오전이나 오후를 표기해야 하는 경우가 많으므로 11:25 AM이나 5:30 PM처럼 오전과 오후를 반드시 구분해서 적는 연습을 하는 것이 좋습니다. 또 몇 분이나 몇 시간을 물어볼 경우 40 minutes나 5 hours처럼 분이나 시간 단위와 함께 복수형인 '-s'를 꼭 붙여야 정답이 됩니다.

4. 길이나 무게 같은 측정 단위

길이나 무게는 전화번호 또는 카드번호, 금액이나 비용, 시간보다 많이 나오지는 않지만 나올 때 단위와 함께 나오기 때문에 혼란을 줄 수 있습니다. 하지만 정답으로 요구되는 숫자가 천 단위를 넘어가거나 소수점과 함께 사용되어 조금 복잡하게 읽히는 경우를 제외하고 그렇게 어려운 답을 요구하지는 않으므로 잘 연습해서 정확히 맞추도록 해야겠습니다.

가장 평범하게 나오는 것은 분수입니다. 1/2(half), 1/3(one third), 1/4(a quarter) 같은 것이 자주 나오고 32%, 20%, 78% 같은 백분율도 출제됩니다. 길이는 '2.5 to 3m'부터 '12.5km' 같은 것이 나오고, 면적은 980m^{2}나 12,000m^2 같이 square metre 단위와 함께 출제됩니다. 이 외에도 부피를 재는 litre가 9ℓ나 28ℓ 같이 나오고, 무게를 재는 kg이 28kg이나 78kg 같은 형태로 출제됩니다.

일반적으로 답을 적을 때 숫자만 적어도 되고 단위와 함께 적어도 되는데, 단위를 적을 때는 km나 ℓ 같은 약자로 적도록 합니다. kilometre나 litre로 적다가 복수형을 빠뜨리거나 철자가 틀려서 오답처리 되는 경우가 있을 수 있기 때문입니다.

1 Woman's membership ID number: UK..........................EG

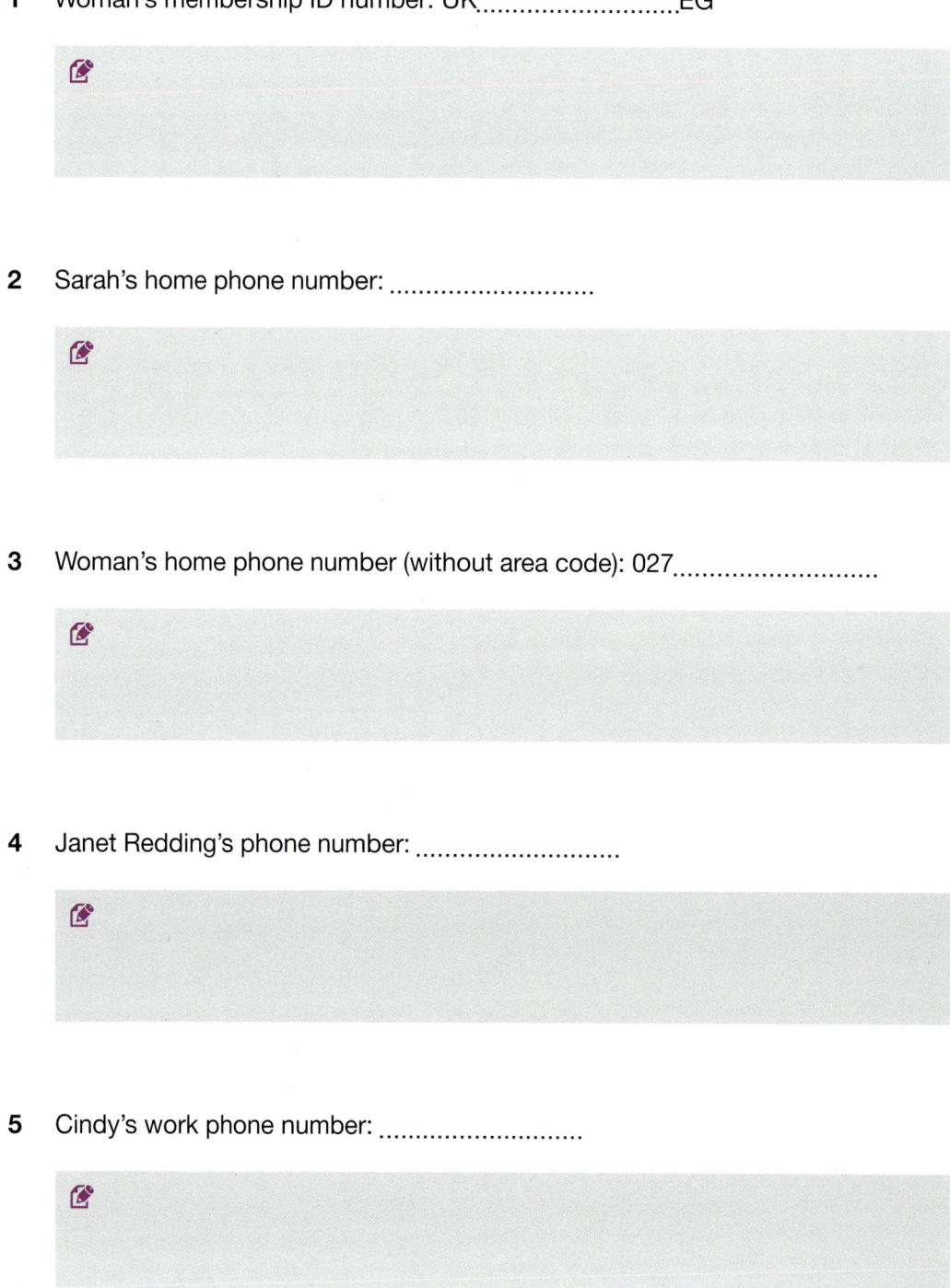

2 Sarah's home phone number: ....

3 Woman's home phone number (without area code): 027..........................

4 Janet Redding's phone number: ....

5 Cindy's work phone number: ....

6 Christy Giordano's credit card number: ....

7 Mark Bell's contact number: ....

8 Emil Zola's mobile number: ....

9 Man's phone number: ....

10 Man's home office extension number: ....

11   Camping Club UK office number: ....

12   Susie's parents' phone number: ....

13   Man's cell phone number: ....

14   Francis Davies'/Student's phone number: ....

15   Holly Wood's contact number: ....

16 Complaining woman's telephone number: ....

17 Claims department phone number: ....

18 Murray Atkins' telephone number: ....

19 Tanya Turner's contact number: ....

20 Telephone number of the manager, Mr. Morris: ....

21 Robert Brown's telephone number: ....

22 Elsa's/Anthony Casem's secretary's work number: ....

23 The Red Lion Bar and Inn office number: ....

24 John Thompson's credit card number: ....

25 Martha Stephenson's phone number: ....

26 Jane Galloway's work phone number: ....

27 Tourist Information telephone number: ....

28 Number to call if you don't reach the finish line: ....

29 Erica Dudley's work phone number: ....

30 Man's telephone number: ....

31 Claims department phone number: ....

32 Rudolf Bowman's mobile number: ....

33 Man's phone number: ....

34 Kate Bunsen's customer number: ....

35 Sandy's College telephone number: ....

36 Seawatch number for ferries in trouble: ....

37 Number to call to book and pay: ....

38 Telephone number of Anita Bacon: ....

39 Mr. Peckham's office number: 012- ....

40 Medical staff phone number: ....

1 Rate per night of double room with dining area: $............................

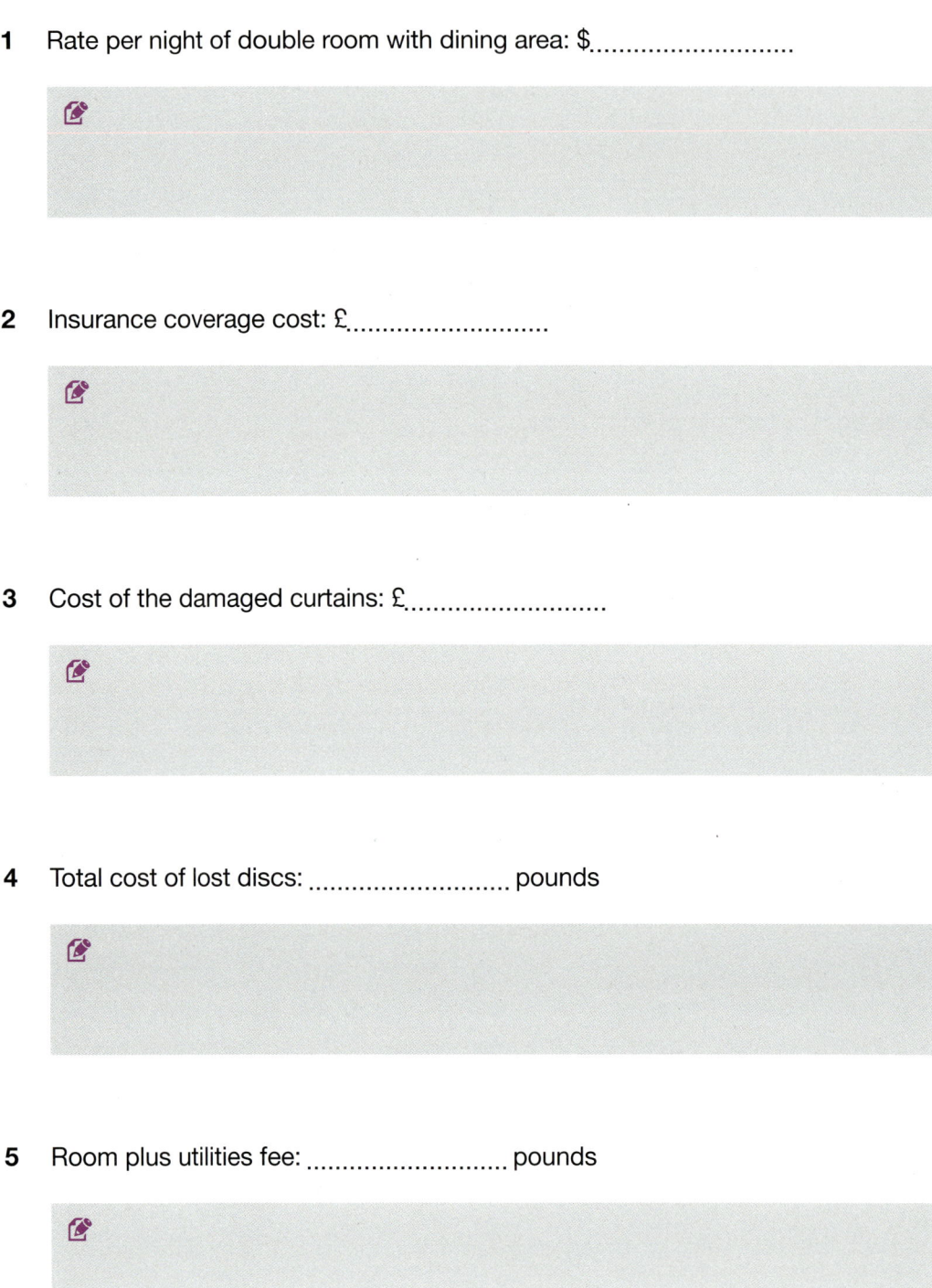

2 Insurance coverage cost: £............................

3 Cost of the damaged curtains: £............................

4 Total cost of lost discs: .... pounds

5 Room plus utilities fee: .... pounds

6 Maximum rate for host family accommodation: £...........................

7 Cost per day for a 3-day stay: $...........................

8 Opening balance amount: $...........................

9 Cost of ticket for booking 3 days in advance: .... pounds

10 Gold member monthly fee: $...........................

11 Total discounted package price: .... euros

12 Insurance premium cost: .... euros

13 Selling price of the desk: $...........................

14 Total initial payment for advertisement placement: $...........................

15 Enrolment fee for one person: .... pounds

16 Advance rent payment: £............................

17 Cost for large transpack package: $............................

18 Total down payment amount: £............................

19 Additional wage for over 18-hours of work: $............................

20 Fee for members to use the swimming pool: $............................

21 Basic salary rate per hour: $...........................

22 Rent for Jim's small room: $...........................

23 Cheapest accommodation rate: $...........................

24 Per night peak season rate: .... euros

25 Tuesday activity ticket price: .... pounds

26 Price of double bed with a width of 140cm: .... pounds

27 Westinghouse rice cooker price: £...........................

28 Fee price for the general public: $...........................

29 Course cost for those who pay in advance: $...........................

30 First class suite price: $...........................

31 Total monthly rent: $..............................

32 Minimum pay amount: .... pounds

33 Per person cost for adults: .... pounds

34 Basic salary amount: $........................... per bucket

35 Basic pay amount: £........................... per bucket

TIME

2C

1 Scheduled time for the first drama class: .... pm

2 Concert admission time: .... pm

3 Michelle Trager's available time: after .... pm

4 Weekday gym opening time: .... am

5 Time technician will come by: .... pm

6 Time Mr. Stonewall can start work on weekdays: from .... pm onwards

7 Time the woman has to call Miss Cooper: .... pm

8 Time that the woman can pass by to see the house: .... am

9 Time the woman usually gets up: .... am

10 Time that the surveyor will arrive: .... am tomorrow

11 Time that the man's practice and tennis lessons start every day: .... am

12 Time that ticket selling will end: .... pm

13 Science fiction film time: .... pm

14 Start time for violin lessons: .... pm

15 Time the film starts: .... am

16 Time of garbage collection: .... pm

17 Until what time will the enquiry office be open?: .... pm

18 Time for the concert hall program to start: .... pm

19 Time for the show: .... pm

20 Best time to visit the library: between .... on weekdays

21 Time the shop is open: from ....

22 Noisiest time: between ....

23 Train tour time: ....

24 Time the library is open on weekends: from ....

25 Time that classes begin every day: .... am

26 Junior team practice time: .... am

27 Time the film will start: .... pm

28 Time to turn off TVs, radios: .... pm

29 Time the shuttle for the airport leaves: .... am

30 Time the first firm will be shown: .... pm

LENGTH/WEIGHT

1 Size of the new office: .... m^2

2 Required canvass length: .... centimetres

3 Test drive distance: .... kilometres

4 Bed width: .... centimetres

5 Distance of the race to the finish line: over .... kilometres

6 Wardrobe width: .... metres

7 Length that the sea cucumber grows after 22 years: .... centimetres

8 Depth that the male student would like to input in the report: .... metres

9 Minimum area size to qualify for insurance: .... m^2

10 Amount of desalinated water produced by SW40 in a day: .... litres

11 Length of the palace grounds: .... miles

12 Size of theme park B: .... m^2

13 Typical weight of an adult male American black bear: .... kilograms

14 Distance of charging meters from each other: .... metres

15 Daytime temperature: .... degrees

16 Cane length that is best for the man: .... inches

17 Length of the swimming pool: .... metres

18 Area rug size: .... feet by .... feet

19 Length of time Ms. Moonshine will be out of office: .... weeks

20 Length of time patient has had back pain: .... hours

이번에는 미국 단어와 영국 단어 사이 스펠링은 다르지만 발음은 같은 경우를 살펴 보도록 하겠습니다. 스펠링 차이가 나는 것이 규칙적인 것이 많이 있지만 규칙성이 없는 것도 있으니 이런 단어는 별도로 공부를 해야 합니다.

스펠링은 다른데 발음이 같은 단어의 가장 대표적인 예로는 단어 후미가 다른 영국의 colour와 미국의 color 그리고 영국에서 사용하는 centre와 미국식 표기 center입니다. 표기의 차이는 있지만 발음은 동일하니 이 점만 주의하면 혼용해서 써도 큰 문제는 없을 것입니다. 물론 IELTS에서는 영국영어가 많이 나오기에 영국식 표기인 -our과 -re가 주로 사용됩니다. 그리고 모든 단어를 '-re'로 표기하는 것이 아니라 일부 단어에만 사용을 하고 있으니 이 점을 유의해서 사용해야 합니다.

-ou vs. -o		
영국영어	미국영어	뜻
colour	color	색상
favour	favor	부탁
favourite	favorite	좋아하는
labour	labor	노동
behaviour	behavior	태도
neighbour	neighbor	이웃
honour	honor	영광
mould	mold	곰팡이

-re vs. -er		
영국영어	미국영어	뜻
centre	center	중심
theatre	theater	극장
metre	meter	미터
litre	liter	리터
calibre	caliber	도량
fibre	fiber	섬유
saltpetre	saltpeter	초석
sabre	saber	군도

✚ Broken English 바로잡기

개그맨 gagman → comedian
개런티 guarantee → performance fee
비닐백 vinyl bag → 비닐 봉지 plastic bag, 갈색 종이봉지 brown paper bag

스카치테이프 → sticky tape, sellotape, adhesive tape
몸에 맞는 볼 dead ball → hit by pitch ball

LETTER & NUMBER

단어와 숫자가 합쳐진 형태는 앞서 살펴본 주소와 함께 우편번호나 날짜가 자주 출제됩니다.

1. Address

주소의 경우는 〈숫자+Street Name+Street Type〉의 형식으로 49 Windmill Drive, 13 High Road, 62 Queen Avenue 같은 형태의 답이 출제됩니다.

주소를 적을 때 중요한 것은 숫자 13과 30처럼 '-teen'과 '-ty'로 발음되어 혼란을 주는 숫자의 정확한 판단과 road, street, close, avenue, lane, drive 등 여러 가지 도로 type을 사전에 미리 익혀두어 street type을 어려움 없이 한 번에 들어서 적고, 가장 중요한 Street Name(도로명)을 받아 적는 데 집중하는 것입니다. 그리고 앞선 UNIT 1의 주소명에서 언급한 것처럼 기출문제나 인터넷 검색 등을 통해 전혀 접해보지 않았던 생소한 도로명을 찾아서 사전에 공부하는 것도 정답을 정확히 적는 데 큰 도움이 됩니다.

2. Postcode

UNIT 2에서 살펴본 전화번호와 마찬가지로 특정 국가의 우편번호가 아닌 시험용의 가상 우편번호가 사용됩니다. 일반적으로 6자리나 7자리의 문자와 숫자가 혼합된 형태로 T034YU, GW432HA와 같이 쓰입니다.

우편번호 받아 적기가 다른 문제보다 약간 까다로운 부분은 글자와 숫자가 섞여 있고, 일반적인 단어 형태가 아니라서 예측하기가 어렵다는 점입니다. 예를 들어 주소의 경우 Windmill이라고 불러줄 때 보통 단어를 형성하며 한 번에 읽는 것이 가능한 단어의 형태이기 때문에 [윈드밀]이라고 들리면 '아~ W 다음에 i가 오고 밀이니까, m 다음에 i가 오겠구나' 하고 철자를 예측할 수 있지만, 우편번호는 이런 단어의 일반적인 법칙을 따르지 않기 때문에 길지는 않아도 다소 어려울 수 있습니다. 하지만 이런 점을 고려해서 미리 연습해 두고 익숙해지면 긴 답은 아니므로 그리 어렵지 않게 답을 적어 나갈 수 있을 것입니다.

3. Date

날짜는 영국식이나 미국식 표기 뿐 아니라 국제적으로 통용되는 여러 표기 방식으로 출제될 수 있으며, 영국식이나 미국식으로 들려줬어도 국제적으로 통용되는 표기법이면 정답으로 인정이 됩니다.

하지만 앞에서 배운 시간 표기에서처럼 혹시나 있을지 모를 채점상의 불이익을 당하지 않으려면 들리는 대로 쓰는 것이 가장 좋습니다. 숫자의 경우 〈날짜 + 월〉과 〈날짜 + 월 + 년도〉 두 가지 형태로 출제되는데, 보통 〈날짜 + 월〉이 주로 출제되며 가끔 년도나 월만 요구할 때도 있습니다.

답을 적는 표기법의 원칙은 〈날짜 서수형 + 월〉의 형식으로 1st March, 2nd July, 3rd April, 4th October와 같이 써야 하지만 단순히 '숫자와 월만 제대로 적어도 정답으로 인정됨으로 굳이 서수 형태로 쓰다가 '-st', '-nd'를 제대로 쓰지 못해서 오답처리되는 경우를 피하도록 합니다.

4. Reference Number

섹션 1에서 가끔 출제되는 문제로 우편번호와 흡사하게 JW1142나 TF274Q5처럼 숫자와 글자가 섞여 있고 문자 순서의 규칙이 없습니다. 이런 문제 역시 우편번호와 같은 방법으로 공부하면 크게 어렵지 않게 정답을 맞출 수 있을 것입니다.

1 Katy Pennington's Home Address: ....

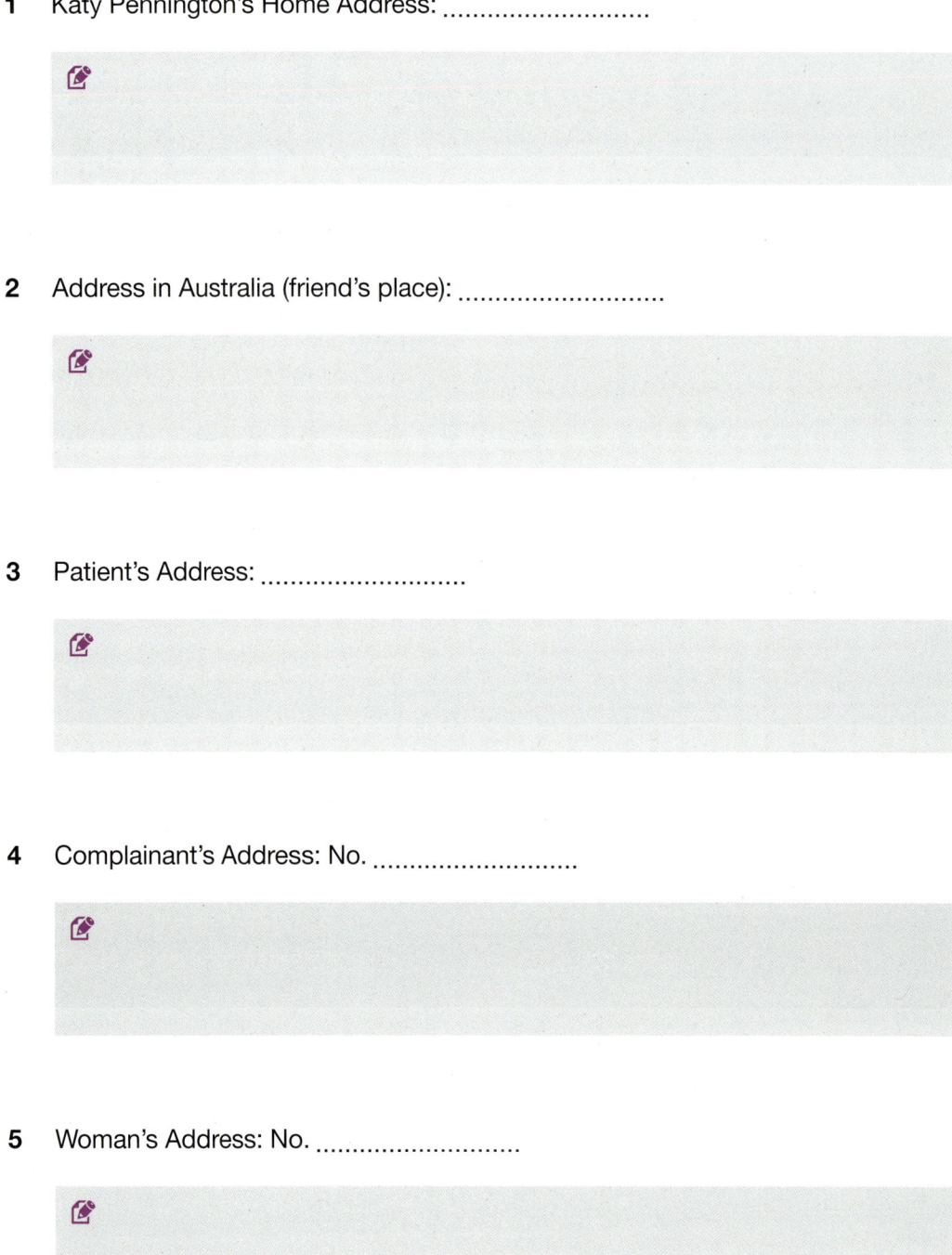

2 Address in Australia (friend's place): ....

3 Patient's Address: ....

4 Complainant's Address: No. ....

5 Woman's Address: No. ....

6 Woman's Address: No. ....

7 Hotel's address: ....

8 Man's Address: ....

9 Man's Address: ....

10 Customer's Address: ....

11 Patient's Address: No. ....

12 Robin's Address: ....

13 Sandy's College Address: No. ....

14 Monica Havayena's Address: ...., Norway

15 Patient's Address: ...., Marton

16 Man's Address: ...., New Castle

17 Job Interview Address: ....

18 Jonathan Bridgeport's Address: ...., Suburban Walkley

19 Margaret Herde's Address: ...., Massachusetts

20 Noisy Neighbour's Address: ....

21 Patrick Hewitt's Address: ....

22 Patient's Address: ....

23 New Business Address: ...., London

24 Address Woman is looking for: ....

25 Westhill Office Address: Unit ....

26 Pharmacy's address ....

27 Address the man forgot: ...., Crawley

28 Emily's Address: ....

29 Chinese restaurant's address: ....,..........

30 Woman's Address: ....

31 Mark's Address: ....

32 Jessica's Address: ....

33 Jane Cino's Address: ....

34 Korean Restaurant's Address: ....

35 Steven's New Office Address: ....

36 Katy Newcombe's Address: ....

37 Jonathan Long's Address: ....

38 Address where surveillance was conducted: ....

39 Funeral Parlour's Address: ....

40 School Address: ...., Islington

41 Hotel Address: ...., Twickenham

42 Ms. Havisham's Address: ...., Romford

43 Hotel Address: ...., Andover

44 New office Address: .... Folkestone, Kent

45 Man's Address: Moray House, ..., Perth

46 Guest House Address: Errolbank Guest House, ...

47 John Trottel's Address: ....

48 Man's Home Address: ....

49 Amelie's Address: ....

50 Address where luggage should be sent: ....

1 Man's postcode: ....

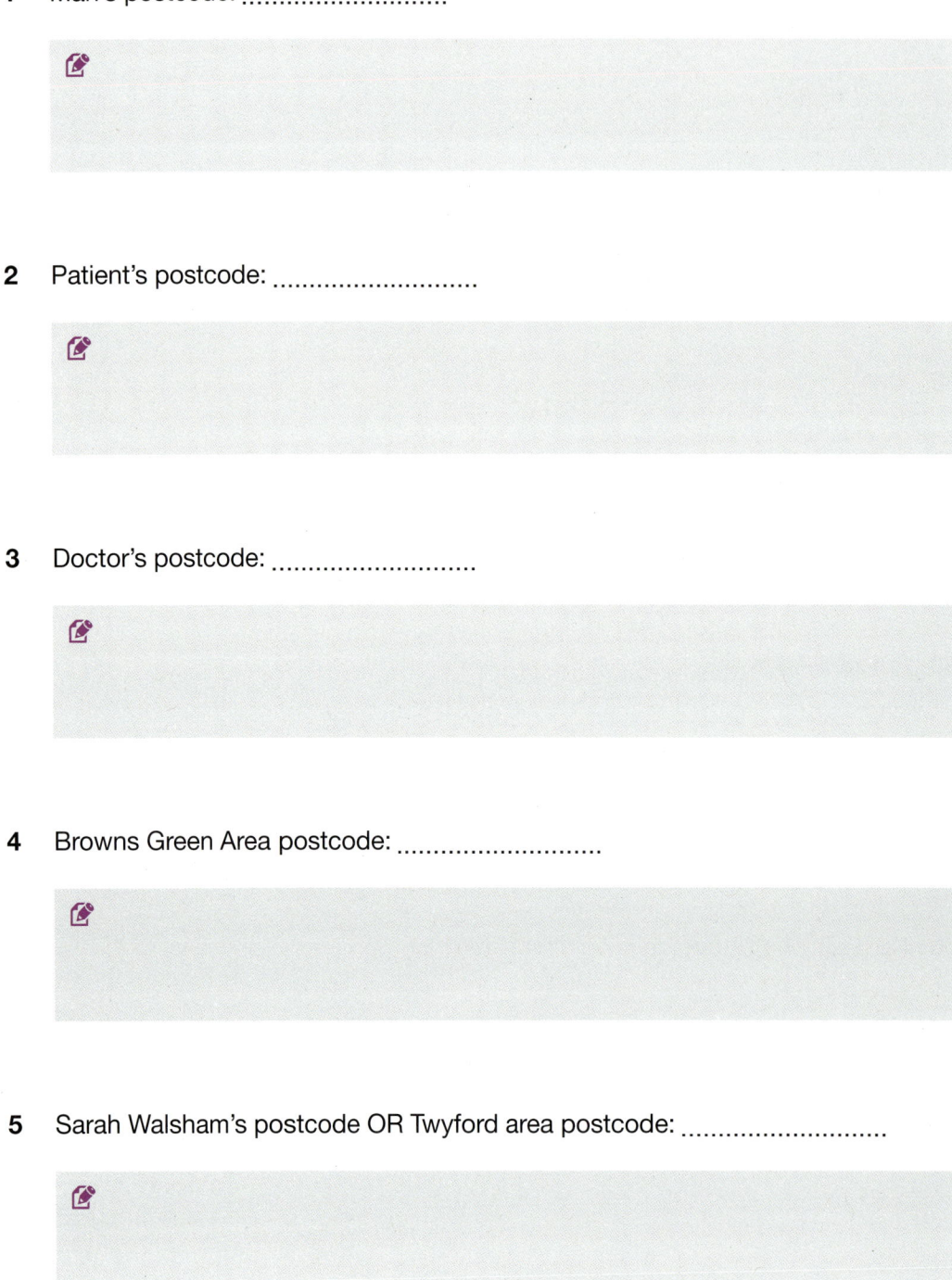

2 Patient's postcode: ....

3 Doctor's postcode: ....

4 Browns Green Area postcode: ....

5 Sarah Walsham's postcode OR Twyford area postcode: ....

6 Health centre's postcode: ....

7 Ashley Cooper's postcode: ....

8 Andy Khan's postcode: ....

9 Postcode of the area where the job interview will be held: ....

10 Postcode of the woman who lost her baggage: ....

11 Woman's/Customer's postcode: ....

12 Complainant's postcode: ....

13 Apartment postcode: ....

14 Gordon Road, Ellandale postcode: ....

15 Woman's postcode: ....

16 Sycamore Gardens Hotel postcode: ....

17 Joni Mitchell's postcode: ....

18 Postcode where the broken down car is located: ....

19 Postcode of the woman's cousin: ....

20 Man's/Bridgwater Road postcode: ....

21 Mr. Davis' postcode: ....

22 Office postcode: ....

23 Anderson Homes postcode: ....

24 Man's/Customer's postcode: ....

25 Booze Mini Mart postcode: ....

26 Patrick's postcode: ....

27 Emily Havisham's postcode: ....

28 Man's/Patient's postcode: ....

29 Woman's postcode: ....

30 Woman's postcode: ....

DATE

3C

1 Movie club start date: ....

2 Drama course start date: ....

3 Woman's moving date: ....

4 Date the man wants to move to the new apartment: ....

5 Date and year the patient was born: 1986

6 Month and day Sarah was born: 1988

7 Date the man lost his bag: ....

8 Date the representative would go to Jerry's house: ....

9 Hotel reservation date: ....

10 Date when the birthday party will be held: ....

11 Start date of the yoga class: ....

12 Date of final interview: ....

13 Date the woman can move in: ....

14 Start date for certificate delivery: ....

15 Date of aquarium trip: ....

16 Date for the first day of class: ....

17 Ernest Riryard's date of birth: 1975

18 Erl Priston's date of birth: ....

19 Swimming event date: ....

20 Painting competition submission deadline: ....

21 Work start date: ....

22 Date Peter would move in: ....

23 Application form arrival date: ....

24 Month and date of Alan Furness' birthday: 1987

25 Date when the house will be available for occupancy: ....

26 Date when pain and swelling began: ....

27 Man's/Applicant's month and date of birth: ...., 1978

28 Date for private guests: ....

29 Woman's hotel booking date: ....

30 Hotel room booking date: ....

31 Date of activity / Date of visit to the museum: ....

32 Date the speech transcript has to be handed in: ....

33 Dinosaur museum closing date: ....

34 Date Emma can start her courses: ....

35 Date to receive email reply: ....

36 Fridge purchase date: ....

37 Job interview date: ....

38 Golfing date: ....

39 Start date of sending certificates by post: ....

40 Jean Simpson's birthdate: ...., 1979

41 Return/Meeting date: ....

42 Date for the birthday party of Collin's daughter: ....

43 Start date for the new term: ....

44 Conference date: from (1) .... to (2) ....

45 Moving in date: ....

46 Date to start work: ....

47 Date the woman has to go to the insurance office: ....

48 Girl's Club event date: ....

49 Date Julia plans to move to the new office: ....

50 General Orientation date: ....

발음은 같은데 단어 뒷부분이 차이가 나는 경우는 앞에서 설명 했던 '-ou', '-o' 나 '-re', '-er' 외에 여러 가지가 있습니다. 그 중에서 이번에는 '-ise', '-ize'와 '-logue', '-log'에 대해 알아 보도록 하겠습니다.

'-ise', '-ize'는 단어 뒷부분에 붙어서 '~하게 만들다'라는 동사형 접미사로, 영국영어에서는 '-ise'로 표기 되며 미국영어에서는 '-ize'로 사용됩니다. 우리나라는 미국영어가 보편화 되어있기에 '-ise'가 사용되는 단어는 틀린 단어처럼 보일 수 있는데 이제는 본격적으로 IELTS를 공부하시는 만큼 영국식 단어들에 익숙해지는 것이 향후 공부에 좋습니다. 이외에도 발음은 같은데 단어 철자가 다른 것으로 영국 '-ce' vs. 미국 '-se' / 영국 '-mme' vs. 미국 '-m' / 영국 'l' vs. 미국 'll'도 있으니 좀 더 공부하면 실력향상에 큰 도움이 될 것입니다.

-ce vs. -se		
영국영어	미국영어	뜻
pretence	pretense	가식
licence	license	면허
defence	defense	방어
offence	offense	범죄
practice	practise	연습

mme vs. m		
영국영어	미국영어	뜻
diagrammed	diagramed	도표
programme	program	프로그램
kilogramme	kilogram	킬로그램
mamma	mama	엄마
milligramme	milligram	밀리그램

l vs. ll		
영국영어	미국영어	뜻
distil	distill	증류하다
enrol	enroll	등록하다
fullfil	fullfill	성취하다
instalment	installment	할부
skilful	skillful	능숙한

-ise vs. -ize		
영국영어	미국영어	뜻
realise	realize	깨닫다
criticise	criticize	비판하다
organise	organize	조직하다
apologise	apologize	사과하다
recognise	recognize	인정하다
initialise	initialize	초기화하다
emphasise	emphasize	강조하다

-logue vs. -log		
영국영어	미국영어	뜻
catalogue	catalog	목록
dialogue	dialog	대화
prologue	prolog	프롤로그
monologue	monolog	독백
analogue	analog	유사물
travelogue	travelog	여행담
decalogue	decalog	십계

✚ Broken English 바로잡기

돈까스 → pork cutlet
펑크난 타이어 punk tire → flat tire
오바이트 overeat → vomit (vomiting), throw up

모닝콜 morning call → wake-up call
아나운서 announcer → news anchor

ANSWERS & TAPESCRIPTS

UNIT 01 **LETTER**

ADDRESS   p.30

1 Ellendale
2 Kierke
3 Valencia
4 Waverton
5 Hilicross
6 Hillsdunne
7 Conesfort
8 Amyes
9 Omerama
10 Gatliff
11 Brunswick
12 Paradise
13 George
14 Exeter
15 Heyworth
16 Church
17 Holden
18 Millbank
19 Shepherd
20 Montague
21 Suffolk
22 Goldington
23 Brompton
24 Strathmore
25 Gloucester
26 Renfrew
27 Stonehill
28 Wickford
29 Swavesey
30 Elinora
31 Walmsley
32 Elsinore
33 Fearnleigh
34 Beanham
35 Picardilly

NAME: PERSON   p.37

1 Whitton
2 Northwaite
3 Grieg
4 Whitworth
5 Rogala
6 Walsham
7 Collins
8 Swachenger
9 Aguilera
10 Madrona
11 Hanford
12 Cowper
13 Pennington
14 Cresiik
15 Atkinson
16 Maine
17 Rhys
18 Rayleigh
19 Prichett
20 Dressler
21 Trager
22 Cuningham
23 Braddle
24 Jamal
25 Wollowey

26 Hillman

27 Riryard

28 Kahn

29 Arkwright

30 Furness

31 Kellar

32 Herde

33 Cliffton

34 Peckham

35 Bittens

36 Fitzsimmons

37 Kesteven

38 Cheffins

39 Frampton

40 Cornell

41 Jacobs

42 Simmons

43 Ridyard

44 Fletcher

45 Lillie

NAME: HOTEL,SHOP, ETC p.46

1 Howells

2 Hedrick

3 Canteen

4 Limerick

5 Knutsford

NAME: WEBSITE,EMAIL p.47

1 auspost

2 playwell

3 pk2

4 rivertrip

5 hennings

6 Faye

7 swiftcouriers

8 cignaglobal

9 uzair

10 inntel

UNIT 02 **NUMBER**

PHONE / CARD p.52

1 765024
2 0903775115
3 4375333
4 0407853422
5 489724
6 6253 9472 3101 3999
7 017538612
8 044298611
9 6547890
10 6351386
11 021561325
12 9286352271
13 077896245
14 3072831006
15 07736545608
16 093036602
17 99281444
18 984753566
19 0903775115
20 0442698611
21 6547890
22 489724
23 077896256
24 2204 4705 3605 5721
25 96435550
26 033835071
27 0166984652
28 0044201522
29 449726
30 01727851563
31 156777489
32 07785206439
33 020653677

34 5567819230
35 077691584
36 0845656543
37 0916684652
38 455455
39 76243890
40 560314

COST p.60

1 120
2 36
3 250
4 144
5 43
6 80
7 63
8 300
9 2.5
10 50
11 315
12 47.5
13 99
14 6
15 285
16 1700
17 98
18 580
19 6.50
20 2
21 6.50
22 80

23 219

24 77.5

25 7.50

26 265

27 89.99

28 210

29 85

30 3834

31 48

32 120

33 23

34 4.50

35 5.60

21 9.00 am to 4.30 pm

22 midnight and 3:30 am

23 10 am to 4 pm

24 9.30 am to 5.00 pm

25 8.55

26 7.30

27 7.30

28 11.30

29 9.00

30 11.25

TIME   p.67

1 5.30

2 4.30

3 3.30

4 7.30

5 4.40

6 6.00

7 5.30

8 10.15

9 6.30

10 8.00

11 8.00

12 4.30

13 10.00

14 4.45

15 11.25

16 8.15

17 8.30

18 2.30

19 7.30

20 9.00 am and 6.30 pm

LENGTH / WEIGHT   p.73

1 12000

2 60

3 2.5

4 140

5 200

6 1.80

7 0.1

8 100

9 18

10 9

11 7

12 20000

13 250

14 500

15 19

16 38

17 50

18 10/13

19 2

20 72

UNIT 03 **LETTER** & **NUMBER**

ADDRESS   p.80

1 68 Lake Road

2 16 Ocean Drive

3 14 Queens Avenue

4 33 Hilicross

5 65 Park Road

6 134 Rose Road

7 15 Museum Avenue

8 124 Green Street

9 6 Verdon Street

10 62 Queen Avenue

11 17 Upland Road

12 32 Bank Street

13 6 Beach Road

14 14 Mountain Road

15 27 Station Road

16 15 Station Avenue

17 7 Market Street

18 95 Cross Street

19 40 Long Road

20 74 North Road

21 84 Park Road

22 21A Eagle Road

23 16 Napier Road

24 10 Centre Street

25 3 Prospect Place

26 15 Elms Road

27 16 Northgate House

28 49 Windmill Drive

29 83 Computer Highway

30 6 Barking Street

31 13 High Road

32 1 Stoney Lane

33 24 Gate Hill

34 98 Church Road

35 39 Break Drive

36 15 Breeze Place

37 62 Crow Lane

38 21B Moss Lane

39 35 Whitehorse Road

40 135 Sussex Way

41 10 Russell Road

42 13B Albert Road

43 35 Manor Road

44 36 Castle Avenue

45 39 John Street

46 9 Brentwood Road

47 31 Victoria Road

48 40 Railway Street

49 35 Kings Road

50 16 Lincoln Avenue

POSTCODE   p.90

1 TO34YU

2 EL142BF

3 AL698GQ

4 BH246GL

5 RT125CZ

6 SD153DY

7 GX192RU

8 HB39PU

9 VIT613UL

10 GW432HA

11 254EU

12 PL239PU

13 E11VR

14 W52AT

15 RO62LR

16 W643HH

17 CR02YR

18 BH906KS

19 RT125CZ

20 BS97PU

21 PG14BU

22 NR280AJ

23 ZE10BG

24 IP224EG

25 DA100AH

26 KA106AG

27 S91AL

28 G115AH

29 FK101NN

30 W104AE

DATE p.96

- 정답 안의 괄호 내용은 써도 되고 안 써도 되는 옵션으로, 꼭 필요하지는 않습니다. ex: (the) 4(th) (of) July / July (the) 4(th)
- 답으로 인정되는 다른 답은 '/'로 구분되어 있습니다.
  ex: 4 July / 4th July / 4th of July / the 4th of July / July 4 / July 4th / July the 4th

1 (the) 17(th) (of) April / April (the) 17(th)

2 (the) 30(th) (of) May / May (the) 30(th)

3 (the) 23(rd) (of) September
   / September (the) 23(rd)

4 (the) 1(st) (of) August / August (the) 1(st)

5 (the) 1(st) (of) May / May (the) 1(st)

6 (the) 30(th) (of) March / March (the) 30(th)

7 (the) 23(rd) (of) March / March (the) 23(rd)

8 (the) 23(rd) (of) January / January (the) 23(rd)

9 (the) 17(th) (of) June / June (the) 17(th)

10 (the) 27(th) (of) April / April (the) 27(th)

11 (the) 27(th) (of) June / June (the) 27(th)

12 (the) 22(nd) (of) October
   / October (the) 22(nd)

13 (the) 30(th) (of) April / April (the) 30(th)

14 (the) 1(st) (of) August / August (the) 1(st)

15 (the) 31(st) (of) October / October (the) 31(st)

16 (the) 14(th) (of) September
   / September (the) 14(th)

17 (the) 25(th) (of) February
   / February (the) 25(th)

18 (the) 30(th) (of) April / April (the) 30(th)

19 (the) 16(th) (of) October
   / October (the) 16(th)

20 (the) 29(th) (of) August / August (the) 29(th)

21 (the) 27(th) (of) August / August (the) 27(th)

22 (the) 1(st) (of) June / June (the) 1(st)

23 (the) 25(th) (of) August / August (the) 25(th)

24 (the) 16(th) (of) October
   / October (the) 16(th)

25 (the) 23(rd) (of) April / April (the) 23(rd)

26 (the) 18(th) (of) January / January (the) 18(th)

27 (the) 13(th) (of) September
   / September (the) 13(th)

28 (the) 25(th) (of) June / June (the) 25(th)

29 (the) 18(th) (of) May / May (the) 18(th)

30 (the) 11(th) (of) December
   / December (the) 11(th)

31 (the) 22(nd) (of) May / May (the) 22(nd)

32 (the) 30(th) (of) April / April (the) 30(th)

33 (the) 25(th) (of) December
   / December (the) 25(th)

34 (the) 14(th) (of) September
   / September (the) 14(th)

35 (the) 15(th) (of) October
   / October (the) 15(th)

36 (the) 12(th) (of) January / January (the) 12(th)

37 (the) 30(th) (of) October
   / October (the) 30(th)

38 (the) 4(th) (of) July / July (the) 4(th)

39 (the) 1(st) (of) August / August (the) 1(st)

40 (the) 24(th) (of) August / August (the) 24(th)

41 (the) 5(th) (of) November
/ November (the) 5(th)

42 (the) 28(th) (of) June / June (the) 28(th)

43 (the) 3(rd) (of) February / February (the) 3(rd)

44 June 14 to 24 / June 14th to the 24th
/ June the 14th to the 24th / 14 to 24 June
/ 14th to the 24th June / 14th to the 24th of
June / the 14th to the 24th of June

45 (the) 11(th) (of) January
/ January (the) 11(th)

46 (the) 25(th) (of) September
/ September (the) 25(th)

47 (the) 10(th) (of) February
/ February (the) 10(th)

48 (the) 15(th) (of) June / June (the) 15(th)

49 (the) 16(th) (of) May / May (the) 16(th)

50 (the) 27(th) (of) February
/ February (the) 27(th)

UNIT 01 **LETTER**

ADDRESS   p.30

TAPESCRIPT 1

OFFICER: Yes, what can I do for you?

STUDENT: I was robbed at Ellendale Road and I would like to report it.

OFFICER: How do you spell the name of that place?

STUDENT: Yes, it's spelt as E-double L-E-N-D-A-L-E.

OFFICER: Alright, can you state your name please?

경찰관: 네, 무엇을 도와드릴까요?

학생: 엘렌데일 가에서 강도를 만나서 신고를 하려고요.

경찰관: 그 장소의 철자가 어떻게 되죠?

학생: 네, E-double L-E-N-D-A-L-E입니다.

경찰관: 알겠습니다. 성함을 알려주시겠어요?

TAPESCRIPT 2

WOMAN: Hi, can you help me? I lost my baggage in the train.

CLERK: Yes no problem, kindly fill out this form and tell me where you're from.

WOMAN: I am from Kierke Road, Santorini Mexico. Kierke spelt as K-I-E-R-K-E.

CLERK: Alright, I got it. We will phone you as soon as we find your baggage.

WOMAN: That's great. Thank you so much! How long should I wait to be contacted?

여자: 안녕하세요, 저 좀 도와주시겠어요? 기차에서 짐을 잃어버렸어요.

직원: 그럼요. 되고말고요. 이 용지를 작성하시고 어디서 오셨는지 말씀해주세요.

여자: 멕시코 산토리니에 있는 키에르케 가에서 왔어요. 키에르케의 철자는 K-I-E-R-K-E입니다.

직원: 알겠습니다. 당신의 짐을 찾는 대로 바로 연락드리겠습니다.

여자: 좋아요. 정말 감사합니다! 연락이 올 때까지 얼마나 기다려야 하죠?

TAPESCRIPT 3

WOMAN: Could you give me the full address of Shirley's Tailoring Shop, please?

MAN: Yes, it's at the Raffles Building.

WOMAN: Right.

MAN: On Valencia Street.

WOMAN: Can you spell that please?

MAN: Yes. It's V-A-L-E-N-C-I-A Street.

WOMAN: Awesome, thank you!

여자: 셜리 양복점의 전체 주소를 알려주시겠어요?

남자: 네. 래플스 건물에 있어요.

여자: 알겠어요.

남자: 발렌시아 가에 있습니다.

여자: 철자를 불러주시겠어요?

남자: V-A-L-E-N-C-I-A입니다.

여자: 정말로 고마워요!

TAPESCRIPT 4

STUDENT: Do you know where this school is located? I'm going to enroll for a computer course there.

MAN: Can you tell me the address please?

STUDENT: It is located in Green way, Waverton.

MAN: How do you spell Waverton?

STUDENT: Yes, it's W-A-V-E-R-T-O-N.

MAN: Just turn right after this next street.

STUDENT: Thank you.

학생: 이 학교가 어디에 있는지 아세요? 그곳의 컴퓨터 강좌에 등록하려고요.

남자: 주소를 알려주시겠어요?

학생: 웨이버튼의 그린웨이에 있어요.

남자: 웨이버튼의 철자가 어떻게 되나요?

학생: 네, W-A-V-E-R-T-O-N입니다.

남자: 이 다음 거리를 지나서 오른쪽으로 가세요.

학생: 고맙습니다.

TAPESCRIPT 5

MAN: I would like to file a complaint regarding the delayed flight today.

CLERK: Would you mind if I ask some information for the record, sir?

MAN: Yes, go ahead.

CLERK: Could you give me your full address, please?

MAN: Sure. It's 33 Hilicross.

CLERK: Could you spell that please?

MAN: Yes, it's H-I-L-I-C-R-O-double S.

CLERK: OK, thank you, sir. We'll take immediate action on this.

남자: 오늘 비행기 지연에 대해서 불만을 접수하려고요.
직원: 기록을 위해 몇 가지 여쭤봐도 될까요?
남자: 네, 그러세요.
직원: 고객님의 전체 주소를 말씀해주시겠어요?
남자: 네, 힐리크로스 33번지예요.
직원: 철자를 알려주시겠어요?
남자: 네, H-I-L-I-C-R-O-double S입니다.
직원: 네, 감사합니다. 즉시 처리해드리도록 하겠습니다.

TAPESCRIPT 6

PETER CHEN: Hey Ann, I'm looking for a part time job at a restaurant.

ANN LEE: I know one, here's the address of the restaurant branch; Hillsdunne Road.

PETER CHEN: Is Hilsdune spelt with single "L" and "N".

ANN LEE: Uh no... it's double "L" and double "N".

PETER CHEN: Could you spell that please?

ANN LEE: Alright, H-I-double L-S-D-U-double N-E.

PETER CHEN: Great! Thanks Ann!

피터 첸: 안녕 앤, 나는 식당에서 할 수 있는 아르바이트를 찾고 있어.
앤 리: 한 곳을 알고 있긴 한데, 여기가 그 식당 지점의 주소야. 힐스던 가에 있어.
피터 첸: 힐스던의 철자에서 'L'과 'N'이 하나씩이야?
앤 리: 아 아니. 'L'과 'N'은 두 개씩이야.
피터 첸: 철자를 알려줄래?
앤 리: 알았어, H-I-double L-S-D-U-double N-E야.
피터 첸: 좋아! 고마워 앤!

TAPESCRIPT 7

WOMAN: I heard about the house that's out for a rent at North Street, Conesfort. Do you know where it is?

MAN: Could you spell Conesfort please?

WOMAN: Yeah, it's C-O-N-E-S-F-O-R-T.

MAN: Ah, I remember, it's located at a street across from here, beside the coffee shop.

WOMAN: Great! Thanks!

여자: 콘스포트 노스 스트리트에 집이 나왔다고 들었어요. 어디에 있는지 아세요?
남자: 콘스포트의 철자를 알려주시겠어요?
여자: 네, C-O-N-E-S-F-O-R-T예요.
남자: 아, 기억이 나네요. 여기 건너편에 있는 거리에 있어요. 커피 숍 옆이에요.
여자: 정말로 고마워요!

TAPESCRIPT 8

WOMAN: Hello, I called for housekeeping services. I'd like to have my bed linens changed, please.

MAN: Yes, madam, can you tell me your location?

WOMAN: I'm here at Amyes Road.

MAN: How do you spell Amyes?

WOMAN: It's A-M-Y-E-S.

MAN: When would you like us to come by, ma'am?

여자: 안녕하세요, 가사 서비스 때문에 전화했어요. 침대 시트를 바꾸고 싶어서요.
남자: 그러시군요. 위치를 알려주시겠어요?
여자: 저는 에임스 가에 있어요.
남자: 에임스의 철자가 어떻게 되나요?
여자: A-M-Y-E-S예요.
남자: 저희가 언제 방문하길 원하시나요?

TAPESCRIPT 9

INFORMATION: Hi, my name's Arthur, what can I do for you?

TOURIST: Hi, I'm Rebecca and I'm trying to locate my cousin who moved here a year ago.

INFORMATION: Let me see what I can do. First, may I know where you and your cousin are from?

TOURIST: We are both from Omerama in New Zealand.

INFORMATION: Is that spelt O-H-M-E-rama?

TOURIST: Uh, no, without the H, O-M-E-R-A-M-A.

INFORMATION: OK, got it, thanks. And what's your cousin's full name?

안내원: 안녕하세요, 저의 이름은 아서입니다. 무엇을 도와드릴까요?

관광객: 안녕하세요, 저는 레베카입니다. 1년 전에 이곳으로 이사온 제 사촌을 찾고 있어요.

안내원: 제가 할 수 있는 방법을 찾아볼게요. 먼저 당신과 당신 사촌이 어디 출신인지 알 수 있을까요?

관광객: 우리 둘 다 뉴질랜드의 오메라마에서 왔어요.

안내원: 철자가 O–H–M–E–rama인가요?

관광객: 아, 아니에요, H를 뺀 O–M–E–R–A–M–A예요.

안내원: 네 알겠습니다, 감사해요. 그리고 사촌의 성함이 어떻게 되죠?

TAPESCRIPT 10

WOMAN: Hello, I'm looking to have our business address updated for the yellow pages.

MAN: I can certainly help you with that. May I have your full name, please?

WOMAN: I'm Elizabeth Bartlett from the Staffan Tollgard Design Group.

MAN: OK, give me a moment to pull up some information for Staffan Tollgard... OK, found it. May I have the updated business address, please?

WOMAN: It's Gatliff Road, London.

MAN: Is Gatliff spelt with a single F?

WOMAN: No, it's spelt with a double F. It's G-A-T-L-I-double F.

여자: 안녕하세요, 전화번호부에 우리 회사 주소를 갱신하는 것을 알아보고 있어요.

남자: 그 문제라면 제가 도와드리겠습니다. 성함이 어떻게 되시나요?

여자: 저는 스테판 톨가드 디자인 그룹의 엘리자베스 바틀릿입니다.

남자: 네, 스테판 톨가드의 몇 가지 정보를 얻기 위해 조금만 기다려주세요. 좋아요, 찾았습니다. 갱신된 회사 주소를 알려주시겠어요?

여자: 런던 가트리프 가예요.

남자: 가트리프의 철자에서 F가 하나인가요?

여자: 아니요, F가 두 개예요. G–A–T–L–I–double F입니다.

TAPESCRIPT 11

MAN: Hello. This is Boots UK, what can we do for you today?

WOMAN: Yes, hi, I'm calling to have my prescription for 30 tablets of Contrave filled, please, so I can just come by and pick them up.

MAN: Certainly, madam. May I have your full name, please?

WOMAN: It's Ashley Fletcher.

MAN: And your address, please?

WOMAN: 42 Brunswick Road, London. Brunswick is spelt B-R-U-N-S-W-I-C-K.

MAN: OK, thanks, madam. You can come pick them up in 2 hours. Please don't forget to bring the prescription paper from the doctor, thank you.

남자: 안녕하세요, 부츠 UK입니다. 오늘 무엇을 도와드릴까요?

여자: 네, 안녕하세요, 콘트라브 30알을 조제하려고 전화했어요 그리고 방문해서 가져가려고 합니다.

남자: 알겠습니다. 성함이 어떻게 되시죠?

여자: 애슐리 플레처입니다.

남자: 주소는요?

여자: 런던 브런즈윅 42번가예요. 브런즈윅의 철자는 B–R–U–N–S–W–I–C–K입니다.

남자: 네, 고맙습니다. 2시간 안에 찾아갈 수 있어요. 의사에게 처방전을 받아서 가져오는 것을 잊지 마세요. 감사합니다.

TAPESCRIPT 12

WOMAN: Hello, this is Odeon Cinema. How can I help you?

MAN: Hi, I'm just checking the showing times for Fury.

WOMAN: OK, for today, the showing times are scheduled at 9.30 am, 1.30 pm and 5.30 pm.

MAN: Can I book a seat that's towards the middle, around the 7th row from the front, please, for the 5.30 session?

WOMAN: That would be seat number 10, row 7. Let me check a moment... OK, yes, it's available. May I have your name, please?

MAN: Thanks very much. My name is Brandon Seville. Can I have the address of the cinema, please?

WOMAN: Yes, it's Odeon Cinema, 14 Paradise St., Liverpool.

여자: 안녕하세요, 오데온 극장입니다. 어떻게 도와드릴까요?

남자: 안녕하세요, 영화 퓨리 상영시간을 확인하고 싶어서요.

여자: 오늘 상영시간은 오전 9시 30분, 오후 1시 30분, 5시 30분입니다.

남자: 5시 30분에 앞에서 7번째 줄 정도의 중간 좌석으로 예매할 수 있을까요?

여자: 7번째 줄에서 10번 좌석이 될 거예요. 잠시 확인해보겠습니다. 네, 가능하네요. 성함이 어떻게 되시죠?

남자: 정말 감사해요. 제 이름은 브랜든 세빌입니다. 극장 주소를 알려주시겠어요?

여자: 네, 리버풀 파라다이스 14번가 오데온 극장입니다.

TAPESCRIPT 13

WOMAN: Hi, we're new in this area and I'm looking for a preschool for my daughter.

MAN: Well, my daughter goes to the local community preschool and she loves it.

WOMAN: That's great! Maybe I should go check it out with my daughter. Could you give me the address?

MAN: Yes, it's at 42 George Street, Wakefield.

WOMAN: Is George spelt like the person's name?

MAN: Yes, correct G-E-O-R-G-E.

여자: 안녕하세요, 이 지역에 온지 얼마 안 되어서 제 딸의 유치원을 찾고 있어요.
남자: 음, 제 딸은 지역사회 유치원에 다니고 있는데 아주 좋아해요.
여자: 잘 됐네요. 딸과 같이 가서 알아봐야 할 것 같아요. 주소를 알 수 있을까요?
남자: 네, 웨이크필드 조지 42번가예요.
여자: 조지의 철자가 사람의 이름과 같은가요?
남자: 네, 맞아요. G-E-O-R-G-E입니다.

TAPESCRIPT 14

STUDENT: Good afternoon, is this the Student Job Centre?

AGENT: Yes, it is. How can I help you?

STUDENT: I was wondering if there are any part-time jobs available at the moment.

AGENT: Let me check for a moment... there's a position for an office assistant at the English Language Centre. It's for 3 days a week -- Monday, Wednesday and Friday mornings.

STUDENT: Sounds interesting.

AGENT: OK, let's schedule an interview for you then. What's your full name?

STUDENT: It's Angela Butler.

AGENT: And what's your address, please?

STUDENT: Elmbrook House 10, Exeter - E-X-E-T-E-R.

학생: 안녕하세요, 여기가 학생 구직 센터 맞나요?
직원: 네, 맞아요. 무엇을 도와드릴까요?
학생: 지금 구할 수 있는 아르바이트가 있는지 궁금해서요.
직원: 잠시 확인해볼게요… 어학원에 사무보조 자리가 있네요. 일주일에 3일 일하는 거예요. 월요일, 수요일, 금요일 오전이요.
학생: 괜찮네요.
직원: 좋아요. 그럼 인터뷰 일정을 잡을게요. 성함이 어떻게 되죠?
학생: 안젤라 버틀러예요.
직원: 주소는요?
학생: E-X-E-T-E-R-엑시터 엘름브룩 하우스 10번지예요.

TAPESCRIPT 15

ADVISER: Good morning, how can I help you?

STUDENT: Hi, good morning. I received notice last night that I have qualified for the summer au pair program but I didn't get to take note of the host family's address.

ADVISER: I see. Could you give me your full name so I can check?

STUDENT: Yes, my name is Jennifer Wang.

ADVISER: Just a moment, let's see... OK, the address of your host family is 15 Heyworth.

STUDENT: Thank you. Is that Heyworth with an A?

ADVISER: No, it's with an E -- H-E-Y-W-O-R-T-H.

상담자: 안녕하세요, 무엇을 도와드릴까요?
학생: 안녕하세요. 어제 밤에 여름 오페어 프로그램에 통과했다고 통지를 받았는데, 주인 집의 주소를 적어두질 못했어요.
상담자: 그렇군요. 확인해보기 위해서 성함을 알려주시겠어요?
학생: 네, 제 이름은 제니퍼 왕입니다.
상담자: 잠깐만요, 어디보자…. 주인 집의 주소는 헤이스워드 15번지입니다.
학생: 고맙습니다. 헤이스워드가 알파벳 A인가요?
상담자: 아뇨, E예요. H-E-Y-W-O-R-T-H.

TAPESCRIPT 16

WOMAN: Hello, this is Roseland Parc Retirement Home and this is Diana, the manager, speaking.

MAN: Hi, Diana. I'm looking to inquire about your care services for my mother-in-law.

WOMAN: May I know who's calling, please?

MAN: Yes, this is Arthur Lennox.

WOMAN: Thank you, Mr. Lennox. As for your query, I can email you a brochure with all the details that you need.

MAN: That'd be great. I also intend to visit the location to see it for myself. Could you give me the address to Roseland, please?

WOMAN: Of course, you can come to our office at 28 Church Street and a staff member will gladly escort you on a tour of our facilities in Essex.

여자: 여보세요, 로즈랜드 파크 양로원입니다. 저는 매니저인 다이애나입니다.
남자: 안녕하세요, 다이애나 씨. 저희 장모님 때문에 요양 서비스에 대해 알아보고 있었어요.
여자: 실례지만 성함이 어떻게 되시죠?
남자: 네, 저는 아서 레녹스입니다.
여자: 고맙습니다 레녹스 씨. 문의주신 것에 대해, 필요한 세부사항들이 들어있는 책자를 메일로 보내드릴 수 있어요.
남자: 그거 좋네요. 또 양로원에 제가 방문해보려고요. 로즈랜드의 주소를 알려주시겠어요?
여자: 물론이죠. 처치 스트리트 28번가에 저희 사무실이 있어요. 저희 직원이 기꺼이 에섹스에 있는 저희 시설을 안내해드릴 것입니다.

TAPESCRIPT 17

MAN: Hello?

WOMAN: Uh, good afternoon. I saw your advertisement on the paper about a house for rent.

MAN: Yes, it's a 2-storey, 2-bedroom apartment with an eat-in kitchen, living room, Victorian conservatory and 2 bathrooms.

WOMAN: I see; and what are the terms?

MAN: There's a rent fee of 800 pounds a month, with a 3-month down payment requirement upon moving in, and a minimum let of 1 year. 1600 pounds of the down payment is refundable and the remaining 800 will be used for repairs when you decide to move out.

WOMAN: I see. Thank you very much for the information. Can I come see the place, then?

MAN: Of course. It's at <u>Holden</u> Street, No. 35 at Ealing Green. It's best to come tomorrow, between 1 and 5 pm.

남자: 여보세요?

여자: 아, 안녕하세요. 신문에서 집 렌트 광고를 봤어요.

남자: 네, 2층집이고요. 욕실 2개와 빅토리아 시대풍의 온실과 거실, 주방이 있는 침실 2개짜리 아파트입니다.

여자: 그렇군요. 계약 조건이 어떻게 되죠?

남자: 한 달 임대료는 800파운드입니다. 또한, 이사올 때 필요한 3개월의 계약금이 있고 임대 기간은 최소 1년입니다. 계약금의 1600파운드는 환불이 가능하며 나머지 800파운드는 이사를 나갈 때 수리 작업시 사용됩니다.

여자: 알겠습니다. 알려주셔서 정말 감사해요. 그럼, 찾아가도 괜찮을까요?

남자: 물론이죠. 일링 그린에서 홀든 스트리트 35번지입니다. 내일 오후 1시에서 5시 사이에 오시는 것이 가장 좋습니다.

TAPESCRIPT 18

MAN: Good morning, this is Tate Modern Museum. How can I help you?

WOMAN: Good morning, I'm calling about the Arts and Crafts Workshop for tourists, I'm a tourist from Australia and would like to join the activity before I leave next week.

MAN: That's excellent, madam. It will be held on Friday and Saturday from 9 am to 3 pm. Shall I confirm your reservation?

WOMAN: Yes, please. That would be great. Also, could you confirm how much I need to pay?

MAN: Of course, it's 10 pounds per day, so that's 20 pounds for both days, you can make the payment on Friday. May I have your name please?

WOMAN: It's Ashley Dobson. And could you also give me the address of the museum?

MAN: It's located at Tate Britain, Millbank, <u>M-I-double L-B-A-N-K</u> London. You can take the train and get off at Pimlico.

남자: 안녕하세요. 테이트 모던 미술관입니다. 무엇을 도와드릴까요?

여자: 안녕하세요. 관광객들을 위한 공예 워크숍 때문에 전화드렸어요. 저는 호주에서 온 관광객인데 다음 주에 떠나기 전에 활동에 참여하고 싶어서요.

남자: 아주 좋은 생각이에요. 이 워크숍은 금요일과 토요일 오전 9시부터 오후 3시까지 열리게 됩니다. 예약을 확인해드릴까요?

여자: 네. 그게 좋겠네요. 또 얼마나 지불해야 하는지 확인해주시겠어요?

남자: 그럼요. 하루에 10파운드이고 이틀 모두 참석하는 것은 20파운드입니다. 금요일에 지불을 하시면 됩니다. 성함이 어떻게 되시죠?

여자: 애슐리 돕슨이에요. 미술관의 주소도 알려주시겠어요?

남자: 런던 밀뱅크 <u>M-I-double L-B-A-N-K</u> 테이트 브리튼에 있어요. 기차를 타고 핌리코에서 내리면 돼요.

TAPESCRIPT 19

MARIANNE: Hi, Mick! Have you found some information about accommodations in White?

MICK: Yes, I was just about to call you. Anyway, I found one that looked like it will suit your style. It's called St. Christopher's Inn on 15 Shepherd's Bush Green. It's known as "the international party house" and it's close to Notting Hill too!

MARIANNE: Sounds perfect! Let's meet there then. Can you give me the address just once more, please? I didn't catch it the first time.

MICK: That's okay. It's 15 Shepherd's -- that's <u>S-H-E-P-H-E-R-D</u>-apostrophe S -- Bush Green.

MARIANNE: Alright, got it! Thanks!

마리안: 안녕, 믹! 화이트에 숙박 시설 정보 좀 찾아봤어?

믹: 응, 너한테 막 전화하려던 참이었어. 그건 그렇고, 네가 좋아할 것 같은 곳을 찾아놓긴 했어. 쉐퍼드 부쉬 그린 15번지에 있는 세인트 크리스토퍼스 숙소야. 세계적인 파티 하우스로 알려져 있고 노팅 힐과도 가까워!

마리안: 그거 좋겠는데! 그럼 거기서 만나자. 주소를 다시 한번 알려줄래? 처음에 잘못 알아 들었어.

믹: 괜찮아. <u>S-H-E-P-H-E-R-D</u>에 생략부호와 알파벳 S가 있는 쉐퍼드 부쉬 그린 15번지야.

마리안: 좋아! 고마워!

TAPESCRIPT 20

WOMAN: Good morning! This is the Astor Museum Inn.

MAN: Hi, I'd like to book a private room for the weekend, please. My name is John Westcott.

WOMAN: Of course, Mr. Westcott. Private rooms run at 40 pounds a night. Should I book you for a 2-night stay, Saturday and Sunday?

MAN: Yes, please. Can I have the hotel address, please, just to make sure I don't go to the wrong one?

WOMAN: Certainly, it's 27 Montague Street, Bloomsbury.

MAN: Could you spell Montague for me, please?

WOMAN: It's M-O-N-T-A-G-U-E, sir.

MAN: Thank you.

여자: 안녕하세요! 아스터 뮤지엄 숙소입니다.
남자: 안녕하세요, 주말에 개인용 방을 예약하고 싶어서요. 제 이름은 존 웨스트코트입니다.
여자: 네, 웨스트코트 씨. 개인용 방은 하루에 40파운드입니다. 토요일과 일요일, 2박으로 예약을 해드릴까요?
남자: 네, 그렇게 해주세요. 잘못된 곳으로 가지 않도록 호텔 주소를 알 수 있을까요?
여자: 물론이죠. 블룸즈베리 몬테규 스트리트 27번가입니다.
남자: 몬테규 철자를 알려주시겠어요?
여자: M-O-N-T-A-G-U-E입니다.
남자: 고맙습니다.

TAPESCRIPT 21

FRANCES: Hi, Oliver! Marissa told me you've seen the musical "Here Lies Love".

OLIVER: Yes, indeed and it was spectacular!

FRANCES: I really want to see it. Do you know where it's going to run this weekend?

OLIVER: I think it'll be at the Royal Theatre on 18 Suffolk Street.

FRANCES: Is Suffolk spelt S-U-double F-O-L-K?

OLIVER: Yes, you got it.

프랜시스: 안녕, 올리버! 네가 '여기 사랑이 잠들다'라는 뮤지컬을 봤다고 마리사가 내게 말해줬어.
올리버: 응, 봤어. 정말 대단했어!
프랜시스: 나도 정말 보고 싶다. 이번 주말에 어디서 공연하고 있는지 아니?
올리버: 서퍽 스트리트 18번가에 있는 로열 극장에서 할 거야.
프랜시스: 서퍽의 철자가 S-U-double F-O-L-K 맞니?
올리버: 응, 맞아.

TAPESCRIPT 22

WOMAN: Scott Veterinary Clinic, how may I help you?

MAN: Good morning, I'm looking for vet clinic for my daughter's pet rabbit.

WOMAN: Is it an emergency?

MAN: I don't think so but I think we need to bring Milky in for a check-up.

WOMAN: Yes, that would be a good idea. We're open Monday to Friday from 8.30 am to 7 pm, 9 am to 5 pm on Saturdays and 9 am to 12 noon on Sundays.

MAN: Thank you very much; and could you give me the address?

WOMAN: It's Goldington Road, Bedford. Goldington is spelt G-O-L-D-I-N-G-T-O-N.

MAN: OK, got it, thanks again.

여자: 스코트 동물병원입니다. 무엇을 도와드릴까요?
남자: 안녕하세요, 제 딸의 애완토끼 때문에 동물병원을 찾고 있어요.
여자: 응급상황인가요?
남자: 그렇진 않지만 검진을 받으러 밀키를 데리고 가야 할 것 같아요.
여자: 네, 그게 좋겠군요. 저희는 월요일에서 금요일은 오전 8시 30분부터 오후 7시까지 하고, 토요일은 오전 9시부터 오후 5시, 일요일은 오전 9시부터 오후 12시까지 합니다.
남자: 정말 감사합니다. 주소를 알 수 있을까요?
여자: 베드포드의 골딩턴 가입니다. 골딩턴의 철자는 G-O-L-D-I-N-G-T-O-N입니다.
남자: 네, 알겠습니다. 다시 한번 고마워요.

TAPESCRIPT 23

WOMAN: Harrod's Bank, good morning.

MAN: Good morning. I'm calling because my bank card was captured at the Knightsbridge Post Office cashpoint.

WOMAN: I see. You have 2 options, sir, you can wait 2 days to collect the card from the acquiring branch or wait 8 days to collect the card from the issuing branch. In any case, to avoid further inconvenience, you may come to our main office right now so we can issue you a temporary card which you will have to surrender once you claim your original captured card. Our post office is located on Brompton Road, Knightsbridge.

MAN: I understand, thank you. Is Brompton spelt B-R-O-M-P-T-O-N?

WOMAN: Yes, you're correct. Also, note that there will be a minimal fee of 5 pounds for the temporary card.

여자: 해러즈 은행입니다. 안녕하세요.

남자: 안녕하세요, 제 은행 카드가 나이츠브리지 우체국의 현금 인출기에서 나오지 않아서 전화했어요.

여자: 그렇군요. 두 가지 선택이 있는데, 한 가지는 카드가 걸린 지점에서 카드를 받기 위해 이틀을 기다리는 것과 발행점에서 카드를 받는데 8일을 기다리는 것이에요. 어찌됐든 더 이상의 불편을 줄이기 위해 바로 본사로 오셔야 합니다. 그러면 고객님께서 원래 카드를 신청을 하시면 나중에 제출해야 하는 임시 카드를 발급받을 수 있습니다. 저희 우체국은 나이츠브리지 브롬프톤 가에 있습니다.

남자: 알겠습니다. 고마워요. 브롬프톤의 철자가 <u>B–R–O–M–P–T–O–N</u> 맞나요?

여자: 네, 맞아요. 임시 카드를 발급받을 때 최소 5파운드의 수수료가 있다는 것도 알고 계세요.

TAPESCRIPT 24

HARRY: Hi, Mia. How are you?

MIA: I'm fine, Harry. What made you call so early this morning?

HARRY: Well, I was wondering if we could go to the office together. It's my first day and I don't want to be late just because of my bad sense of direction.

MIA: I see. Sure, no problem. I usually take the bus so do you want to meet at the bus stop near Strathmore in an hour?

HARRY: Sure. But can you spell Strathmore for me, please, just to be sure?

MIA: Of course, it's <u>S-T-R-A-T-H-M-O-R-E</u>.

HARRY: Thanks, Mia. I really appreciate your help. See you in an hour then.

해리: 안녕, 미아. 잘 지냈어?

미아: 잘 지냈어, 해리. 어쩐 일로 이렇게 이른 오전에 전화했어?

해리: 그게, 사무실에 같이 갈 수 있는지 궁금해서. 오늘이 첫 날인데 내 둔한 방향 감각 때문에 늦고 싶지 않거든.

미아: 그렇구나. 그래, 좋아. 나는 주로 버스를 타고 가서 스트래스모어 근처 버스 정류장에서 한 시간 내에 만나는 게 어때?

해리: 좋아. 그런데 혹시나 해서 스트래스모어 철자를 알려줄래?

미아: 물론이지, <u>S–T–R–A–T–H–M–O–R–E</u>.

해리: 고마워, 미아. 도와줘서 정말 고마워. 그럼 한 시간 후에 만나.

TAPESCRIPT 25

AGENT: Happydays Holiday, what can we do for you?

MAN: Yes, I'm travelling to London from Milan for a business meeting over the weekend so I'd like to book a round-trip flight and a hotel room for 2 nights, please.

AGENT: OK, may I have your name, please?

MAN: Luigi Tomasco.

AGENT: OK, Mr. Tomasco, we have Air JW round-trip Coach for 450 pounds and First Class at 750; and for the hotel, we have Hotel City in the downtown area for 120 pounds a night and Hotel Relax near the airport at 110 pounds a night.

MAN: OK, book me for first class round-trip tickets, and I prefer the Hotel City option. Could you also give me the address of the hotel, please?

AGENT: Yes, it's on Gloucester Road. Gloucester is spelt <u>G-L-O-U-C-E-S-T-E-R</u>.

직원: 해피데이즈 홀리데이입니다. 무엇을 도와드릴까요?

남자: 네, 주말에 업무 회의 때문에 밀라노에서 런던까지 출장을 가게 되어서 왕복 항공편과 호텔방 2박을 예약하려고요.

직원: 네, 성함이 어떻게 되시죠?

남자: 루이지 토마스코입니다.

직원: 네, 토마스코 씨, 저희는 JW 항공으로 왕복 2등석 요금은 450파운드이고, 1등석은 750파운드입니다. 그리고 도심에 있는 호텔 시티는 1박에 120파운드이고 공항 근처에 있는 호텔 릴랙스는 1박에 110파운드입니다.

남자: 좋아요, 왕복 항공권 1등석으로 예약해주시고 호텔 시티 옵션이 좋네요. 호텔 주소도 알려주시겠어요?

직원: 네, 글로스터 가에 있습니다. 글로스터의 철자는 <u>G–L–O–U–C–E–S–T–E–R</u>입니다.

TAPESCRIPT 26

WOMAN: Charles Rennie Mackintosh Library, how can I help you?

MAN: Hi, I'd like to inquire about requirements for joining the library for non-students, please?

WOMAN: Well, first, you have to come to the library to fill out some forms and you'll need to bring 2 passport photos and 2 documents that contain an ID with your address on it.

MAN: Does it cost anything to join?

WOMAN: Yes, it's 25 pounds per year for members of the public but you'll be able to borrow 8 items, including CDs, DVDs and videos at any one time for 4 weeks.

MAN: OK, seems reasonable. When should I come to fill out the forms and what's the address? I'm new in town so I'm not very familiar with the place yet.

WOMAN: It's no problem. You can come on weekdays anytime between 9 am and 5 pm. We're the library at the Glasgow School of Arts and the address is 167 Renfrew Street. That's <u>R-E-N-F-R-E-W</u>.

여자: 찰스 레니 맥킨토시 도서관입니다. 무엇을 도와드릴까요?

남자: 안녕하세요, 일반인 도서관 가입 자격 요건에 대해 문의하려고요.

여자: 네, 우선, 도서관에 오셔서 몇 가지 서류를 작성하시고 여권사진 2매와 주소가 기입되어 있는 신분 확인용 서류 2개를 가지고

오시면 됩니다.

남자: 가입하는데 비용이 얼마나 들죠?

여자: 네, 일반 시민들은 연간 25파운드입니다. 4주 동안 언제든지 CD와 DVD, 비디오 등을 포함한 8가지를 대여할 수 있습니다.

남자: 좋아요, 적당한 것 같네요. 그럼 언제 가서 서류를 작성해야 하죠? 그리고 주소는 어떻게 됩니까? 이 동네는 처음이라 아직 그곳을 잘 몰라요.

여자: 괜찮아요. 주중에 오전 9시에서 오후 5시 사이에 언제든지 오시면 됩니다. 글라스고 예술 대학에 있는 도서관이고 주소는 렌프루 스트리트 167번지입니다. R-E-N-F-R-E-W예요.

TAPESCRIPT 27

MAN: I'd like to join the computing conference scheduled for next month, please.

WOMAN: Certainly. It's a 3-day conference with a free dinner on Saturday night for 75 pounds. May I have your name, please?

MAN: Yes, it's Arnold Potter. Can I pay by credit card?

WOMAN: I'm afraid not. You can either send a cheque or pay in cash at the conference office.

MAN: I don't have time to go to the office so I guess it's best to pay by cheque. To whom do I have to send it to?

WOMAN: The Conference Center Reservations, 26 Stonehill Business Park.

MAN: Is Stonehill spelt with S-T-O-N-E-H-I-double L?

WOMAN: Yes, you're correct.

남자: 다음 달에 예정되어있는 컴퓨터 학회에 참여하려고요.

여자: 네, 학회는 3일간 열리고 토요일 밤에는 무료 저녁식사를 제공합니다. 비용은 75파운드입니다. 성함이 어떻게 되시죠?

남자: 네, 아놀드 포터입니다. 신용카드로 지불해도 될까요?

여자: 죄송합니다. 수표를 보내시거나 학회 사무실에서 현금으로 지불을 하셔야 합니다.

남자: 사무실에 갈 시간이 없는데 수표로 지불을 하는 것이 가장 좋겠네요. 누구에게 수표를 보내야 하나요?

여자: 스톤힐 비즈니스 파크 26번가에 있는 컨퍼런스 예약 센터로 보내시면 됩니다.

남자: 스톤힐의 철자가 S-T-O-N-E-H-I-double L인가요?

여자: 네, 맞습니다.

TAPESCRIPT 28

WOMAN: Fitness Centre Club, Bethany speaking.

MAN: Hi, Bethany. This is Jeremy Irons. I'd like to inquire about your gym membership card. I want to give it to my sister for her birthday.

WOMAN: That's an excellent gift idea, Mr. Irons! The gym membership card has a minimum 12-month contract but you have the option to pay in full or on a monthly basis. It's 600 pounds if you pay in full at 50 pounds per month but if you want to pay monthly, it's 70 pounds per month.

MAN: I think I'd rather pay in full, that's 240 pounds savings and I could get her something else with it.

WOMAN: Good thinking, sir! So where should we send the card?

MAN: Send it to Jessica Irons at 39 Wickford Road, please. That's spelt W-I-C-K-F-O-R-D. Here are my card details.

여자: 피트니스 센터 클럽의 베서니입니다.

남자: 안녕하세요, 베서니 씨. 제레미 아이언스입니다. 헬스클럽 회원카드에 대해 물어볼게 있어서요. 제 여동생의 생일 선물로 회원카드를 주려고요.

여자: 아주 좋은 생각이네요, 아이언스 씨! 헬스클럽 회원카드는 최소 1년 계약이지만 전액을 지불하거나 월마다 지불하거나 아이언스 씨께서 선택할 수 있습니다. 전액을 지불하면 달마다 50파운드 씩 총 600파운드이고, 월마다 지불할 경우에는 매달 70파운드입니다.

남자: 전액을 지불하는 것이 낫겠네요. 그럼 240파운드를 절약할 수 있고 동생에게 회원카드 외에 다른 것을 줄 수도 있어요.

여자: 생각 잘 하셨어요! 그럼 카드는 어디로 보내면 되죠?

남자: 윅퍼드 39번가에 제시카 아이언스로 보내주세요. 철자는 W-I-C-K-F-O-R-D입니다. 여기 제 카드정보예요.

TAPESCRIPT 29

MAN: Hi, I'd like to enrol into Max Strom's yoga class, please.

WOMAN: Do you have a specific course in mind?

MAN: Yes, I'd like to join the Max Strom Essentials course.

WOMAN: OK, that's a day-long workshop from 10 am to 5 pm on Sunday, November 2 and the fee is 45 pounds. May I have your name, please?

MAN: My name is Jeff Phoenix. Could you tell me where it'll take place?

WOMAN: Yes, it will be held at 834 Swavesey -- S-W-A-V-E-S-E-Y.

MAN: OK, that's Swavesey Lane, right?

남자: 안녕하세요, 맥스 스톰의 요가 수업에 참여하고 싶어서요.
여자: 생각해놓으신 특정 수업이 있으신가요?
남자: 네, 맥스 스톰 필수 코스를 듣고 싶어요.
여자: 좋아요, 그 수업은 11월 2일 일요일 오전 10시부터 오후 5시까지로 온종일 계속되는 워크숍이에요. 그리고 수업료는 45파운드이고요. 성함이 어떻게 되시죠?
남자: 제 이름은 제프 피닉스입니다. 그 수업이 어디에서 열리는지 알려주시겠어요?
여자: 네, 스웨이브시 S–W–A–V–E–S–E–Y 834번가에서 열려요.
남자: 네, 스웨이브시 레인 맞죠?

남자: 안녕하세요, 요가 수업에 대해 몇 가지 문의하려고요.
여자: 오 물론이죠, 수업 장소는 웜슬리에 있는 캐슬 호텔입니다.
남자: 웜슬리의 철자가 'ie'인가요?
여자: 음… 아뇨, 'y' W–A–L–M–S–L–E–Y예요. 사실상 캠브리지에 있지요.
남자: 그렇군요! 감사합니다. 그럼 거기에 몇 시까지 가야하죠?

TAPESCRIPT 32

MAN: Do you know a place called Elsinore?

WOMAN: Could you spell that please?

MAN: Yes, it's <u>E-L-S-I-N-O-R-E</u>.

WOMAN: Oh, I think I know where it is. Are you looking for a job in one of the restaurants there?

MAN: Yes.

남자: 엘시노어 라는 곳이 어디인지 알아?
여자: 철자를 알려줄래?
남자: 응. <u>E–L–S–I–N–O–R–E</u>.
여자: 오, 어디인지 알 것 같아. 거기에 있는 식당 중에 한 곳에서 일자리를 구하려고?
남자: 맞아.

TAPESCRIPT 30

WOMAN: Manchester Employment Centre, how can I help you?

MAN: Hi, good afternoon. I'm new in this town and I'd like to inquire about available part-time jobs.

WOMAN: OK, may I please have your name?

MAN: It's Oliver Stonewall.

WOMAN: OK, Mr. Stonewall, the only part-time job available at the moment is a bar staff. The pay is 7 pounds per hour and the working hours will vary.

MAN: I'm fine with that. Can you tell me where I have to go?

WOMAN: Yes, bring your resume to 555 Elinora -- <u>E-L-I-N-O-R-A</u> -- Avenue and look for Mr. Frank Maddox.

여자: 맨체스터 고용 센터입니다. 무엇을 도와드릴까요?
남자: 안녕하세요. 제가 이 지역이 처음이라 할 수 있는 아르바이트가 있는지 알고 싶어요.
여자: 네, 성함이 어떻게 되시죠?
남자: 올리버 스톤월입니다.
여자: 네, 스톤월 씨, 지금 할 수 있는 아르바이트는 바에서 일하는 직원 자리밖에 없어요. 급여는 시간당 7파운드고 일하는 시간은 유동적일 거에요.
남자: 난 괜찮아요. 어디로 가야 하는지 알려주시겠어요?
여자: 네, 이력서를 가지고 엘리노라 <u>E–L–I–N–O–R–A</u> 555번가로 가면 돼요. 그리고 거기서 프랭크 매독스씨를 찾으시면 됩니다.

TAPESCRIPT 33

ROBERT: I know you've been living there since birth, so I assume you know about travelling at the Amazon. We should plan our trip there soon before the holiday ends.

JERRY: Of course, we'll do that next week. Anyway, I heard you wanted to go to Fearnleigh to play golf with us.

ROBERT: Yes I was. How do you spell that place? I tried looking for it yesterday but didn't have any luck. I suppose I had the name wrong.

JERRY: Perhaps. Anyway, it's <u>F-E-A-R-N-L-E-I-G-H</u>.

ROBERT: Now I know! So when are we going?

로버트: 태어났을 때부터 네가 거기에 살고 있는걸 알고 있어서 아마존 여행에 대해 네가 알고 있을 거라 생각해. 휴일이 끝나기 전에 여행 계획을 세워봐야 해.
제리: 물론이지, 다음 주에 해보자. 그건 그렇고, 네가 우리와 골프를 치러 펀리에 가고 싶어했다는 것을 들었어.
로버트: 응. 그랬지. 그곳의 철자가 어떻게 되니? 어제 찾아보려고 했는데 찾을 수가 없었어. 이름이 틀린 것 같아.
제리: 그럴 수도 있겠다. 어쨌든, <u>F–E–A–R–N–L–E–I–G–H</u>야.
로버트: 이제 알았네! 그럼 언제 갈까?

TAPESCRIPT 31

MAN: Hi, I would like to ask some information about the yoga course.

WOMAN: Oh sure, the teaching venue is at the Castle Hotel in Walmsley.

MAN: Is Walmsley spelt with "ie"?

WOMAN: Umm... no, it's "y" <u>W-A-L-M-S-L-E-Y</u>. It's actually in Cambridge.

MAN: Awesome! Thank you. What time do I have to be there by?

TAPESCRIPT 34

AGENT: Hello, how may I help you?

CLIENT: Good afternoon, I saw your advertisement and would like to inquire about your real estate project at Berkshire.

AGENT: Yes, it's located at Beanham in Berkshire.

CLIENT: Is Beanham spelt with a double E?

AGENT: No, it's B-E-A-N-H-A-M.

CLIENT: OK, got it, thanks.

직원: 안녕하세요, 무엇을 도와드릴까요?
고객: 안녕하세요, 광고를 봤는데 버크셔에 있는 부동산 프로젝트에 대해 물어보고 싶어서요.
직원: 네, 버크셔의 빈햄에 있어요.
고객: 빈햄의 철자가 E 두 개인가요?
직원: 아뇨, B-E-A-N-H-A-M이에요.
고객: 네, 알겠습니다. 감사해요.

TAPESCRIPT 35

WOMAN: Good morning, my name is Jessica Kim and I'm here to apply for an accounting assistant position.

MAN: Ah, hello, Ms. Kim. Yes, we were expecting to hear from you.

WOMAN: I hope I'm just in time for the interview.

MAN: You're a bit early in fact. You still have 30 minutes before the manager has to speak with you. Anyway, my name is Rob and I'm the manager assistant. I just have some questions for you to fill out here so, do you mind?

WOMAN: Not at all, please.

MAN: OK, could you give me a little background about your previous work experience?

WOMAN: Well, in the last 3 years I've worked as an assistant in the accounting department of the Mason office.

MAN: Ah, very good, so I guess you're perfect for the job. Anyway, just one more thing, could you give me your address?

WOMAN: Yes, it's 130 Picardilly Avenue, that's P-I-C-A-R-D-I-double L-Y.

여자: 안녕하세요, 제 이름은 제시카 김입니다. 회계 보조에 지원하려고 왔습니다.
남자: 아, 안녕하세요, 김 씨. 연락 받았습니다.
여자: 인터뷰에 안 늦었기를 바래요.
남자: 사실 조금 일찍 오셨어요. 매니저와 얘기를 하시려면 30분 기다려야 합니다. 어쨌든, 제 이름은 롭입니다. 부매니저예요. 괜찮으시면 여기 적어야 할 몇 가지 질문사항을 물어봐도 될까요?
여자: 네, 괜찮아요.
남자: 좋아요, 이전 경력에 대해 좀 더 알 수 있을까요?

여자: 네, 3년 전에 메이슨 회사의 회계 부서에서 보조로 일 했었어요.
남자: 아, 아주 좋네요, 당신이 이 일에 적격이라고 생각합니다. 그건 그렇고, 한 가지 더 물어보자면, 주소가 어떻게 되나요?
여자: 네, 피카딜리 130번가예요. P-I-C-A-R-D-I-double L-Y입니다.

TAPESCRIPT 1

WOMAN: Yes sir, what can I do for you?

MAN: I would like to know the prearranged movie seat number reserved for me.

WOMAN: Can I get your name sir?

MAN: Yes, it's John Whitton.

WOMAN: Is Whitton spelt with a single "T"?

MAN: No, it's W-H-I-double T-O-N.

WOMAN: Alright, thank you. Your seat number is 10, aisle number 7.

MAN: What time does the film start?

여자: 네, 무엇을 도와드릴까요?
남자: 미리 예약한 영화 좌석 번호를 알고 싶어서요.
여자: 성함이 어떻게 되시죠?
남자: 네, 존 휘튼이에요.
여자: 휘튼의 철자에서 'T'가 하나인가요?
남자: 아뇨, W–H–I–double T–O–N이에요.
여자: 네, 감사합니다. 좌석 번호는 10번이고 7열입니다.
남자: 영화는 몇 시에 시작하나요?

TAPESCRIPT 2

WOMAN: Hello. How may I help you?

MAN: I would like to send a complaint about a damaged item that has been delivered by your company.

WOMAN: Can I get your name sir?

MAN: I'm Jerry Northwaite.

WOMAN: Can you spell your last name please?

MAN: It's N-O-R-T-H-W-A-I-T-E.

WOMAN: Thank you, sir, and we're sorry for the inconvenience. We'll take immediate action on this.

MAN: Yes, please. Thanks!

여자: 안녕하세요. 무엇을 도와드릴까요?
남자: 이 회사에서 배송한 물건이 파손이 되어서 불만을 접수하려고요.
여자: 성함이 어떻게 되시죠?
남자: 제리 노스웨이트입니다.
여자: 성의 철자를 알려주시겠어요?
남자: N–O–R–T–H–W–A–I–T–E입니다.
여자: 감사합니다. 그리고 불편을 드려 죄송합니다. 바로 처리해드리겠습니다.
남자: 네, 고맙습니다!

TAPESCRIPT 3

OFFICER: Yes, what can I do for you?

STUDENT: I would like to report the incident last night where I was robbed by two males.

OFFICER: Okay, so let me get some details. What's your name?

STUDENT: My last name is Grieg, first name Anna.

OFFICER: Greig spelt as G-R-E-I-G?

STUDENT: It's "I-E" not "E-I" so it's G-R-I-E-G.

OFFICER: Oh, alright I got it.

STUDENT: Thank you officer. I hope you'll do something about it.

OFFICER: Of course, we will.

경찰관: 네, 무엇을 도와드릴까요?
학생: 지난 밤에 두 명의 남자한테 강도를 당해서 사고를 신고하려고요.
경찰관: 네, 그럼 몇 가지 자세히 물어보겠습니다. 이름이 어떻게 되죠?
학생: 성은 그레그이고 이름은 안나입니다.
경찰관: 그레그의 철자가 G–R–E–I–G인가요?
학생: 'I–E'가 아니라 'E–I'예요. 그래서 G–R–I–E–G입니다.
경찰관: 아, 알겠습니다.
학생: 감사합니다 경찰관님. 이 일에 대해서 조치를 취해주시길 바래요.
경찰관: 물론이죠, 그렇게 하겠습니다.

TAPESCRIPT 4

MANAGER: Hello, how can I help you?

MAN: I would like to inquire about a camp.

MANAGER: Alright. To assign you for the camp, I need some details about you. May I get your name first?

MAN: I am Robin Whitworth.

MANAGER: Can you spell your last name please?

MAN: It's W-H-I-T-W-O-R-T-H.

MANAGER: Yes, thank you, and your complete address, please?

매니저: 안녕하세요, 무엇을 도와드릴까요?
남자: 캠프에 대해 물어보고 싶어서요.
매니저: 네, 캠프에 등록하시려면 몇 가지 세부 사항들이 필요합니다. 먼저, 성함이 어떻게 되시죠?
남자: 로빈 휘트워드입니다.
매니저: 성의 철자가 어떻게 되죠?
남자: W–H–I–T–W–O–R–T–H입니다.
매니저: 네, 고맙습니다. 그리고 주소는요?

TAPESCRIPT 5

WOMAN: Hello, good morning!

DEALER: Yes, hello good morning! How may I help you, Ma'am?

WOMAN: I would like to order a single bed.

DEALER: Sure Ma'am, may I know your name first, please?

WOMAN: My name is Diana Rogala.

DEALER: Could you spell your last name, please?

WOMAN: It's R-O-G-A-L-A.

DEALER: Got it. It will be delivered between 8am to 10am tomorrow. Thank you.

WOMAN: Alright, thanks!

여자: 안녕하세요!

판매인: 네, 안녕하세요! 무엇을 도와드릴까요?

여자: 1인용 침대를 주문하려고요.

판매인: 네, 먼저 성함이 어떻게 되시죠?

여자: 제 이름은 다이애나 로갈라입니다.

판매인: 성의 철자가 어떻게 되나요?

여자: R—O—G—A—L—A입니다.

판매인: 알겠습니다. 내일 오전 8시에서 10시 사이에 배송이 될 거예요. 감사합니다.

여자: 네, 고맙습니다!

TAPESCRIPT 6

WOMAN: Can I register for a driver's license and car insurance?

MAN: Yes, Ma'am.

WOMAN: Oh well, it's not actually for me. Since my cousin is not very familiar with registering, I have decided to help her in the process of registering.

MAN: No worries. Can I have your full name?

WOMAN: My name is Sarah Walsham.

MAN: How do you spell your last name?

WOMAN: It's W-A-L-S-H-A-M.

MAN: Alright, thanks! You will need to fill out this form first.

여자: 운전면허와 자동차 보험을 등록할 수 있을까요?

남자: 네.

여자: 아, 사실 제 것이 아니에요. 제 사촌이 등록하는 것을 잘 몰라서 등록 절차를 제기 도와주기로 했어요.

남자: 괜찮아요. 성함이 어떻게 되시나요?

여자: 사라 월샴이에요.

남자: 성의 철자가 어떻게 되죠?

여자: W—A—L—S—H—A—M입니다.

남자: 네, 고맙습니다! 먼저 이 서류를 작성하셔야 합니다.

TAPESCRIPT 7

RECEPTIONIST: Hi, how may I help you?

MAN: I would like to make a reservation at the Roses Restaurant for a departure party for my aunt.

RECEPTIONIST: Alright sir, would you mind if I get your name as a contact person?

MAN: Sure, I'm Richard Collins.

RECEPTIONIST: Is your last name spelt with one "L"?

MAN: No, it's with double "L", it's C-O-L-L-I-N-S.

RECEPTIONIST: Thank you sir, please have a seat while I check the available time.

MAN: Okay, thank you.

접수원: 안녕하세요. 무엇을 도와드릴까요?

남자: 고모 작별 파티를 열려고 로세스 레스토랑에 예약을 하고 싶어서요.

접수원: 알겠습니다. 괜찮으시다면 연락을 위해 성함을 알 수 있을까요?

남자: 물론이죠. 리처드 콜린스입니다.

접수원: 성의 철자에서 'L'이 하나인가요?

남자: 아뇨, 'L'이 두 개예요. C—O—L—L—I—N—S입니다.

접수원: 감사합니다, 가능한 시간을 확인하는 동안 앉아계세요.

남자: 네, 고맙습니다.

TAPESCRIPT 8

APPLICANT: Good Morning! I would like to apply as a manager. Is the position still available?

STAFF: Yes, the position for management is still available. Can you please tell me your full name?

APPLICANT: My name is Ellen Swachenger, last name is spelt S-W-A-C-H-E-N-G-E-R.

STAFF: Thank you. You may take a seat and wait a moment for the interview. The HR manager is on break at the moment. I'll call you as soon as she arrives.

APPLICANT: Yes. Thank you.

STAFF: Do you have your resume and credentials with you?

지원자: 안녕하세요! 매니저로 지원을 하고 싶어서요. 아직 자리가 있나요?

직원: 네, 매니저 자리는 아직 있습니다. 성함이 어떻게 되죠?

지원자: 제 이름은 엘렌 스와첸거입니다. 성의 철자는 S—W—A—C—H—E—N—G—E—R이에요.

직원: 고맙습니다. 인터뷰를 위해 앉아서 잠시만 기다려주세요. 인사 담당자가 잠시 쉬는 중이에요. 도착하는 대로 부를께요.

지원자: 네. 감사합니다.

직원: 이력서와 자격증이 있나요?

TAPESCRIPT 9

WOMAN: Hello, I would like to inquire about the new books released in your online store.

SALESMAN: Sure, we have books that were just recently released in the market.

WOMAN: Is it possible for you to send me some information about these books?

SALESMAN: Of course, can I get your name please?

WOMAN: My name is Jamie Aguilera.

SALESMAN: Can you spell your surname?

WOMAN: Yes, it's A-G-U-I-L-E-R-A.

SALESMAN: Alright, that's noted. Where do you want the information to be sent to?

여자: 안녕하세요, 온라인 매장에 새로 나온 책에 대해 문의하려고 요.
판매원: 네, 저희는 시중에 최근 나온 책들을 보유하고 있습니다.
여자: 이 책들에 대한 몇 가지 정보를 저한테 보내주실 수 있나요?
판매원: 물론이죠, 성함이 어떻게 되시죠?
여자: 제이미 아길레라입니다.
판매원: 성의 철자가 어떻게 되죠?
여자: A-G-U-I-L-E-R-A입니다.
판매원: 네, 알겠습니다. 어디로 정보를 받고 싶으신가요?

TAPESCRIPT 10

THOMAS: I know a good doctor I can introduce you to, he's an expert neurologist.

JANE: Really, can I get his name?

THOMAS: He is Doctor Ronaldo Madrona.

JANE: Can you spell his last name?

THOMAS: Yes, it's M-A-D-R-O-N-A. You can find him at the Saint Peter Hospital in Melbourne.

JANE: Great, thanks! Could you give me his office number too?

토마스: 너한테 소개시켜줄 수 있는 좋은 의사 선생님이 있는데, 신경과 전문의야.
제인: 그래? 이름이 뭐야?
토마스: 로날도 마드로나 선생님이야.
제인: 성의 철자가 어떻게 되니?
토마스: M-A-D-R-O-N-A야. 멜버른에 있는 세인트 피터 병원에서 찾을 수 있어.
제인: 좋아, 고마워! 그 선생님 진료실 번호도 알려줄 수 있어?

TAPESCRIPT 11

MAN: Hello, I just wanted to question you about the replacement of my car's side mirrors.

WOMAN: Sure. Can I firstly get your name please?

MAN: I'm Harry.

WOMAN: Ok. And your surname?

MAN: It's Hanford.

WOMAN: Is that spelt like "hand" with a "D" sir?

MAN: No, it's without a "D" it's H-A-N-F-O-R-D.

WOMAN: OK, got it. Thank you.

MAN: Could you notify me the approximate time of when is it going to be done?

남자: 안녕하세요, 제 차의 사이드미러 교체에 대해 물어보고 싶어서요.
여자: 물론이죠. 먼저 성함이 어떻게 되시죠?
남자: 해리예요.
여자: 좋아요. 성은 어떻게 되나요?
남자: 핸포드입니다.
여자: 'hand'의 철자처럼 'D'가 들어가나요?
남자: 아뇨, 'D'를 제외하고 H-A-N-F-O-R-D입니다.
여자: 네, 알겠습니다. 고마워요.
남자: 교체하는데 얼마나 소요되는지 대략적인 시간을 알려줄 수 있나요?

TAPESCRIPT 12

WOMAN: I would like to book two plane tickets.

CLERK: Sure, can you tell me your name, please?

WOMAN: Yes, it's Elizabeth Cowper.

CLERK: How do you spell your surname?

WOMAN: It's C-O-W-P-E-R.

CLERK: Thank you. And what are your preferred departure and arrival dates?

여자: 비행기 표 2장을 예매하고 싶어요.
직원: 네, 성함이 어떻게 되시죠?
여자: 네, 엘리자베스 쿠퍼입니다.
직원: 성의 철자가 어떻게 되나요?
여자: C-O-W-P-E-R입니다.
직원: 감사합니다. 원하는 출발, 도착 시간이 있으신가요?

TAPESCRIPT 13

WOMAN: Hello. I'm calling to book for an eco-farm visit, please.

MAN: Alright madam, may I know your full name?

WOMAN: Yes, it's Jade Pennington.

MAN: Um. Is Pennington spelt with a single "N"?

WOMAN: No, it's spelt with a double "N", P-E-double N-I-N-G-T-O-N.

MAN: Yes, thank you madam.

여자: 안녕하세요. 친환경 농장 방문 예약을 하고 싶어서 전화했어요.
남자: 그렇군요, 성함이 어떻게 되시나요?
여자: 네, 제이드 페닝턴입니다.
남자: 음. 페닝턴의 철자에서 'N'이 하나인가요?
여자: 아뇨, 'N'이 두 개이고 P-E-double N-I-N-G-T-O-N입니다.
남자: 네, 고맙습니다.

TAPESCRIPT 14

JULIE: Do you know Jan Cresiik? I think he's the drama course instructor.

JACK: Uhmm... Jan Cresiik?

JULIE: Yes, remember our drama course last year? His last name is spelt C-R-E-S-double I-K.

JACK: Oh, well yeah, sounds familiar.

JULIE: Do you know if he'll remain as a drama instructor for this year?

줄리: 잔 크레식이 누군지 알아? 드라마 강의 강사인 것 같아.
잭: 음… 잔 크레식?
줄리: 응, 작년 드라마 강의 기억나? 성의 철자가 C-R-E-S-double I-K야.
잭: 아, 익숙하네.
줄리: 올해도 드라마 강사로 남아있는지 알아?

TAPESCRIPT 15

WOMAN: I'd like a consultation about the illness I got from playing badminton in extreme sunlight.

CLERK: OK. For an appointment, I need to note down some personal details. Can I firstly get your full name?

WOMAN: Yes, it's Alice Atkinson.

CLERK: Can you spell your surname for me please?

WOMAN: Sure, it's A-T-K-I-N-S-O-N.

CLERK: Alright, got that. Thank you!

여자: 햇빛이 너무 강한 날 배드민턴을 치다가 몸이 안 좋아져서 진찰을 받으려고요.
직원: 네, 예약을 하시려면 몇 가지 개인 신상 명세를 써야 합니다. 먼저 성함이 어떻게 되시죠?
여자: 네, 앨리스 앳킨슨입니다.
직원: 성의 철자가 어떻게 되나요?
여자: 네, A-T-K-I-N-S-O-N입니다.
직원: 알겠습니다. 고맙습니다!

TAPESCRIPT 16

MAN: I'm here to report the loss of my bag.

WOMAN: Alright, please sit down and I'll just get some details about you.

MAN: Okay.

WOMAN: Please state your surname first.

MAN: It's Maine, spelt as M-A-I-N-E.

WOMAN: OK. What about your first name?

남자: 가방 분실 신고를 하려고 왔습니다.
여자: 네, 앉으세요. 몇 가지 물어볼게요.
남자: 네.
여자: 먼저 성을 말씀해주세요.
남자: 메인입니다. 철자는 M-A-I-N-E예요.
여자: 좋아요. 이름은 어떻게 되죠?

TAPESCRIPT 17

STUDENT: I would like to enrol into your dance classes.

INSTRUCTOR: Sure, you're welcome in my class.

STUDENT: I'll give my name, I'm Charlie Rhys.

INSTRUCTOR: Is Rhis spelt with an "I"?

STUDENT: Ah no, it's with a "Y" not "I".

INSTRUCTOR: So, your last name is spelt R-H-Y-S.

STUDENT: Yes, that's right!

학생: 댄스 수업에 등록하고 싶어서요.
강사: 좋아요, 수업에 오신 것을 환영해요.
학생: 제 이름을 알려드릴게요, 저는 찰리 리스예요.
강사: 리스의 철자가 'I'인가요?
학생: 아, 아뇨, 'I'가 아니라 'Y'예요.
강사: 그럼, 성의 철자는 R-H-Y-S네요.
학생: 네, 맞아요!

TAPESCRIPT 18

GUEST: Good afternoon, I would like to book a hotel room.

RECEPTIONIST: OK, ma'am, can I get your name please?

GUEST: My name is Susan Rayleigh.

RECEPTIONIST: How do you spell your last name?

GUEST: It's R-A-Y-L-E-I-G-H.

RECEPTIONIST: OK, thank you. Your room number is 102.

손님: 안녕하세요, 호텔 객실을 예약하고 싶어서요.
접수원: 네, 성함이 어떻게 되시나요?
손님: 제 이름은 수잔 레일리입니다.
접수원: 성의 철자가 어떻게 되나요?
손님: R-A-Y-L-E-I-G-H예요.
접수원: 네, 감사합니다. 객실 번호는 102호입니다.

TAPESCRIPT 19

ADVISER: Let's begin to arrange the academic meeting for physics tomorrow.

STUDENT: Yes.

ADVISER: Who's the representative in your class?

STUDENT: We assigned Prichett.

ADVISER: Could you spell that, please?

STUDENT: Yes, it's P-R-I-C-H-E-double T.

ADVISER: Alright, thanks! Please make sure he knows the topic well.

지도교수: 내일 물리학 학술 회의를 위해 준비를 시작해보자.
학생: 네.
지도교수: 너희 반에서 대표가 누구니?
학생: 프리쳇으로 뽑았어요.
지도교수: 이름 철자를 알려주겠니?
학생: 네, P-R-I-C-H-E-double T예요.
지도교수: 좋아, 고마워! 그가 주제를 잘 알고 있는지 확인하거라.

TAPESCRIPT 20

WOMAN: Hi, I would like to rent a house.

LANDLORD: Yes, we have a vacancy. I'm Sam Dressler, the landlord here.

WOMAN: Oh, nice meeting you, Sam. Is Dressler spelt D-R-E-double S-L-E-R?

LANDLORD: Yeah, you've spelt it right. Anyway, the house used to have 3 bedrooms but one got renovated into a kitchen.

여자: 안녕하세요, 집을 빌리고 싶어서요.
집주인: 네, 빈 집이 하나 있습니다. 저는 이곳의 집주인인 샘 드레슬러입니다.
여자: 아, 만나서 반가워요, 샘. 드레슬러의 철자가 D-R-E-double S-L-E-R 맞나요?
집주인: 네, 맞아요. 그건 그렇고, 집은 침실 3개가 있었는데 그 중 하나를 부엌으로 개조했어요.

TAPESCRIPT 21

WOMAN: Hello, is this the customer service department?

MAN: Yes, Ma'am. How may I help you?

WOMAN: The fridge I bought from you a year ago needs repairs.

MAN: OK, please sit down and I'll need some personal details. Can I have your name please?

WOMAN: I'm Michelle Trager.

MAN: Could you please spell the surname?

WOMAN: Sure, it's T-R-A-G-E-R.

여자: 안녕하세요, 고객 서비스 부서가 맞나요?
남자: 네, 무엇을 도와드릴까요?
여자: 일 년 전에 여기서 산 냉장고가 수리가 필요해서요.
남자: 네, 여기 앉으세요. 몇 가지 물어볼게요. 성함이 어떻게 되시죠?
여자: 미셸 트레이거예요.
남자: 성의 철자가 어떻게 되죠?
여자: 네, T-R-A-G-E-R입니다.

TAPESCRIPT 22

WOMAN: I'd like to inquire about the registration of my cousin's driver's license and insurance, please.

MAN: Yes madam, the registration is now on going.

WOMAN: What should I do?

MAN: Can I have your last name please?

WOMAN: It's Cuningham.

MAN: Is that spelt C-U-N-I-N-G-A-M?

WOMAN: Umm... no, with an "H" actually, C-U-N-I-N-G-H-A-M.

MAN: What would you like to know about the registration?

여자: 제 사촌의 운전면허와 보험을 등록하는 것에 대해 물어보려고요.
남자: 네, 등록이 지금 진행 중입니다.
여자: 어떻게 해야 되죠?
남자: 성이 어떻게 되시나요?

여자: 커닝엄이에요.
남자: 철자가 C-U-N-I-N-G-A-M 맞습니까?
여자: 음… 아뇨, 'H'가 들어가서 C-U-N-I-N-G-H-A-M이에요.
남자: 등록에 대해 무엇을 알고 싶으세요?

여자: 네, 그렇습니다. 다른 질문 없으신가요?
학생: 주임 강사님의 이름을 알 수 있을까요?
여자: 물론이죠, 자말 커티스 씨입니다.
학생: 이름의 철자가 어떻게 되죠?
여자: J-A-M-A-L입니다. 다른 질문요?

TAPESCRIPT 23

WOMAN: I'm here to sign up for a doctor appointment. I didn't feel very well since this afternoon.
NURSE: Have a seat first while I gather some details about you.
WOMAN: Oh, thanks!
NURSE: Can I get your name please?
WOMAN: I'm Susan Braddle -- Braddle with a double "D".
NURSE: So that's B-R-A-D-D-L-E.
WOMAN: Yes, that's right.
NURSE: OK, good, we'll wait for the doctor to check you.
WOMAN: Thank you.

여자: 진료 예약을 신청하고 싶어서 왔어요. 오늘 오후부터 몸 상태가 별로 좋지 않아서요.
간호사: 몇 가지 정보를 묻는 동안 먼저 앉아 계세요.
여자: 아, 감사합니다!
간호사: 성함이 어떻게 되시나요?
여자: 수잔 브래들이에요. 'D'가 두 개 들어간 브래들이요.
간호사: 그럼 B-R-A-D-D-L-E이군요.
여자: 네, 맞아요.
간호사: 좋아요, 검진을 위해 의사선생님 기다릴게요.
여자: 고맙습니다.

TAPESCRIPT 24

WOMAN: Hello, everyone. My name is Emma and I've been instructed to tell you that classes for extra-curricular activities will begin on September 14th.
STUDENT: Is it the same for every other classes?
WOMAN: Yes, it is. Any other questions?
STUDENT: Can we have the name of the head instructor, please?
WOMAN: Of course, it's Mr. Jamal Curtis.
STUDENT: How do you spell his first name?
WOMAN: It's J-A-M-A-L. Any other questions?

여자: 안녕하세요, 여러분. 제 이름은 엠마이고 9월 14일에 시작하는 특별 활동에 대해 알려드리려고 합니다.
학생: 다른 모든 수업과 같은 건가요?

TAPESCRIPT 25

WOMAN: Hello, I'm in need of an immediate help since my car just broke down in the middle of a highway.
MAN: OK, but I need to get your name first.
WOMAN: Yes, my name is Ruby Wollowey.
MAN: How do you spell your surname?
WOMAN: It's W-O-double L-O-W-E-Y.
MAN: Alright I got it. Could you tell me your exact location, please?

여자: 안녕하세요, 고속도로에서 차가 고장 나서 지금 바로 도움이 필요해요.
남자: 네, 그런데 먼저 성함을 알려주셔야 해요.
여자: 네, 제 이름은 루비 월로위입니다.
남자: 성의 철자가 어떻게 되죠?
여자: W-O-double L-O-W-E-Y입니다.
남자: 네 알겠습니다. 정확한 위치를 알려주시겠어요?

TAPESCRIPT 26

WOMAN: Hi, I would like to follow up on an International Express package sent from the US.
CLERK: Yes ma'am, can I get your full name please?
WOMAN: My name is Anna Hillman.
CLERK: Is that Hilman with a single "L"?
WOMAN: Uh... no, it's spelt with a double "L", H-I-double L-M-A-N.
CLERK: I got it Ma'am, thank you.

여자: 안녕하세요, 미국에서 보낸 국제 택배 위치를 알고 싶어요.
직원: 네, 성함이 어떻게 되시죠?
여자: 제 이름은 안나 힐만입니다
직원: 힐만의 철자가 'L' 하나인가요?
여자: 아… 아뇨, 'L'이 두 개 들어간 H-I-double L-M-A-N이에요.
직원: 알겠습니다, 고마워요.

TAPESCRIPT 27

MAN: My back got hurt, can you help me please?

OFFICER: OK, let me get some information for the record. What's your full name?

MAN: It's Philip Riryard.

OFFICER: Could you spell your surname, please?

MAN: Yes, it's R-I-R-Y-A-R-D.

OFFICER: OK. Now let me help you.

남자: 허리를 다쳤는데 도와주시겠어요?

경찰관: 네, 기록을 위해 몇 가지 물어볼게요. 성함이 어떻게 되시죠?

남자: 필립 라이어드예요.

경찰관: 성의 철자를 알려주시겠어요?

남자: 네, R–I–R–Y–A–R–D입니다.

경찰관: 네. 도와드리겠습니다.

TAPESCRIPT 28

WOMAN: Hi, I'd like to register my two daughters into your painting class. My youngest is under 8 years old.

REGISTRAR: In that case, she'll be joining a separate group for children 8 years old and below. May I know have the name of a person who we can call in case of an emergency, please?

WOMAN: That would be me, the mother, Andy Kahn.

REGISTRAR: Could you spell your last name for me, please?

WOMAN: Sure, it's K-A-H-N.

REGISTRAR: OK, I got it. Thanks.

여자: 안녕하세요, 제 두 딸을 그림 수업에 등록시키려고요. 막내는 8세 미만이에요.

담당자: 그럴 경우엔, 8세와 그 미만 어린이들을 위한 별도의 수업에 가입하게 될 거예요. 비상 시에 저희가 연락할 수 있는 분의 성함을 알 수 있을까요?

여자: 저예요, 엄마인 앤디 칸.

담당자: 성의 철자를 알려주시겠어요?

여자: 물론이죠, K–A–H–N입니다.

담당자: 네, 알겠습니다. 감사해요.

TAPESCRIPT 29

MAN: I would like to register, please.

WOMAN: Sure, can I please have your name?

MAN: My name is John Arkwright.

WOMAN: What was your family name again?

MAN: It's Arkwright.

WOMAN: Is that spelt with a "C"?

MAN: Ummm... no, it's A-R-K-W-R-I-G-H-T.

WOMAN: OK, got that! You'll have to pay the fees and this fee will include your lunch. However, you will need to bring your own shoes.

남자: 등록을 하려고요.

여자: 네, 성함이 어떻게 되시나요?

남자: 제 이름은 존 아크라이트입니다.

여자: 성을 다시 알려주시겠어요?

남자: 아크라이트.

여자: 철자가 'C'인가요?

남자: 음… 아뇨, A–R–K–W–R–I–G–H–T예요.

여자: 네, 알겠습니다! 등록비를 지불하시면 되고 등록비에는 점심이 포함되어 있어요. 하지만, 본인 신발은 가져오셔야 해요.

TAPESCRIPT 30

MAN: Hello, I'd like to register for Thai, Italian and French Cookery, please.

WOMAN: Yes, sir, may I have your name please?

MAN: It's Ron Furness.

WOMAN: How do you spell your last name, sir?

MAN: It's F-U-R-N-E-double S.

WOMAN: Which days are you looking forward to take, sir?

남자: 안녕하세요, 태국, 이탈리아, 프랑스 요리 강좌에 등록하고 싶어서요.

여자: 네, 성함이 어떻게 되시나요?

남자: 론 퍼니스입니다.

여자: 성의 철자가 어떻게 되나요?

남자: F–U–R–N–E–double S입니다.

여자: 언제 수업을 듣고 싶으세요?

TAPESCRIPT 31

AGENT: This announcement is delivered to inform the graduating students about some jobs that will be available at our company.

STUDENT: I would like to register.

AGENT: Yes, may I know your last name first, please?

STUDENT: OK, my family name is Kellar.

AGENT: Is that spelt with a double "L"?

STUDENT: Yes, that's right, it's K-E-double L-A-R.

AGENT: OK, and your first name?

직원: 이 공고는 저희 회사에서 채용 할 수 있는 몇 가지 직업들에 대해 졸업생들에게 알려주기 위해 나왔습니다.
학생: 등록을 하고 싶어요.
직원: 네, 먼저 성이 어떻게 되죠?
학생: 네, 제 성은 켈러입니다.
직원: 'L'이 두 개인가요?
학생: 네, 맞아요, K—E—double L—A—R입니다.
직원: 네, 그리고 이름은요?

TAPESCRIPT 32

WOMAN: What should I do to enrol myself into an art course? I only just recently began to take interest in painting.

CLERK: OK, may I please know your name?

WOMAN: I'm Anne.

CLERK: And your last name please?

WOMAN: It's Herde.

CLERK: Could you spell that please?

WOMAN: OK, it's H-E-R-D-E.

CLERK: Good, I got it. Thanks. Now to enrol for the art course...

여자: 미술 수업에 직접 등록하려면 어떻게 해야 하나요? 이제 막 그림에 관심을 갖기 시작했어요.
직원: 네, 성함이 어떻게 되시나요?
여자: 앤이에요.
직원: 성은요?
여자: 허드입니다.
직원: 철자를 알려주시겠어요?
여자: 네, H—E—R—D—E예요.
직원: 좋이요, 알겠습니다. 고마워요. 자, 미술 수업에 등록을 하기 위해서는….

TAPESCRIPT 33

WOMAN: Hi, I would like to talk to the manager of the Central Hotel, please.

RECEPTIONIST: Yes, ma'am, that would be Mr. Cliffton.

WOMAN: How do you spell Cliffton?

RECEPTIONIST: It's C-L-I-double F-T-O-N. And may I know why you would like to speak with him, please?

WOMAN: Well, I'd like to speak to him about my experience at your hotel.

여자: 안녕하세요, 센트럴 호텔의 매니저와 이야기하고 싶어서요.
접수원: 네, 그렇다면 클리프튼 씨겠네요.
여자: 클리프튼의 철자가 어떻게 되나요?
접수원: C—L—I—double F—T—O—N입니다. 클리프튼 씨와 이야기하고 싶은 이유를 여쭤봐도 될까요?
여자: 음, 그 호텔에서 제 경력에 대해 그와 이야기를 하고 싶어서요.

TAPESCRIPT 34

MAN: Hi, I would like to register for the summer wreck diving class, please.

WOMAN: I see. You'll have to speak with the dive instructor, Mr. Peckham.

MAN: Great. Could you spell that surname for me, please?

WOMAN: Sure, it's P-E-C-K-H-A-M.

MAN: OK, thank you, I've got it. Do you know where I can reach him?

남자: 안녕하세요, 여름 난파선 다이빙 수업에 등록하고 싶어서요.
여자: 그렇군요. 다이빙 강사 페캄 씨와 대화를 해보셔야 해요.
남자: 좋아요. 성의 철자를 알려주시겠어요?
여자: 물론이죠, P—E—C—K—H—A—M입니다.
남자: 네, 고마워요, 알겠습니다. 그의 연락처를 아시나요?

TAPESCRIPT 35

MAN: Hi, I'm calling to book 2 seats for the 7pm show that's on this Friday, please.

WOMAN: I'm sorry, sir, but all seats for the Friday show have been sold out.

MAN: Can I reserve seats for the Saturday show then?

WOMAN: Let me check a moment; yes, sir, we have available front row seats for Saturday. May I have your name, sir?

MAN: It's John and my last name is Bittens, B-I-double T-E-N-S.

WOMAN: Just for confirmation, sir, you're booking for the 7pm show, correct?

남자: 안녕하세요. 이번 주 금요일에 하는 오후 7시 공연에 좌석 2개를 예매하고 싶어서 전화했습니다.
여자: 죄송하지만 금요일 공연의 모든 좌석은 매진이 되었습니다.
남자: 그럼 토요일 공연 좌석은 예매할 수 있나요?
여자: 잠시 확인해볼게요. 네, 토요일 앞줄에 있는 좌석 예매 가능합니다. 성함이 어떻게 되시죠?
남자: 존이에요. 성은 비튼스 B-I-double T-E-N-S입니다.
여자: 확인해볼게요. 오후 7시 공연 예매하는 게 맞으시죠?

남자: 네, 듣자 하니 예약이 안 되었다고 해서 여기 대여 사무실에 왔습니다.
직원: 불편을 끼쳐드려 죄송합니다. 기록을 확인해보기 위해 성함을 알려주시겠어요?
남자: 데릴 케스티븐입니다. 성의 철자는 K-E-S-T-E-V-E-N이에요.
직원: 감사합니다. 케스티븐 씨. 확인하기 위해 잠시만 기다려주세요. 문제를 처리해드리겠습니다.

TAPESCRIPT 36

JAMES: If you want to help your mother, why don't you get a job?

SUSAN: That's exactly what I was thinking. Do you know of anyone hiring?

JAMES: Ask Mr. Fitzsimmons at the fruit store by the bakery on Kent.

SUSAN: Great! Could you spell Fitzsimmons for me, please?

JAMES: Sure, F-I-T-Z-S-I-double M-O-N-S.

SUSAN: When do you think I should go and see him?

제임스: 네 어머니를 도와드리고 싶다면 일을 구하는 게 어때?
수잔: 내 생각도 바로 그거야. 아는 사람 중에 직원 구하는 사람 없어?
제임스: 켄트에 빵집 옆에 있는 과일 가게 피츠시몬즈 씨한테 물어볼게.
수잔: 좋아! 피츠시몬즈 씨의 철자를 알려줄래?
제임스: 물론이지. F-I-T-Z-S-I-double M-O-N-S야.
수잔: 그를 만나러 언제 가는 게 좋을까?

TAPESCRIPT 37

MAN: Yes, we're here at the rental lodge and apparently the reservation wasn't made.

AGENT: I'm sorry for the inconvenience, sir. Could you give me your name, please so I could check our records?

MAN: Daryll Kesteven. Last name is spelt K-E-S-T-E-V-E-N.

AGENT: Thank you, Mr. Kesteven. Give me a moment to check and we'll solve this problem.

TAPESCRIPT 38

CLIENT: Hi, I'm just calling to check our trip schedule.

AGENT: Sure, ma'am. May I have your full name, please?

CLIENT: Yes, it's Matilda Cheffins.

AGENT: Could you spell your last name, please?

CLIENT: It's C-H-E-double F-I-N-S.

AGENT: Thank you. Now, let me just pull up my files.

고객: 안녕하세요. 여행 일정을 확인하려고 전화했어요.
직원: 그러시군요. 성함이 어떻게 되시죠?
고객: 네, 마틸다 체핀스입니다.
직원: 성의 철자가 어떻게 되시죠?
고객: C-H-E-double F-I-N-S예요.
직원: 고맙습니다. 이제 파일을 꺼내볼게요.

TAPESCRIPT 39

AGENT: Hello, sir. How can I help you?

CLIENT: Hi, I was looking at your website but I couldn't find what I'm looking for. I want to rent a family beach house for the holidays but there doesn't seem to be one with a double room.

AGENT: I see. Sorry for the inconvenience, sir, but the information on the houses we let out on the websites don't usually state the type of rooms the houses will have. But I know exactly what you need. First, may I have your full name?

CLIENT: It's Peter Frampton.

AGENT: Is Frampton spelt with or without a "P"?

CLIENT: With a "P" -- it's F-R-A-M-P-T-O-N.

AGENT: OK, thank you, sir. Now, here's what we have...

직원: 안녕하세요. 무엇을 도와드릴까요?
고객: 안녕하세요. 홈페이지를 보고 있는데 제가 원하는 걸 찾을 수가 없네요. 휴일에 해변에 있는 별장을 빌리고 싶은데 2인용 방이 있는 별장이 없는 것 같아요.

직원: 그러시군요. 불편을 드려 죄송합니다. 하지만 저희가 홈페이지에서 빌려주는 집에 대한 정보는 방의 종류에 대해선 써놓지 않았어요. 그렇지만 고객님이 필요하신 것이 무엇인지 정확히 알고 있습니다. 우선, 성함을 알려주시겠어요?

고객: 피터 프램튼입니다.

직원: 프램튼의 철자에 'P'가 있나요?

고객: 'P'가 들어간 F—R—A—M—P—T—O—N이에요.

직원: 네, 고맙습니다. 자, 여기에 저희가 갖고 있는….

직원: 안녕하세요, 라이트무브 부동산 중개소입니다. 무엇을 도와드릴까요?

고객: 안녕하세요. 프롬 지역에 아파트를 빌리려고요. 지금 매물이 있나요?

직원: 확인할 수 있는데 먼저 성함을 알려주시겠어요?

고객: 네, 헨리 제이콥스입니다. 성의 철자는 J—A—C—O—B—S예요.

직원: 고맙습니다, 제이콥스 씨. 지금 프롬의 월브릿지 가에 있는 350파운드의 아파트가 하나 있어요.

TAPESCRIPT 40

EMPLOYEE: Yes, ma'am, the party has been set for Friday at the Prince Hotel.

MANAGER: Does the client have any special request?

EMPLOYEE: Nothing else aside from adding coffee to the meal.

MANAGER: OK, have the file on my desk in 2 hours. I'm calling the client for confirmation. What's the name of the contact person?

EMPLOYEE: It's Miss Eva Cornell, ma'am.

MANAGER: Spell out the last name, please?

EMPLOYEE: C-O-R-N-E-double L.

MANAGER: Thank you. Don't forget to have the file on my desk in 2 hours.

직원: 네, 파티는 프린스 호텔에서 금요일로 정해졌습니다.

매니저: 특별한 요청이 있는 고객이 있습니까?

직원: 식사에 커피를 추가해달라고 한 것 외에는 없습니다.

매니저: 좋아요, 2시간 이내로 제 책상에 서류를 제출해줘요. 확인차 고객들에게 전화를 할게요. 담당자 이름이 어떻게 되죠?

직원: 에바 코넬 씨입니다.

매니저: 성의 철자가 어떻게 되죠?

직원: C—O—R—N—E—double L입니다.

매니저: 고마워요. 2시간 이내로 제 책상에 서류 제출하는 것 잊지마세요.

TAPESCRIPT 42

WOMAN: Hi, I called to update my postal address on record.

MAN: Yes, I can help you with that. If you'd like, you can also have a P.O. Box address for 10 pounds a month but it's free for the first 2 months.

WOMAN: Really? Well, give me a moment to think. I'm actually moving out of my apartment to stay with a friend so I was going to change my residing address into her address but it seems like the P.O. Box is a better option.

MAN: In your situation, I would say so, yes. So, may I have your name, please?

WOMAN: Yes, it's Jennifer Simmons.

MAN: Is Simmons spelt S-I-double M-O-N-S?

WOMAN: Yes, you got it.

여자: 안녕하세요, 우편 주소를 갱신하려고 전화했습니다.

남자: 네, 제가 도와드리겠습니다. 원하시면, 사서함 주소를 매달 10파운드에 가지실 수 있어요. 첫 두 달은 무료입니다.

여자: 그래요? 음, 잠시 생각해볼게요. 사실 친구와 같이 지내려고 제 아파트에서 이사를 가려고 하고 있어요. 그래서 거주 주소를 친구 주소로 바꾸려고 했는데 사서함 주소가 더 나은 것 같네요.

남자: 이런 경우에는 그렇게 하는 것이 나을 것 같아요. 그럼, 성함이 어떻게 되시죠?

여자: 네, 제니퍼 시몬스입니다.

남자: 시몬스의 철자가 S—I—double M—O—N—S 맞나요?

여자: 네, 맞아요.

TAPESCRIPT 41

AGENT: Good morning, you've reached Rightmove Property Rentals, how can I help you?

CLIENT: Good morning, I'm looking to rent a flat in the Frome area. Do you have anything at the moment?

AGENT: I can check but could you first give me your name, please?

CLIENT: Yes, it's Henry Jacobs, surname is spelt J-A-C-O-B-S.

AGENT: Thank you, Mr. Jacobs. Right now, there's a flat for 350 pounds on Wallbridge Avenue in Frome.

TAPESCRIPT 43

NURSE: Hello, Spine Universe, how can I help you?

PATIENT: Hi. I was there 3 days ago for a consultation with Dr. Freya but I'm still experiencing back pain.

NURSE: I see. May I have your name, sir, so we can schedule you for another appointment?

PATIENT: Yes, it's Ned Ridyard. Last name is spelt R-I-D-Y-A-R-D.

NURSE: OK, got it. Mr. Ned Ridyard. Can you come tomorrow at 10 am?

간호사: 안녕하세요. 스파인 유니버스입니다. 무엇을 도와드릴까요?

환자: 안녕하세요. 3일 전에 프레야 박사님께 진찰을 받았는데 여전히 허리 통증이 있어서요.

간호사: 그렇군요. 추가 진찰 일정을 잡기 위해 성함을 알려주시겠어요?

환자: 네, 네드 리드야드입니다. 성의 철자는 R–I–D–Y–A–R–D예요.

간호사: 네, 알겠습니다. 네드 리드야드 씨. 내일 오전 10시에 오실 수 있나요?

TAPESCRIPT 44

MAN: Big Blue Surf School, how can I help you?

WOMAN: Hi, I'd like to inquire about your surfing course, please.

MAN: Of course; it'll start on the 17th of March. Would you like to reserve a slot?

WOMAN: Yes, but could you tell me what the most difficult thing is to learn?

MAN: Well, in my opinion, that would be to learn how to turn. But don't worry, you'll be taught everything during the course and you'll have enough time to learn all the moves.

WOMAN: OK, sign me up then. My name is Jane Birkin. Does the fee include insurance coverage?

MAN: Yes, and you'll have a document for everything.

WOMAN: Thank you. May I know who I'm speaking with, please?

MAN: Oh, yes, I'm the manager Tom Fletcher -- F-L-E-T-C-H-E-R.

남자: 빅 블루 서핑 학교입니다. 무엇을 도와드릴까요?

여자: 안녕하세요, 서핑 과정에 대해 문의하려고요.

남자: 물론이죠. 3월 17일부터 시작을 하게 됩니다. 예약을 해드릴까요?

여자: 네, 그런데 배우는 데 가장 어려운 점이 뭔지 알려주시겠어요?

남자: 음, 제 생각에는, 방향전환 배우는 것이 가장 어려운 것 같네요. 그렇지만 걱정 마세요. 과정에서 모든 것을 배우게 될 거예요. 그리고 모든 자세의 움직임을 배우는 데 충분할 것입니다.

여자: 알았어요, 그럼 등록시켜 주세요. 제 이름은 제인 버킨입니다. 비용에는 보험이 포함된 금액인가요?

남자: 네 포함되었고요. 필요한 모든 서류를 드릴게요.

여자: 고마워요. 실례지만 전화 받으신 분이 누구신지 알 수 있을까요?

남자: 아, 네, 저는 매니저 톰 플레처–F–L–E–T–C–H–E–R입니다.

TAPESCRIPT 45

WOMAN: Hi, I saw your advertisement on the paper stating that you have a free office. Is it still available?

MAN: Yes, it is. This is Sam Donovan and I'm the owner of the place. May I know who I'm speaking with, please?

WOMAN: Yes, of course, this is Lillie Evans -- L-I-double L I-E.

MAN: OK, thank you, Miss Evans. So, anyway, the place was previously occupied by 3 people.

여자: 안녕하세요. 무료 사무실이 있다는 신문 광고를 봤어요. 아직 비어있나요?

남자: 네, 있습니다. 저는 샘 도노반이고 이곳의 주인이에요. 전화거신 분 성함을 알려주실 수 있으세요?

여자: 네, 물론이죠. 저는 릴리 에반스입니다. L–I– double L I–E예요.

남자: 네, 고맙습니다. 에반스 씨. 그건 그렇고, 이곳은 이전에 3명이 있었어요.

NAME: HOTEL, SHOP, ETC p.46

TAPESCRIPT 1

WOMAN: I want to buy a school tie for my daughter. Do you know any local shops nearby?

MAN: You can try at Howells Shop.

WOMAN: I don't know where that is. How do you spell it?

MAN: It's Howells -- <u>H-O-W-E-double L-S</u>.

WOMAN: Is that the shop near the woman's boutique?

여자: 제 딸을 위해 학생용 넥타이를 사고 싶어서요. 근처에 상점들을 알고 있나요?
남자: 하월스 가게에 가봐요.
여자: 그곳이 어딘지 몰라요. 철자를 알려주시겠어요?
남자: 하월스, <u>H-O-W-E-double L-S</u>예요.
여자: 여성 부티크 근처에 있는 가게인가요?

TAPESCRIPT 2

MAN: You've reached the Hedrick Hotel, how can I help you?

WOMAN: Hello, I'd like to book a recreation room for a birthday party, please.

MAN: Sure, madam. How many people should we book for?

WOMAN: Around 35 people, please. Also, I'm not so sure if I have the hotel name right. Could you spell it out for me, please?

MAN: No problem, it's the Hedrick Hotel -- <u>H-E-D-R-I-C-K</u>.

WOMAN: OK, I got it, thank you. Now, about the party details...

남자: 헤드릭 호텔입니다. 무엇을 도와드릴까요?
여자: 안녕하세요, 생일 파티를 위해 레크리에이션 룸을 예약하려고요.
남자: 그렇군요. 몇 분으로 예약을 해드릴까요?
여자: 대략 35명이요. 그런데 호텔 이름이 맞는지 확실하지 않아서요. 철자를 알려주시겠어요?
남자: 그럼요, 헤드릭 호텔, <u>H-E-D-R-I-C-K</u>입니다.
여자: 네, 알겠어요, 고맙습니다. 자, 파티에 대해 자세한 사항은….

TAPESCRIPT 3

MANAGER: Yes, we're renting the free space at the lobby and we're renovating it into a sandwich shop.

ASSISTANT: I think that's a good idea. Which sandwich shop is it?

MANAGER: The Canteen.

ASSISTANT: The sandwich shop's name is Canteen?

MANAGER: Yes, as in <u>C-A-N-T-double E-N</u>, Canteen Sandwich Shop.

ASSISTANT: That's a strange name for a sandwich shop. Anyway, when are they opening?

매니저: 네, 우린 로비에 빈 공간을 빌려서 샌드위치 가게로 개조하고 있어요.
보조: 좋은 생각인 것 같네요. 어떤 샌드위치 가게인가요?
매니저: 캔틴이에요.
보조: 샌드위치 가게 이름이 캔틴인가요?
매니저: 네, <u>C-A-N-T-double E-N</u>으로 캔틴 샌드위치 가게예요.
보조: 샌드위치 가게 이름이 특이하네요. 어쨌든, 언제 문을 여나요?

TAPESCRIPT 4

JOHN: I want to hold a party at a hotel. Can you recommend me a good hotel?

JENNY: Mmm... yes, I know a good one. It's called the Limerick Hotel and it's located near my office. It's <u>L-I-M-E-R-I-C-K</u>.

JOHN: Sounds awesome. Can you book a day for me on your way to work? Wednesdays, Fridays or Saturdays are my preferred dates.

JENNY: Sure I can but I prefer a Saturday because I don't work on Wednesdays or Fridays.

JOHN: That's fine. Thanks, Jenny.

존: 호텔에서 파티를 열고 싶어서 그러는데 좋은 호텔을 추천해줄래?
제니: 음… 응, 좋은 호텔을 한 곳 알고 있어. 리머릭이라는 호텔인데 내 사무실 근처에 있어. <u>L-I-M-E-R-I-C-K</u>이야.
존: 좋은데. 출근하는 길에 하루 예약해줄 수 있어? 수요일, 금요일, 토요일이 내가 선호하는 요일이야.
제니: 좋아 그런데 내가 수요일이나 금요일에는 일이 없어서 토요일이 좋아.
존: 괜찮아. 고마워, 제니.

TAPESCRIPT 5

CLERK: Knutsford Hotel, how can I help you?

MAN: Hi, I'd like to inquire about the business conference that's happening at your hotel next week.

CLERK: Yes, it's the Wired Business Conference. It'll be on Saturday, November 8th, 10am at the Millenium Hall.

MAN: Great. Thanks for all the info. But I'm not sure if I have the hotel name right. How is Knustford spelt?

CLERK: No problem, sir, it's K-N-U-T-S-F-O-R-D.

MAN: Thank you, I didn't know it was spelt with a K. Good I asked. Thanks.

직원: 너츠포드 호텔입니다. 무엇을 도와드릴까요?

남자: 안녕하세요. 다음 주 이 호텔에서 열리는 비즈니스 회의에 대해 문의하려고요.

직원: 네, 와이어드 비즈니스 회의입니다. 11월 8일 토요일 오전 10시 밀레니엄 홀에서 열립니다.

남자: 좋네요. 알려주셔서 감사합니다. 그런데 호텔 이름이 맞는지 확실하지 않아서요. 너츠포드의 철자가 어떻게 되죠?

직원: 괜찮습니다. K-N-U-T-S-F-O-R-D입니다.

남자: 고맙습니다. K가 들어가는지 몰랐어요. 물어보길 잘했네요. 감사해요.

| NAME: WEBSITE, EMAIL | p.47 |

TAPESCRIPT 1

STUDENT: We would like to send these gifts to our friends in Japan. Do you know how to do it?

MAN: Yes. You just need to register online.

STUDENT: Can you tell me the name of the website, please?

MAN: It's www.auspost.com

STUDENT: Would you mind spelling it out for me?

MAN: OK, it's www dot A-U-S-P-O-S-T dot com.

STUDENT: This is a big help, thanks!

학생: 일본에 있는 친구들에게 이 선물들을 보내고 싶어서요. 어떻게 보내는지 아세요?

남자: 네. 온라인으로 등록을 해주시면 됩니다.

학생: 홈페이지 이름을 알려주시겠어요?

남자: www.auspost.com입니다.

학생: 괜찮으시다면 철자를 알려주시겠어요?

남자: 네, www.A-U-S-P-O-S-T.com이에요.

학생: 정말 감사합니다!

TAPESCRIPT 2

WOMAN: Good morning, you've reached PlayWell. This is Jenna speaking. How may I help you?

MAN: Hi, I'm calling to inquire about the new school location.

WOMAN: Oh, I see. The new building is located at the city centre right across the library, sir.

MAN: And how many classrooms are in that new building?

WOMAN: 14, sir, and if you'd like to see the rooms, you can go on a virtual tour through our website. The web address is www.playwell.co.uk.

MAN: Excellent! Just to be sure, was the website www dot P-L-A-Y-W-E-double L dot co dot uk?

WOMAN: Yes, sir, you got it.

여자: 안녕하세요, 플레이웰입니다. 저는 제나입니다. 무엇을 도와드릴까요?

남자: 안녕하세요. 새 학교 위치를 물어보려고 전화했어요.

여자: 아, 그렇군요. 새 건물은 도서관 바로 맞은편 시내 중심가에 있어요.

남자: 그럼 새 건물에 교실이 몇 개나 있나요?

여자: 14개 있습니다. 교실을 보고 싶으시다면, 홈페이지를 통해 가상으로 볼 수 있어요. 홈페이지 주소는 www.playwell.co.uk입니다.

남자: 아주 좋네요! 혹시나 해서, 홈페이지 주소가 www.P-L-A-Y-W-E-double L.co.uk 맞나요?

여자: 네, 맞아요.

TAPESCRIPT 3

AGENT: House Insurance Inc., how can I help you?

WOMAN: Good afternoon. My house is insured with your company and I would like to know if you can also cover the cost for the installation of a security alarm system.

AGENT: It depends on your coverage, madam. You can email a proposal to pk2@cat.com to be reviewed by the company.

WOMAN: Great. Can I have the email address, please?

AGENT: Certainly, it's pk2@cat.com. Let me spell that for you -- without spaces, it's <u>P-K-numeral-2</u>@cat.com. Have you got that written down somewhere?

WOMAN: Yes, thank you very much.

직원: 주택 보험 주식회사입니다. 무엇을 도와드릴까요?

여자: 안녕하세요. 제 집을 이 회사 보험에 들었는데 경보 시스템 설치 비용도 포함이 되는 건지 알고 싶어서요.

직원: 그건 보험 보장에 따라 다릅니다. 회사에서 확인을 하기 위해서 pk2@cat.com으로 제안서를 보내주시면 됩니다.

여자: 좋아요. 메일 주소를 알려주시겠어요?

직원: 물론이죠. pk2@cat.com입니다. 철자를 알려드리자면, 칸을 띄우지 않고 <u>P-K-numeral-2</u>@cat.com입니다. 어디에 작성해놓으셨나요?

여자: 네, 정말 고맙습니다.

TAPESCRIPT 4

AGENT: American River Rafting, how can I help you?

MAN: Hi, I'd like to inquire about the canoe trip you advertised on the Sunday paper. It didn't mention the cost.

AGENT: It's $50-dollars per person, but you have to make a $20-dollar deposit. The deposit is paid by card and the remainder is expected to be paid in cash at the location.

MAN: Can I make the deposit now, with you?

AGENT: Another department handles that, sir. You can call 530-622-0553. You could also do it through our website, it's www.rivertrip.com.

MAN: Without spaces?

AGENT: Yes, it is www dot <u>R-I-V-E-R-T-R-I-P</u> dot com.

직원: 아메리칸 리버 래프팅입니다. 무엇을 도와드릴까요?

남자: 안녕하세요, 일요일자 신문에 광고된 카누 여행에 대해 물어보고 싶어서요. 비용은 나와있지 않더라고요.

직원: 일인당 50달러인데 20달러를 보증금으로 치르셔야 해요. 보증금은 카드 결재이고 나머지는 그곳에서 현금으로 지불을 해주시면 됩니다.

남자: 지금 당신에게 보증금을 줘도 될까요?

직원: 다른 부서에서 처리해드릴 거예요. 530-622-0553으로 전화하시면 됩니다. 홈페이지를 통해서도 할 수 있어요. it's www.rivertrip.com이에요.

남자: 칸 띄우는 것 없이요?

직원: 네, www.<u>R-I-V-E-R-T-R-I-P</u>.com입니다.

TAPESCRIPT 5

MAN: I'd like to retrieve further information about The Guggenheim Club, please.

WOMAN: May I ask how you found out about the club?

MAN: I heard about it on a radio program.

WOMAN: I see. Okay. If you have enquiries, it is best to send an email to mj@hennings.co.uk. They'll send you a nice reply within 3 days of being sent.

MAN: That's great. Let me just make sure that I have the correct email address – so that was MJ-@-<u>H-E-double N-I-N-G-S</u> dot co dot uk, correct?

WOMAN: Yes, that was correct. Is there anything else that I can help you with?

남자: 구겐하임 클럽에 대한 정보를 더 찾아보고 싶은데요.

여자: 클럽을 어떻게 알게 되었는지 물어봐도 될까요?

남자: 라디오 프로그램에서 들었어요.

여자: 그렇군요. 알겠습니다. 문의사항 있으시면 mj@hennings.co.uk으로 메일을 보내시는 것이 가장 좋습니다. 3일 내로 친절한 답변을 드릴 것입니다.

남자: 좋네요. 메일 주소가 정확한지 확인 부탁드려요. MJ-@-<u>H-E-double N-I-N-G-S</u>.co.uk이 맞나요?

여자: 네, 맞아요. 제가 또 도와드릴 건 없나요?

TAPESCRIPT 6

MAN: Hi, Jessica. I'd like an updated copy of the company's financial records, please.

WOMAN: Unfortunately, I don't handle that anymore, sir. But you can just have your secretary send an email to faye@broadway.com and the person-in-charge will get back to you with the information you need.

MAN: OK, thanks, Jessica. Could you give me that email address again, please?

WOMAN: Certainly, sir. It's <u>F-A-Y-E</u>@broadway.com.

남자: 안녕하세요, 제시카 씨. 갱신된 회사 재무 기록 사본을 보고 싶어서요.

여자: 안타깝지만 이제는 제가 처리하지 않고 있어요. 하지만 비서에게 faye@broadway.com으로 메일을 보내라고 하면 돼요. 그러면 책임자가 필요한 정보를 보내줄 거예요.

남자: 알았어요. 고마워요, 제시카 씨. 메일 주소를 다시 알려주겠어요?

여자: 물론이죠. F–A–Y–E@broadway.com이에요.

TAPESCRIPT 7

AGENT: Jason speaking, how may I help you?

WOMAN: Good afternoon. I'd like to inquire about your shipping rates, please.

AGENT: Well, madam, it depends on what you want to ship and how soon you want it to reach the destination. We actually have a calculating tool on our website which will give you the most accurate estimated cost.

WOMAN: I see. OK, can you give me the website address, please?

AGENT: Yes, it's www.swiftcouriers.com. Let me spell that out for you. So it's, www dot-S-W-I-F-T-C-O-U-R-I-E-R-S dot com.

WOMAN: I got it, thank you very much.

직원: 제이슨입니다. 무엇을 도와드릴까요?

여자: 안녕하세요. 운송료에 대해 문의하려고요.

직원: 음, 어떤 물건을 보내고 얼마나 빨리 도착하는지에 따라 다릅니다. 사실 저희 홈페이지에 가장 정확한 견적 비용을 알려 주는 게 산기가 있어요.

여자: 알겠습니다. 그럼 홈페이지 주소를 알려주시겠어요?

직원: 네, www.swiftcouriers.com입니다. 철자를 알려드릴게요. www.S–W–I–F–T–C–O–U–R–I–E–R–S.com이에요.

여자: 알겠습니다. 정말 감사해요.

TAPESCRIPT 8

AGENT: Cigna Global Health Options, how can I help you?

MAN: Hi, I'd like to report my lost health insurance card and inquire about replacement.

AGENT: I see. According to our company's procedure, you have to get on our website and fill out a lost card form. Information about card replacement will also be there.

MAN: OK, what's the web address?

AGENT: It's www.cignaglobal.com.

MAN: Can you spell that out for me?

AGENT: It's www dot C-I-G-N-A-G-L-O-B-A-L dot com. Did you get that, sir?

MAN: Yes, thanks.

직원: 시그나 글로벌 헬스 옵션입니다. 무엇을 도와드릴까요?

남자: 안녕하세요. 건강 보험 카드를 잃어버려서 교환 문의 하려고요.

직원: 알겠습니다. 저희 회사 절차에 따르면, 홈페이지에 접속해서 카드 분실 신청서를 작성하시면 됩니다. 카드 교환에 대한 정보도 거기에 있습니다.

남자: 네, 홈페이지 주소가 어떻게 되죠?

직원: www.cignaglobal.com입니다.

남자: 철자를 알려주시겠어요?

직원: www.C–I–G–N–A–G–L–O–B–A–L.com입니다. 들으셨나요?

남자: 네, 고맙습니다.

TAPESCRIPT 9

SECRETARY: Oakville Real Estate, how can I help you?

MAN: Hi, I've been trying to reach Ryker since Monday but I couldn't reach him.

SECRETARY: Oh, I'm sorry, sir. He's on leave at the moment for personal reasons; and he said that he won't be reached by phone for the time being. He'll be back at the office next week, if you can wait. Otherwise, you can try sending him an email.

MAN: OK, let me try that. What's his email address?

SECRETARY: It's uzair@realestate.com.

MAN: I didn't get that. Could you spell it, please?

SECRETARY: Sure, it's U-Z-A-I-R-@-realestate-dot-com.

비서: 오크빌 부동산입니다. 무엇을 도와드릴까요?

남자: 안녕하세요. 월요일부터 라이커와 연락을 하려고 했는데 안 돼서요.

비서: 아, 죄송합니다. 개인 사정으로 지금 자리를 비웠어요. 그래서 당분간 전화를 받지 못할 거라고 했습니다. 기다려주시면 다음 주에 사무실에 돌아올 거예요. 아니면, 그에게 메일을 보내도 좋아요.

남자: 네, 그렇게 해볼게요. 메일 주소가 어떻게 되죠?

비서: uzair@realestate.com입니다.

남자: 잘 못 들었는데 철자를 알려주시겠어요?

비서: 물론이죠. U–Z–A–I–R@realestate.com입니다.

CLERK: You've reached the Four Seasons, how can I help you?

MAN: Hi, I'd like to book a penthouse room, please.

CLERK: Unfortunately, sir, we don't accommodate hotel bookings by phone anymore. You have to go through our online reservation service.

MAN: I see. What's the website address then?

CLERK: It's www.inntel.co.uk. Inntel is spelt I-double N-T-E-L.

MAN: So that's www dot I- double N -T-E-L dot co dot uk, and it's inntel with a double N.

CLERK: That's right, sir.

직원: 포 시즌스입니다. 무엇을 도와드릴까요?

남자: 안녕하세요, 펜트하우스 방을 예약하고 싶어서요.

직원: 안타깝지만, 이제는 전화상으로 호텔 예약을 받지 않습니다. 온라인 예약 서비스를 이용하시면 됩니다.

남자: 알겠습니다. 그럼 홈페이지 주소가 어떻게 되죠?

직원: www.inntel.co.uk입니다. 인텔의 철자는 I-double N-T-E-L 입니다.

남자: 그럼 www.I- double N -T-E-L.co.uk, 그리고 인텔에 N이 두 개죠.

직원: 맞습니다.

UNIT 02 **NUMBER**

PHONE / CARD p.52

TAPESCRIPT 1

WOMAN: I'd like to book a group tour to the eco-farm, please.

MAN: OK, may I have your name, please?

WOMAN: My name is Lisa Pennington.

MAN: And your home address?

WOMAN: 68 Lake Road. Do you need my membership ID number?

MAN: Yes, please.

WOMAN: OK, it's UK-765024 EG.

MAN: OK, got it, thanks.

여자: 친환경 농장 단체 관광을 예약하고 싶어서요.
남자: 네, 성함이 어떻게 되시죠?
여자: 제 이름은 리사 페닝턴입니다.
남자: 주소는요?
여자: 레이크 68번가입니다. 회원 번호도 필요하신가요?
남자: 네, 알려주세요.
여자: 네, UK-765024 EG예요.
남자: 네, 알겠습니다. 감사해요.

TAPESCRIPT 2

WOMAN: Yes, I'm really in need of a job right now. It's so difficult to be financially stable when not working.

MAN: I know exactly what you mean. So, let me create a file for you. Can you give me your name?

WOMAN: Yes, it's Sarah Brown.

MAN: And your date of birth?

WOMAN: March 8, 1988.

MAN: OK, now, where can we reach you?

WOMAN: My home phone, it's 0-9-0-3-double 7-5-double 1- 5.

여자: 네, 지금 당장 일자리가 필요해요. 일을 하지 않아서 경제적으로 안정된 삶을 사는 것이 너무 힘드네요.
남자: 무슨 말씀인지 잘 알 것 같습니다. 그럼 제가 정보를 만들어 드릴게요. 이름이 어떻게 되시죠?
여자: 네, 사라 브라운입니다.
남자: 생년월일은요?
여자: 1988년 3월 8일입니다.
남자: 네, 그럼 연락처가 어떻게 되죠?
여자: 집 전화번호는 0-9-0-3-7-7-5-1-1- 5예요.

TAPESCRIPT 3

REGISTRAR: Everything seems to be running fine so can you give me your home address, please?

WOMAN: It's No. 65 Park Road.

REGISTRAR: And your phone number, please, for our records. This is the number we'll be calling in case of an emergency or if we need to inform you of something important.

WOMAN: Well, I'm at home most of the time, because I'm a full-time mom so I can give you my home phone number. It's area code 0274375 triple 3.

REGISTRAR: OK, thank you. By the way, what's your daughter's nationality?

WOMAN: Sarah's Australian.

담당자: 별 문제 없어 보이네요. 그럼 집 주소를 알려주시겠어요?
여자: 파크 65번가입니다.
담당자: 기록을 위해 집 전화번호도 알려주세요. 비상시나 중요한 공지를 알려드릴 때 연락을 드리는 번호입니다.
여자: 음, 저는 전업 주부라 대부분 집에 있어서 집 전화번호를 알려 드릴게요. 지역번호는 0270이고 4375333입니다.
담당자: 좋아요, 고맙습니다. 그런데, 따님의 국적이 어떻게 되죠?
여자: 사라의 국적은 호주입니다.

TAPESCRIPT 4

MANAGER: Hello, I'd like to speak with Miss Janet Redding, please.

WOMAN: This is Janet speaking. May I ask who's calling?

MANAGER: Hi, ma'am, this is Robert Maplethorpe from the Holiday Company. For the promotional campaign you have joined, I realized that your contact details weren't filed in your Hotel Prize Entry Form.

WOMAN: I see. OK, what do you need to know?

MANAGER: Could you tell me your address, please; so we can inform you in case you win?

WOMAN: Of course, it's No.134 The Rose Road.

MANAGER: OK, thank you. Now, for your phone number, we have listed here 0-4-0-7-8-5-3-4-double 2. Is that correct?

WOMAN: Yes, it is.

매니저: 안녕하세요, 자넷 레딩 씨 좀 부탁드립니다.
여자: 제가 자넷입니다. 누구신가요?

매니저: 안녕하세요, 홀리데이 회사의 로버트 매플소프입니다. 자넷 씨가 가입하신 홍보 캠페인에서, 호텔 상금 참가 신청서에 자넷 씨 연락 세부내용이 없다는 걸 알게 되었어요.

여자: 그렇군요. 그럼, 어떤 것이 필요한 건가요?

매니저: 자넷 씨께서 상금을 타셨을 때 저희가 알려드릴 수 있도록 집주소를 알려주시겠어요?

여자: 물론이죠, 로즈 134번가예요.

매니저: 네, 고맙습니다. 이제, 전화번호인데 저희한테 0-4-0-7-8-5-3-4-2-2로 기록되어 있는데 맞나요?

여자: 네, 맞아요.

TAPESCRIPT 5

WOMAN: Hi, I'm calling to inquire about my husband's party booked at your hotel.

CLERK: OK, may I have your husband's name, please, so I can check on the reservation?

WOMAN: Yes, his name is Patrick Reidenbach. This is his wife Cindy.

CLERK: Give me a moment to pull up the file, please... OK, here it is.

WOMAN: Has the date and venue been confirmed yet?

CLERK: Apparently, ma'am, it's still on pending status. But here's what I'll do, I'll try to confirm the status on or before 3 this afternoon and I'll give you a call. Can I have your number, please?

WOMAN: I'll be in my office at that time so you can have my work number. It's 489724.

여자: 안녕하세요, 이 호텔에 예약한 저희 남편 파티에 대해 문의하려고 전화했어요.

직원: 네, 예약을 확인해보기 위해 남편 분의 성함을 알려주시겠어요?

여자: 네, 패트릭 라이덴바흐입니다. 저는 아내인 신디예요.

직원: 잠시 파일을 확인해볼게요... 네, 여기 있네요.

여자: 날짜와 장소가 아직 확정 안 되었나요?

직원: 보니까, 아직 보류 상태네요. 그래도 제가 도와드릴 수 있을 거 같으니, 오늘 오후 3시 전에 상황을 확인해보고 전화 드리겠습니다. 전화번호를 알려주시겠어요?

여자: 그때는 사무실에 있어서 사무실 전화번호를 알려드릴게요. 489724입니다.

TAPESCRIPT 6

WOMAN: Yes, I'd like to book a single room for the 15th of November, please.

MAN: OK, give me a moment to check if we still have rooms available on that date... ah, yes, we do. The rate for the single room is $70 per day.

WOMAN: I see. What if I stay 3 nights, do I get a discount?

MAN: Yes, we give a 10% discount for guests who stay for 3 days or longer. So if you minus the discount from that $70 room, you'll only have to pay $63 per day.

WOMAN: OK, please book me for a 3-nights stay then.

MAN: Great. Can I have your name, please?

WOMAN: It's Christy Giordano. I'd like to pay now with my Mastercard, the number is 6253 9472 3101 3, triple 9.

MAN: OK, thank you. We will look forward to your stay, Miss Giordano. Have a good day.

WOMAN: Thanks.

여자: 네, 11월 15일에 1인실을 예약하려고요.

남자: 네, 그 날짜에 가능한 객실이 있는지 확인하기 위해 잠시만 기다려주세요... 아, 네, 있네요. 1인실 요금은 하루에 70달러입니다.

여자: 그렇군요. 3일 밤을 묵는다면 할인을 받을 수 있나요?

남자: 네, 3일 이상 묵으시는 손님들을 위해 10퍼센트 할인을 해드립니다. 70달러에서 할인을 받으시면, 하루에 63달러만 지불을 하시면 됩니다.

여자: 네, 그럼 3일 예약을 해주세요.

남자: 좋아요. 성함이 어떻게 되시죠?

여자: 크리스티 지오다노입니다. 마스터카드로 지금 지불을 하고 싶어서요, 제 카드번호는 6253 9472 3101 3999예요.

남자: 네, 고맙습니다. 지오다노 씨의 방문을 기다리고 있겠습니다. 좋은 하루 되세요.

여자: 감사합니다.

TAPESCRIPT 7

AGENT: Concert Booking, how can I help you?

MAN: I'd like to inquire about your booking procedures.

AGENT: OK, we have 2 ways of booking and that's by phone or through the website.

MAN: I tried the website but it said the tickets I want for the 15th of November are already sold out; that's why I called. So can I book tickets with you now?

AGENT: Let me check on the status of the tickets, one moment... yes, apparently, tickets for the November 15 concert have been sold out. But there's a possibility for cancellations in the online booking system.

MAN: I see. OK, I think I'll wait it out a few days. Could you give me a call in the next 3 or 4 days if someone cancels?

AGENT: Yes, sir. Can I have your name and number, please?

MAN: It's Mark Bell and my contact number is 017538612.

직원: 콘서트 부킹입니다. 무엇을 도와드릴까요?

남자: 이곳의 예약 절차에 대해 묻고 싶어서요.

직원: 네, 저희는 전화 또는 홈페이지를 통해서 하는 두 가지 예약 방식이 있습니다.

남자: 홈페이지에서 하려고 했는데 제가 예약하고 싶은 11월 15일 표가 이미 매진되었다고 해서 전화했어요. 지금 표 예약을 해주실 수 있나요?

직원: 표 현황을 확인해볼게요. 잠시만 기다려주세요… 네, 보니까, 11월 15일 콘서트 표는 매진이 되었습니다. 그렇지만 온라인 예약 시스템에서 취소할 가능성이 있어요.

남자: 알겠습니다. 그럼, 며칠 동안 기다려봐야겠네요. 만약 누군가가 취소를 하면 3~4일 뒤에 전화를 해주시겠어요?

직원: 네, 성함과 전화번호를 알려주시겠습니까?

남자: 네, 마크 벨이고 연락처는 <u>017538612</u>입니다.

TAPESCRIPT 8

CLERK: Hotel Limerick, how can I help you?

WOMAN: Yes, I'd like to book a recreation room for a friend's party, please.

CLERK: OK, who should I put down as contact person?

WOMAN: Well, my name is Patricia Longwood but could you put down the name of my friend instead. His name is Emil Zola.

CLERK: No, problem. I'll just put both your names.

WOMAN: OK, he needs the function room reserved for Saturday, November the 15th.

CLERK: OK, Miss Longwood. The reservation needs to be confirmed by my boss first so is there a number I could call for additional information and details?

WOMAN: Well, I'd rather you contact Emil but he won't be available for a week. Still, you can contact him through his cell phone. The number is <u>0-double 4-2-9-8-6-double 1</u>.

직원: 리머릭 호텔입니다. 무엇을 도와드릴까요?

여자: 네, 친구 파티를 위해 레크리에이션 룸을 예약하고 싶어서요.

직원: 네, 연락할 수 있는 사람은 누구로 적으면 될까요?

여자: 음, 제 이름은 패트리샤 롱우드인데요. 제 이름 대신에 친구 이름을 적으시겠어요? 그의 이름은 에밀 졸라입니다.

직원: 네, 괜찮아요. 두 분 성함을 모두 적을게요.

여자: 좋아요, 11월 15일 토요일에 예약한 연회실이 필요해요.

직원: 네, 롱우드 씨. 먼저 저의 상사에게 예약 확인이 필요하기 때문에 추가 정보와 세부 사항을 위해 연락할 수 있는 번호가 있으신가요?

여자: 음, 에밀과 연락을 해보시는 것이 좋겠지만 1주간 연락을 받을 수가 없을 거예요. 그래도 휴대전화로는 연락을 할 수 있을 거예요. 전화번호는 <u>0-4-4-2-9-8-6-1-1</u>입니다.

TAPESCRIPT 9

WOMAN: City Times Newspaper, how can I help you?

MAN: Hi, I'd like to place an advertisement this Sunday's paper about a computer desk that's on sale.

WOMAN: Sure, sir. May I have your name, please?

MAN: It's Rob Smith.

WOMAN: What would you like to say in the advertisement, sir?

MAN: Just computer desk for sale, hardly used, good price.

WOMAN: How about the contact information, sir?

MAN: I'd like my address on there in case they want to see it before buying -- It's 124 Green Street. And please include my phone number too -- it's <u>6547890</u>.

여자: 시티 타임스 신문입니다. 무엇을 도와드릴까요?

남자: 안녕하세요. 이번 일요일자 신문에 컴퓨터용 책상 판매에 대한 광고를 내고 싶어서요.

여자: 물론이죠. 성함이 어떻게 되시죠?

남자: 롭 스미스입니다.

여자: 광고에 어떤 내용을 넣고 싶으신가요?

남자: 컴퓨터용 책상 판매. 거의 사용하지 않음. 좋은 가격이라고만 해주세요.

여자: 연락처는 어떻게 해드릴까요?

남자: 구매하기 전에 보고 싶어하는 사람들을 위해서 주소를 넣고 싶어요. 그린 스트리트 124번지입니다. 그리고 제 전화번호도 넣어주세요. <u>6547890</u>이에요.

TAPESCRIPT 10

WOMAN: Business Consultants International, how can I help you?

MAN: I'd like to request for a consultation and business analysis report for a car rental business in my area.

WOMAN: OK, sir, can I have your name, please?

MAN: It's Stewart Little.

WOMAN: And your home address?

MAN: My home office is at 6th Vedon.

WOMAN: OK, sir, I'll set up an appointment with one of our consultants and get back to you with a confirmed date and time.

MAN: OK, you can reach me at my extension number <u>6351386</u>.

여자: 비즈니스 컨설턴트 인터내셔널입니다. 무엇을 도와드릴까요?

남자: 제가 있는 지역에 자동차 임대 사업에 대한 상담과 경영 분석 기록을 요청하고 싶어서요.

여자: 네, 성함이 어떻게 되시나요?

남자: 스튜어트 리틀입니다.

여자: 집 주소는요?

남자: 홈 오피스 주소는 비든 6번가입니다.

여자: 네, 저희 상담가 중에 한 분과 약속을 잡고 확정된 날짜와 시간을 전화로 알려드릴게요.

남자: 좋아요, 내선 번호 6351386으로 연락하시면 됩니다.

남자: 네가 우리와 골프를 치러 펀리에 가고 싶어했다는 것을 들었어.

여자: 아, 응, 정말 가고 싶어! 언제 갈까?

남자: 글쎄, 전화해서 날짜를 잡고 알려줄게. 이번 주에 시간 많지?

여자: 응. 수지 부모님 댁에서 머물고 있으니까 거기로 전화하면 돼. 만약에 우리가 집을 비우면 메시지 남겨줘.

남자: 잠시만, 전화번호가 있는지 확인해볼게…. 여기 있다. 9–2–8–6–3–5–2–2–7–1 맞아?

여자: 응, 맞아. 좋아, 기다릴게.

TAPESCRIPT 11

WOMAN: I've been looking to join a camping club but I'm not sure which one. I don't know much about these clubs. Could you help me out? Maybe you could recommend something?

MAN: Well, my family and I are with Camping Club UK. The best thing about this club is that it's free, not to mention the interesting meetings they organize.

WOMAN: Wow, no pay? That is interesting. Where can I get more information?

MAN: You can call them. Their office number is... hold on; let me check on my phone... here it is... the number is 021561325.

WOMAN: OK, thanks! You're a big help!

여자: 캠핑 클럽에 가입하려고 찾아보고 있는데 어떤 클럽에 가입해야 하는지 잘 몰라서요. 이 클럽들에 대해 많이 몰라서 그러는데 저 좀 도와주시겠어요? 추천해주실 곳이 있나요?

남자: 음, 저와 제 가족들은 캠핑 클럽 UK에 가요. 이 클럽에서 가장 좋은 점은 그곳에서 준비한 재미있는 모임은 말할 것도 없고 무료라는 거예요.

여자: 와, 무료라고요? 흥미롭군요. 어디서 정보를 더 받을 수 있죠?

남자: 전화하면 돼요. 사무실 번호가… 잠시만요, 휴대전화를 확인해볼게요… 여기 있네요… 전화번호는 021561325예요.

여자: 네, 고맙습니다! 큰 도움이 되었어요!

TAPESCRIPT 12

MAN: I heard you wanted to go to Fearnleigh to play golf with us.

WOMAN: Oh, yes, indeed! When should we do that?

MAN: Well, let me call them to set a date then I'll let you know. You're pretty much tree the rest of the week, right?

WOMAN: Yes. We're staying at Susie's parents' house so you can call there and just leave a message if we're out.

MAN: Wait, let me see if I have their number... here. Is it 9-2-8-6-3-5-double 2-7-1?

WOMAN: Yes, that's it. OK, I'll be waiting.

TAPESCRIPT 13

MAN: Yes, I'm interested in applying as a lifeguard.

WOMAN: And what's your name?

MAN: It's Edward Cullen.

WOMAN: OK, first of all, lifeguard applicants have to go through a swimming and first-aid skills test aside from the interview, and we schedule that per applicant.

MAN: That's no problem with me. When can I take it?

WOMAN: There will be a slot for next week but I have to confirm that first. Can you give me a number where you can be reached?

MAN: My home number is 6-2-double 3-7-2 but it's better to contact me by mobile, my cell phone number is 0-double 7-8-9-6-2-4-5.

WOMAN: OK, we'll call you in couple of days to tell you the confirmed test date. By the way, can I have your address, please?

MAN: It's 51 Elsinore Avenue.

남자: 네, 저는 구조원에 지원하고 싶습니다.

여자: 그럼 성함이 어떻게 되시나요?

남자: 에드워드 컬렌입니다.

여자: 좋아요, 우선, 구조원 지원자는 면접 외에도 수영과 응급 치료 실기 시험을 거쳐야 합니다. 그리고 저희는 각 지원자마다 일정을 잡고 있습니다.

남자: 괜찮습니다. 제가 언제쯤 할 수 있을까요?

여자: 다음 주에 시간이 있긴 한데 먼저 확인을 해봐야 해요. 연락할 수 있는 전화번호를 알려주시겠어요?

남자: 집 전화번호는 6–2–3–3–7–2입니다. 그런데 휴대 전화로 연락하시는 것이 더 좋을 거예요. 제 휴대전화번호는 0–7–7–8–9–6–2–4–5입니다.

여자: 네, 며칠 내로 확정된 시험 일자를 전화로 알려드릴게요. 그런데, 주소가 어떻게 되시죠?

남자: 엘시노어 51번가입니다.

TAPESCRIPT 14

STUDENT: I'd like to book a ticket to Los Angeles, please.

SALESMAN: May I have your name?

STUDENT: Francis Davies.

SALESMAN: And your address?

STUDENT: 15 Station Avenue.

SALESMAN: What is your profession, please?

STUDENT: I'm a full-time university student.

SALESMAN: In that case, I would advise you to first register for an International Student Identity Card before you buy a ticket.

STUDENT: Why is that?

SALESMAN: You would qualify for discounts and services in many establishments all over the world so you can save a lot of money.

STUDENT: Oh, I didn't know about that. Where can I register for it?

SALESMAN: A friend of mine can help you. Just give me your phone number and I'll have him contact you.

STUDENT: OK, my telephone number is 3-0-7-2-8-3-1-double 0-6.

학생: 로스앤젤레스로 가는 표를 예매하고 싶어서요.
판매원: 성함이 어떻게 되시나요?
학생: 프랜시스 데이비스입니다.
판매원: 주소는요?
학생: 스테이션 15번가입니다.
판매원: 직업이 어떻게 되시죠?
학생: 대학생입니다.
판매원: 그러시면, 표를 구매하기 전에 먼저 국제 학생 카드를 등록하시는 것을 권해드립니다.
학생: 왜 그럴죠?
판매원: 전 세계의 많은 기관에서 할인과 서비스를 받을 수 있을 거예요. 그럼 돈을 많이 절약할 수 있죠.
학생: 오, 그건 몰랐네요. 어디서 카드를 등록할 수 있죠?
판매원: 제 친구가 도와줄 거예요. 저에게 전화번호를 알려주시면 그에게 연락하라고 할게요.
학생: 좋아요, 제 전화번호는 3–0–7–2–8–3–1–0–0–6입니다.

TAPESCRIPT 15

STUDENT: Good morning, I'm here for the job interview.

SECRETARY: OK, I just need you to register with me. May I have your name, please?

STUDENT: My name is Holly, last name Wood.

SECRETARY: And your address?

STUDENT: I live on 7 Market Street. Do you also need my contact number? It's indicated on my resume.

SECRETARY: Could you give it to me anyway, please?

STUDENT: OK, it's 0-double 7-3-6-5-4-5-6-0-8.

SECRETARY: Thank you very much. Just have a seat at the waiting area.

학생: 안녕하세요, 면접 때문에 왔습니다.
비서: 네, 등록을 해드릴게요. 성함이 어떻게 되시나요?
학생: 이름은 홀리이고 성은 우드입니다.
비서: 주소는요?
학생: 마켓 스트리트 7번지에 살고 있어요. 연락처도 필요하나요? 제 이력서에 나와 있습니다.
비서: 그래도 알려주시겠어요?
학생: 네, 0–7–7–3–6–5–4–5–6–0–8이에요.
비서: 정말 감사합니다. 대기실에 앉아 계세요.

TAPESCRIPT 16

CLERK: Central Hotel, how may I help you?

WOMAN: Yes, I'd like to speak to the manager, please.

CLERK: Ah, that would be Mr. Cliffton. He's not in the office right now. Would you like to leave a message?

WOMAN: No, thank you. I would like to speak with him directly as this is regarding a complaint.

CLERK: Oh, I see. I'm sorry for the inconvenience you've experienced with us, madam.

WOMAN: Do you know what time he will be back?

CLERK: Unfortunately not, madam, but if you can give me your phone number, I'll make sure he gives you a call back.

WOMAN: Very well, my telephone number is 0-9-3-0-3-double 6-0-2.

직원: 센트럴 호텔입니다, 무엇을 도와드릴까요?
여자: 네, 매니저와 이야기 하고 싶어서요.
직원: 아, 그렇다면 클리프튼 씨겠네요. 지금은 사무실에 없는데 메시지를 남겨드릴까요?
여자: 아니요, 괜찮아요. 불만사항에 관한 거라 직접 이야기하고 싶네요.
직원: 아, 알겠습니다. 저희와 관련해서 불편을 끼쳐 죄송합니다.
여자: 몇 시에 돌아오는지 알 수 있을까요?
직원: 안타깝지만 알 수가 없습니다. 그렇지만 전화번호를 알려주시면 꼭 전화드리도록 하겠습니다.
여자: 좋아요, 제 전화번호는 0–9–3–0–3–6–6–0–2예요.

TAPESCRIPT 17

AGENT: Debenhams Car Insurance, what can I do for you?

WOMAN: Hi, I'd like to file a claim, please. I was recently in an accident so my car needs repairs.

AGENT: I see. In that case, the number you need to call is double 9-2-8-1-triple 4.

WOMAN: Is that the direct line to the claims department?

AGENT: Yes, it is, madam.

직원: 데번햄스 자동차 보험입니다. 무엇을 도와드릴까요?

여자: 안녕하세요, 보험료 청구 신청을 하고 싶어서요. 최근에 사고가 있어서 차 수리가 필요해요.

직원: 알겠습니다. 그런 경우에는 9-9-2-8-1-4-4-4 이 번호로 전화를 하시면 됩니다.

여자: 이 번호가 보험보상부서의 직통전화인가요?

직원: 네, 맞습니다.

TAPESCRIPT 18

MAN: Hi, I'd like to apply for a credit card.

WOMAN: OK, may I have your name, please?

MAN: It's Murray Atkins.

WOMAN: And may I also have your telephone number, please?

MAN: It's 9-8-4-7-5-3-5-double 6.

WOMAN: OK, thank you, sir. Please note that this is just a pre-application procedure. An agent will be contacting you to set up a meeting as soon as possible as you will need to fill out and sign a form and submit some documents.

남자: 안녕하세요, 신용카드를 신청하고 싶어서요.

여자: 네, 성함이 어떻게 되시나요?

남자: 머레이 애트킨스입니다.

여자: 전화번호도 알 수 있을까요?

남자: 9-8-4-7-5-3-5-6-6입니다.

여자: 네, 감사합니다. 이것은 신청 전 절차라는 점을 알아두시길 바랍니다. 양식 작성 및 서명과 몇 가지 서류를 제출하셔야 하기 때문에 담당자가 최대한 빨리 약속을 정하기 위해 연락을 할 것입니다.

TAPESCRIPT 19

AGENT: Hello, Employment Agency, how can I help you?

WOMAN: I would like to sign up for your agency, please, to receive some help in finding a part-time job.

AGENT: OK, I just need some information from you to add you to our wait-list. What's your name?

WOMAN: It's Tanya Turner.

AGENT: Thank you. We also need your date of birth.

WOMAN: I was born on March 30, 1988.

AGENT: Alright, when we find something suitable for you, we would need to contact you, so do you have a phone number?

WOMAN: Yes, it's 0-9-0-3-double 7-5-double 1-5.

직원: 안녕하세요, 직업소개소입니다. 무엇을 도와드릴까요?

여자: 아르바이트를 찾는 데 도움을 얻기 위해 이곳에 가입을 하고 싶어서요.

직원: 네, 저희 대기자 명단에 올리기 위해서는 몇 가지 정보가 필요해요. 성함이 어떻게 되시죠?

여자: 타냐 터너입니다.

직원: 고마워요. 생년월일도 알려주세요.

여자: 1988년 3월 30일이에요.

직원: 알겠습니다, 적합한 일을 찾게 되면 연락드리겠습니다. 그러기 위해서 휴대전화번호를 알려주시겠어요?

여자: 네, 0-9-0-3-7-7-5-1-1-5입니다.

TAPESCRIPT 20

MAN: You've reached the Hedrick Hotel, how can I help you?

WOMAN: Hello, I'd like to book a recreation room for a birthday party, please.

MAN: Sure, madam. How many people should we book it for?

WOMAN: Around 35 people, please. Also, is there a direct line I can call to in case I need to make changes related to the party?

MAN: Yes, madam. You can contact our manager, Mr. Morris, directly at 0-double 4-2-6-9-8-6-double 1.

WOMAN: OK, got it, thank you. Now, about some of the details...

남자: 헤드릭 호텔입니다. 무엇을 도와드릴까요?

여자: 안녕하세요, 생일 파티를 위해 레크리에이션 룸을 예약하고 싶어서요.

남자: 물론이죠. 몇 분으로 예약을 해드릴까요?

여자: 대략 35명이요. 그리고, 파티에 관련된 변경 사항이 있을 때 전화할 수 있는 직통전화가 있나요?

남자: 네, 매니저 모리스 씨에게 0-4-4-2-6-9-8-6-1-1 이 번호로 바로 연락을 하시면 됩니다.

여자: 네, 알겠습니다, 고마워요. 자, 자세한 사항에 대해서는….

TAPESCRIPT 21

WOMAN: You've reached Midland News, how may I help you?

MAN: Hi, I'd like to place an advertisement in the buy and sell section of the Sunday paper, please.

WOMAN: Certainly. May I first have your full name?

MAN: Yes, it's Robert Brown.

WOMAN: Thank you, and your telephone number, please?

MAN: It's 6547890.

WOMAN: Would you like to include your address in the ad?

MAN: No, just the phone number.

WOMAN: And what are you looking to sell?

여자: 미들랜드 뉴스입니다. 무엇을 도와드릴까요?
남자: 안녕하세요. 일요일자 신문의 물건을 사고 파는 난에 광고를 내고 싶어서요.
여자: 물론이죠. 먼저 성함이 어떻게 되시나요?
남자: 네. 로버트 브라운입니다.
여자: 고맙습니다. 그리고 전화번호는요?
남자: 6547890입니다.
여자: 광고에 주소도 넣으실 건가요?
남자: 아뇨, 전화번호만요.
여자: 어떤 것을 팔려고 하시나요?

TAPESCRIPT 22

WOMAN: Hi, I'm calling to inquire about the party that was booked for my husband.

MAN: OK, may I have your husband's full name, please?

WOMAN: It's Anthony Casem.

MAN: OK, found it. The function room for the party hasn't been confirmed yet so I'll have to run this by my boss. Is there a number I could call for an update on this?

WOMAN: Yes, you can call my husband's secretary, Elsa, at her work number. It's 489724.

MAN: OK, thank you, Mrs. Casem. I'll get on this as soon as possible.

여자: 안녕하세요, 제 남편을 위해 예약한 파티에 대해 문의하려고요.
남자: 네, 남편 분의 성함이 어떻게 되시죠?
여자: 앤서니 캐이즘입니다.
남자: 네, 찾았습니다. 파티 연회실은 아직 확인이 안 되어서 저의 상사에게 확인을 해보겠습니다. 이후 내용을 알려드리기 위해서 연락드릴 번호가 있으신가요?
여자: 네, 남편의 비서인 엘사에게 전화를 하시면 돼요. 업무 번호는 489724예요.
남자: 네, 고맙습니다. 캐이즘 씨. 가능한 빨리 연락을 드릴게요.

TAPESCRIPT 23

WOMAN: Manchester Employment Centre, how can I help you?

MAN: Hi, good afternoon. I'm new in this town and I'd like to inquire about some available part-time jobs, please.

WOMAN: OK, may I have your name, please?

MAN: It's Oliver Stonewall.

WOMAN: Well, Mr. Stonewall, the only part-time job available at the moment is a bar staff at The Red Lion Bar and Inn. The pay is 7 pounds per hour but the working hours vary.

MAN: I'm fine with that.

WOMAN: Good. I'll call their office and let them know about you. Then, you should call them to set up an interview. The number is 0-double 7-8-9-6-2-5-6. Did you get that?

MAN: Yes, I did, thank you. When should I call them?

여자: 맨체스터 고용 센터입니다. 무엇을 도와드릴까요?
남자: 안녕하세요. 제가 이 지역은 처음이라 가능한 아르바이트 자리에 대해 물어보려고요.
여자: 네, 성함이 어떻게 되시죠?
남자: 올리버 스톤월입니다.
여자: 음, 스톤월 씨, 지금 할 수 있는 아르바이트는 레드 라이언 바 앤 인의 바 직원 뿐이에요. 급여는 시간 당 7파운드지만 근무 시간은 다양해요.
남자: 전 괜찮아요.
여자: 좋아요. 사무실에 전화해서 당신에 대해 말해줄게요. 그리고 나서, 면접을 정하기 위해 전화를 하셔야 해요. 전화번호는 0–7–7–8–9–6–2–5–6입니다. 들으셨나요?
남자: 네, 감사합니다. 언제 전화를 하면 될까요?

TAPESCRIPT 24

CLERK: Travelodge Hotel, how can I help you?

MAN: Hi, I'd like to book a double room with a balcony, please.

CLERK: OK, may I have your name, please?

MAN: It's John Thompson and I'd like to book for the 17th of June.

CLERK: OK, Mr. Thompson. The rate for your preferred room is $180 per night.

MAN: Ok. I'm only staying for a night.

CLERK: No problem, sir. Can I have your credit card number, please?

MAN: Yes, it's 2204 4705 3605 5721, Master Card.

직원: 트래블로지 호텔입니다. 무엇을 도와드릴까요?
남자: 안녕하세요. 발코니가 있는 2인용 방을 예약하고 싶어서요.
직원: 네, 성함이 어떻게 되시죠?
남자: 존 톰슨이고 6월 17일로 예약을 하고 싶어요.

직원: 네, 톰슨 씨. 원하시는 방의 요금은 1박에 180달러입니다.
남자: 좋아요. 전 하룻밤만 묵을 거예요.
직원: 괜찮습니다. 신용카드 번호를 알려주시겠어요?
남자: 네, 마스터 카드 2204 4705 3605 5721입니다.

TAPESCRIPT 25

MAN: Hello, how can I help you?

WOMAN: I just migrated here to the U.S. and I'm staying with a cousin. I'd like to inquire about the terms of your apartment for rent.

MAN: OK, it's $700 per month and you'll need to make a month's deposit and a month's advance to move in. The house is called the Clark House and it's located on University Drive. You can visit there anytime between 9am and 5pm on weekdays to see it. Let me just ask, when are you planning to move in?

WOMAN: I was thinking of moving in on Sunday, the 11th of January.

MAN: That's fine, I think. But do you have a number I could call to confirm whether the house will be ready for you by then?

WOMAN: Yes, you can reach me at 9-6-4-3-triple 5-0 and my name is Martha Stephenson.

MAN: OK, Ms. Stephenson. I'll call you on or before the 8th to confirm the date. Thanks.

남자: 안녕하세요, 무엇을 도와드릴까요?
여자: 미국으로 이주를 하고 사촌 집에서 머물게 되었어요. 그곳 아파트 임대 조건에 대해 문의하려고요.
남자: 네, 매달 700달러이고 한 달 보증금과 이사오기 위해 한 달 비용을 미리 치르셔야 합니다. 클라크 하우스라고 불리는 집인데 유니버시티 드라이브에 있습니다. 주중 오전 9시에서 오후 5시 사이에 언제든지 방문 하시면 됩니다. 질문을 하나 할게요, 언제 이사 올 예정이시죠?
여자: 1월 11일 일요일에 이사 올 생각이었어요.
남자: 제 생각에도 괜찮네요. 그런데 그때까지 집이 준비가 될 여부를 확인하기 위해 연락을 드릴 전화번호가 있으신가요?
여자: 네, 9-6-4-3-5-5-5-0으로 하시면 돼요. 제 이름은 마사 스티븐슨입니다.
남자: 네, 스티븐슨 씨. 날짜를 확인하고 8일 전에 연락드릴게요. 고맙습니다.

TAPESCRIPT 26

WOMAN: Hi, this is Jane Galloway and I'd like to confirm whether I have the special house insurance.

AGENT: OK, ma'am, just give me a moment to pull up your file. According to our records, the insurance for the new house you purchased is the standard type.

WOMAN: Why is that when I specifically asked for the special type?

AGENT: Unfortunately, I can't answer that question without speaking to the specific agent who handled your file. I'll give them a call as soon as I end this call.

WOMAN: OK, good. Can you give me a call at my office before the day ends, please?

AGENT: Of course. May I have the number, please?

WOMAN: It's 0-double 3-8-3-5-0-7-1.

AGENT: Thank you for your patience, Miss Galloway.

여자: 안녕하세요, 저는 제인 갤러웨이입니다. 특약 주택 보험에 가입할 수 있는지 확인하고 싶어서요.
남자: 네, 기록을 꺼내 보기 위해 잠시만 기다려주세요. 저희 기록에 따르면, 구입하신 새 집의 보험이 표준형입니다.
여자: 제가 특약형으로 분명히 요청했는데 왜 그렇죠?
남자: 죄송하지만, 당신의 기록을 처리했던 그 중개인에게 말을 먼저 해보지 않으면 질문에 대해 답을 해드릴 수가 없습니다. 이 통화가 끝나면 중개인에게 연락을 해볼게요.
여자: 네, 좋아요. 오늘 중으로 제 사무실로 연락을 주시겠어요?
남자: 물론이죠. 전화번호가 어떻게 되시죠?
여자: 0-3-3-8-3-5-0-7-1입니다.
남자: 양해해 주셔서 감사합니다. 갤러웨이 씨.

TAPESCRIPT 27

MAN: Hi, unfortunately, I'll be stranded here for a few days. So, I was wondering, could you help me out with food supplies, please?

WOMAN: Well, we provide food provision but the stocks have not been replenished yet. They will arrive tomorrow afternoon. But, in the meantime, we still have apple juice and fruit cake to tide you over 'til tomorrow.

MAN: Oh, that would be great. Do I just go and ask for some now?

WOMAN: Yes, just take note of the limit for individuals. Also, before you leave, may I have your name, please?

MAN: It's Christopher Brown. By the way, is there a number I can call to check if your stock has been replenished?

WOMAN: Yes, you can call 0-1-double 6-9-8-4-6-5-2.

MAN: Sorry, could you say that again, please? My pen seems to have run out of ink.

남자: 안녕하세요, 유감스럽게도, 제가 며칠 동안 이곳에 발이 묶였어요. 그래서, 음식을 공급해줄 수 있는지 궁금해서요.

여자: 음, 저희는 식량을 제공하고 있지만, 재고가 아직 채워지지 않았어요. 내일 오후에 올 건데, 그동안, 내일까지 견딜 수 있는 사과 주스와 과일 케이크가 있어요.

남자: 오, 좋네요. 지금 가서 물어보면 될까요?

여자: 네, 개인 당 양이 한정되어 있다는 점만 유의하시면 돼요. 출발하시기 전에, 성함을 알려주시겠어요?

남자: 크리스토퍼 브라운입니다. 그런데, 재고가 채워졌는지 확인하기 위해 연락할 수 있는 전화번호가 있나요?

여자: 네, 0-1-6-6-9-8-4-6-5-2로 전화하시면 됩니다.

남자: 죄송하지만 다시 한번 말씀해주시겠어요? 펜에 잉크가 떨어졌네요.

TAPESCRIPT 28

WOMAN: Hi, I'd like to inquire about the marathon event. Where is it going to be held?

MAN: The starting point will be at the corner of Rose Road right in front of the hotel.

WOMAN: So, we have to be there by 7 am, right?

MAN: You can also come earlier if you wish; the lobby will be open to participants.

WOMAN: Oh, great. By the way, what would happen, for example, if I don't reach the finish line?

MAN: You'll have access to phones along the way so just call double 0-double 4-2-0-1-5-double 2 and we'll send hotel service to pick you up.

여자: 안녕하세요, 마라톤 행사에 대해 물어볼게 있어요. 어디서 열리나요?

남자: 출발점은 호텔 바로 앞에 있는 로즈 로드 모퉁이에서 시작합니다.

여자: 그럼, 오전 7시까지 거기에 있어야 하나요?

남자: 원하시면 좀 더 일찍 오셔도 됩니다. 로비는 참가자들에게 열려 있으니까요.

여자: 아, 좋네요. 그런데, 예를 들어, 결승선에 도착하지 못하면 어떻게 되죠?

남자: 도중에 전화를 사용할 수 있기 때문에 0-0-4-4-2-0-1-5-2-2로 전화를 하시면 됩니다. 그러면 데리러 갈 수 있는 호텔 서비스를 보내드립니다.

TAPESCRIPT 29

CLERK: The Rembrandt Hotel, how can I help you?

CLIENT: Hi, I'd like to book your Queen's suite function room for a private birthday celebration.

CLERK: I see. I can take note of that but I'll have to have your plans run by the manager first. May I have your name, please?

CLIENT: It's Erica Dudley and I want to reserve for the November 22nd from 6 pm to 12 midnight.

CLERK: OK, I have all of that down. I'll just speak to my supervisor. Where can I call to notify about the confirmation?

CLIENT: If you can call before the end of the day, you can reach me at my work number – double 4-9-7-2-6.

CLERK: OK, Miss Dudley, thank you for your time. I'll call you as soon as possible.

직원: 렘브란트 호텔입니다. 무엇을 도와드릴까요?

고객: 안녕하세요, 비공개 생일 파티를 위해 퀸즈 스위트 연회실을 예약하려고요.

직원: 알겠습니다. 적어놓도록 하죠. 그런데 먼저 매니저에게 일정을 확인해야 합니다. 성함이 어떻게 되시죠?

고객: 에리카 더들리입니다. 그리고 11월 22일 오후 6시부터 밤 12시까지 예약을 하고 싶어요.

직원: 네, 모두 적어놓았고 매니저에게 이야기 해보도록 하겠습니다. 확인 사항은 어디로 알려드리면 될까요?

고객: 퇴근하기 전에 연락을 주신다면 업무 번호로 전화해주시면 됩니다. 전화번호는 4-4-9-7-2-6이에요.

직원: 네, 더들리 씨. 시간 내주셔서 감사합니다. 가능한 빨리 연락드리겠습니다.

TAPESCRIPT 30

MAN: Hello? Hi there! I'm having difficulty booking concert tickets online. Could you help me out?

WOMAN: Of course, sir. Actually, I can get your details and book it online for you right now.

MAN: OK, sure, that would be great.

WOMAN: So, may I have your name, please?

MAN: It's Charles Lindbergh, Jr.

WOMAN: And your phone number?

MAN: 01727851563.

WOMAN: OK, Mr. Lindbergh, how many tickets are you getting? One concert ticket costs $2.50.

MAN: Tickets for 6 people, please. So, that's $15 off my credit card, correct?

남자: 여보세요? 안녕하세요! 온라인으로 콘서트 표를 예매하는 것이 어려워서요. 도와주실 수 있나요?

여자: 물론이죠. 세부 사항을 말씀해주시면 지금 바로 예매해드릴 수 있습니다.

남자: 네, 좋아요.

여자: 그럼, 성함이 어떻게 되시죠?

남자: 찰스 린드버그 주니어입니다.

여자: 그리고 전화번호는요?

남자: 01727851563이에요.

여자: 네, 린드버그 씨, 표는 몇 장을 예매하실 건가요? 콘서트 표 한 장에 2달러 50센트입니다.

남자: 6명이요. 그럼 신용카드로 15달러가 결제되는 것이 맞나요?

TAPESCRIPT 31

AGENT: Coversure Insurance Services, how may we help you?

CLIENT: Hi, I'd like to file a claim for my house in Arkansas that was damaged by the recent tornado.

AGENT: I see, Okay. You'll need the claims department.

CLIENT: OK, what's the number, please?

AGENT: It's <u>1-5-6-triple 7-4-8-9</u>. Did you get that, sir?

CLIENT: Yes, thank you.

직원: 커버슈어 보험 서비스입니다. 무엇을 도와드릴까요?
고객: 안녕하세요, 최근에 토네이도로 인해 아칸소에 있는 저의 집이 피해를 입어 청구를 하려고요.
직원: 그렇군요. 보험보상부서로 연락을 하셔야 합니다.
고객: 네, 번호가 어떻게 되죠?
직원: <u>1–5–6–7–7–7–4–8–9</u>입니다. 들으셨나요?
고객: 네, 고마워요.

TAPESCRIPT 32

MAN: Good morning, I'd like to inquire about the HR assistant position advertised by your company.

WOMAN: The position is still available. May I have your name, please?

MAN: It's Rudolf Bowman.

WOMAN: And your address?

MAN: 130 Picadilly Avenue.

WOMAN: OK, today is Friday so would you be available for an interview on Monday, next week?

MAN: Yes, sure.

WOMAN: OK, I'll set a schedule and call you for a confirmation. What's your number, please?

MAN: I don't have a landline but my mobile number is <u>0-double 7-8-5-2-0-6-4-3-9</u>.

WOMAN: OK, thanks. Expect a call by the end of the day.

남자: 안녕하세요, 이 회사에서 공고한 인사부서 보조 자리에 대해 문의하려고요.
여자: 자리는 아직 있습니다. 성함이 어떻게 되시죠?
남자: 루돌프 보먼입니다.
여자: 그리고 주소는요?
남자: 피카딜리 130번가입니다.
여자: 네, 오늘은 금요일이라 다음 주 월요일에 면접이 가능하신가요?
남자: 네, 물론이죠.

여자: 네, 일정을 잡고 확인을 위해 연락드릴게요. 전화번호가 어떻게 되시죠?
남자: 일반 전화는 없고 휴대전화번호는 <u>0–7–7–8–5–2–0–6–4–3–9</u>입니다.
여자: 네, 고맙습니다. 오늘까지 연락드리겠습니다.

TAPESCRIPT 33

MAN: Why haven't my belongings been found yet? I've been waiting here for 2 hours.

WOMAN: We're really sorry for the inconvenience, sir. The baggage staff are doing their best to find out what happened.

MAN: So what can we do in the meantime?

WOMAN: I would suggest that you go home first and take a rest, sir. We'll take care of everything here. Once your things are found, it would probably be delivered straight to your home, sir. So, may I have your address, please?

MAN: Just make sure you get it right as it might get sent to somewhere else again. Anyway, it's 33 Hill Crest.

WOMAN: Thank you, sir. Also, may I have your phone number so we can inform you immediately once it's found?

MAN: Yes, it's <u>0-2-0-6-5-3-6-double 7</u>.

WOMAN: OK, I got it, sir, thank you. We truly appreciate your patience.

남자: 아직도 제 물건을 못 찾은 이유가 뭐죠? 여기서 2시간이나 기다렸어요.
여자: 불편을 끼쳐 정말 죄송합니다. 수하물 담당 직원들이 어떻게 된 건지 최선을 다해 알아보고 있습니다.
남자: 그러면 그동안 무엇을 하면 되나요?
여자: 우선 집에 가셔서 휴식을 취하는 것이 좋을 것 같습니다. 저희가 여기서 다 알아서 하도록 하겠습니다. 물건을 찾으면 집으로 바로 배송을 해드릴게요. 주소가 어떻게 되시죠?
남자: 또 다른 곳으로 가지 않도록 꼭 제대로 해주세요. 어쨌든, 힐 크레스트 33번지입니다.
여자: 감사합니다. 또한, 짐을 찾으면 바로 알려드릴 수 있도록 전화번호를 알려주시겠어요?
남자: 네, <u>0–2–0–6–5–3–6–7–7</u>이에요.
여자: 네, 알겠습니다. 감사합니다. 기다려주셔서 진심으로 감사드립니다.

TAPESCRIPT 34

WOMAN: Bunsen residence, how can I help you?

MAN: Hi, we're from the Power Moving Company. We'd like to make a schedule confirmation for this number.

WOMAN: Ah, yes, I know about that.

MAN: May I have the name of the house owner, please?

WOMAN: That would be me, Kate Bunsen.

MAN: Were you given a customer number for the schedule?

WOMAN: Yes, I was. Do you need it?

MAN: Yes, please.

WOMAN: OK, give me a moment. Now, where did I write that down... oh, here it is. OK, it's double 5-6-7-8-1-9-2-3-0.

여자: 분젠 별장입니다. 무엇을 도와드릴까요?
남자: 안녕하세요, 저희는 파워 무빙 회사입니다. 이 번호로 일정 확인을 하려고요.
여자: 아, 네, 알고 있습니다.
남자: 집 주인 분의 성함을 알 수 있을까요?
여자: 저예요, 케이트 분젠입니다.
남자: 일정을 위해 고객 번호를 받으셨나요?
여자: 네, 받았어요. 필요하시나요?
남자: 네.
여자: 네, 잠시만요. 자, 어디에 적었더라… 오, 여기 있네요. 5-5-6-7-8-1-9-2-3-0입니다.

TAPESCRIPT 35

WOMAN: I'd like to book group tour tickets to the aquarium, please.

MAN: Certainly. May I have the name of the group leader, please?

WOMAN: It's Sandy McDowell and it's for a group of 40 students from Sandy's College.

MAN: Got that. Can I have the school's telephone number, please?

WOMAN: Yes, 0-double 7-6-9-1-5-8-4.

MAN: Thank you, Miss McDowell. When are you planning to go on the tour?

여자: 수족관 단체 관광 표를 예매하고 싶어서요.
남자: 물론이죠. 인솔자의 성함을 알 수 있을까요?
여자: 샌디 맥도웰입니다. 그리고 샌디 대학의 학생 40명이에요.
남자: 알겠습니다. 학교 전화번호가 어떻게 되죠?
여자: 네, 0-7-7-6-9-1-5-8-4입니다.
남자: 고맙습니다, 맥도웰 씨. 언제 관광을 할 예정이신가요?

TAPESCRIPT 36

MAN: I'd like to report about the high winds that are blowing along the English Channel. Do you know which number to call?

WOMAN: I think you should try the seawatch line but you'll have to pay 45 pence a minute.

MAN: That's not a problem.

WOMAN: OK, I think I found it. Try this number: 0845656543. Did you get that?

MAN: Yes, thanks. Let me call them now.

남자: 영국 해협을 따라 불고 있는 강풍을 신고하려고요. 어떤 번호로 전화해야 하는지 아시나요?
여자: 해양 감시단 번호로 하시면 됩니다. 하지만 1분에 45펜스를 지불하셔야 해요.
남자: 괜찮습니다.
여자: 네, 번호를 찾았어요. 0845656543 이 번호로 해보세요. 들으셨나요?
남자: 네, 고마워요. 지금 전화해볼게요.

TAPESCRIPT 37

MAN: Yes, I'm very interested in taking my son on an adventure. We both love cheese.

WOMAN: This would be an excellent trip for you both then. The cave alone is worth visiting as it's been newly built. Your son will learn about the history of cheese and how it's produced.

MAN: Indeed. So, how much do I have to pay for my son?

WOMAN: The full travel expense is only 6.5 pounds for children.

MAN: OK, thanks. Let me confirm this with my wife then I'll get back to you. Shall I call you to book and make payment or should I call another number?

WOMAN: If you're ready to book and pay, just call 0-9-1-double 6-8-4-6-5-2.

MAN: Alright, thanks again for your time.

남자: 네, 아들과 모험을 떠나는 것에 매우 관심이 많아요. 우리 둘 다 치즈를 아주 좋아하거든요.
여자: 그렇다면 이 여행이 두 분에게 아주 좋을 것입니다. 동굴이 이번에 새로 지어져서 동굴만으로도 방문할 가치가 있습니다. 아드님은 치즈의 역사와 치즈가 어떻게 만들어지는지 배울 수 있어요.
남자: 그렇군요. 그럼, 아들은 얼마를 내야 하나요?
여자: 어린이의 경우 총 여행 비용은 6.5파운드 밖에 안 합니다.
남자: 네, 고마워요. 아내와 확인을 한 뒤에 연락을 드릴게요. 예약과 요금 지불을 하려면 이쪽으로 전화를 하면 되나요 아니면 다른 번호로 전화를 해야 하나요?
여자: 예약과 요금 지불을 하시려면 0-9-1-6-6-8-4-6-5-2로 연락주시면 됩니다.
남자: 알겠습니다. 시간 내주셔서 다시 한번 감사드려요.

TAPESCRIPT 38

STUDENT: Good morning. I would like to register, please.

NURSE: Do you have your school ID card?

STUDENT: Yes, here it is.

NURSE: OK, so your name is Francis Bacon. Alright, here's your ID card. Now, I just need a number to call in case you have an emergency.

STUDENT: You can call my mother at <u>4-double 5-4-double 5</u>. Her name is Anita Bacon.

NURSE: OK, Francis. I hope I don't see you here at the campus clinic anytime soon. Stay well!

학생: 안녕하세요. 등록을 하려고요.
간호사: 학교 학생증이 있으신가요?
학생: 네, 여기 있어요.
간호사: 네, 성함이 프랜시스 베이컨이네요. 알겠습니다. 여기 학생증이요. 이제, 비상 시에 연락을 할 수 있는 번호가 필요해요.
학생: <u>4–5–5–4–5–5</u>로 저희 엄마에게 전화하시면 돼요. 엄마 이름은 아니타 베이컨이에요.
간호사: 네, 프랜시스 학생. 당분간은 대학 진료소에서 보지 않기를 바라요. 건강하게 지내요!

TAPESCRIPT 39

MAN: Hi, I would like to register for the summer wreck diving class, please.

WOMAN: I see. You'll have to speak with the dive instructor, Mr. Peckham.

MAN: Great. Could you spell the surname for me, please?

WOMAN: Sure, it's P-E-C-K-H-A-M.

MAN: OK, thank you, got it. Do you know where I can reach him?

WOMAN: His office number is extension 012-<u>76243890</u>.

남자: 안녕하세요, 여름 난파선 다이빙 수업에 등록하고 싶어서요.
여자: 그렇군요. 다이빙 강사 페캄 씨와 이야기를 해보셔야 해요.
남자: 좋아요. 성의 철자를 알려주시겠어요?
여자: 물론이죠, P–E–C–K–H–A–M입니다.
남자: 네, 고마워요, 알겠습니다. 그의 연락처를 아시나요?
여자: 사무실 번호는 내선 번호 012–<u>76243890</u>입니다.

TAPESCRIPT 40

CLERK: Fresh Shopping Centre, how can I help you?

WOMAN: Hi, I saw your advertisement about sports activities that's being held at your newly opened mall. How do I register for that?

CLERK: Well, a single purchase of 50 pounds worth of discounted sports products, including clothes and equipment, qualifies you for 2 out of the 6 activities.

WOMAN: I see. So, if I buy 100 pounds worth of goods, I qualify for 4 activities, right?

CLERK: That's correct. However, there are 2 activities that require an appointment with our medics because they need to be sure that you're fit enough to join them.

WOMAN: So, that's like a medical check-up?

CLERK: Yes.

WOMAN: Well, I'd like to know more about that.

CLERK: No problem, you can reach our medical staff at <u>560314</u>. They'd be happy to answer your questions.

직원: 프레시 쇼핑 센터입니다. 무엇을 도와드릴까요?
여자: 안녕하세요, 이번에 새로 개점하는 쇼핑몰에서 열리는 스포츠 활동에 대한 광고를 봤어요. 어떻게 등록하면 되나요?
직원: 음, 옷과 장비를 포함해서 할인된 스포츠 용품을 한번에 50파운드 금액만큼 구입하시면 6개의 활동 중에서 2개를 할 수 있도록 해드립니다.
여자: 그렇군요. 그럼, 100파운드 상당의 상품을 사면 4개의 활동을 할 수 있는 것 맞나요?
직원: 맞습니다. 하지만, 2개의 활동은 저희 의료진의 진료를 받으셔야 합니다. 가입을 할 수 있을 만큼 건강한지 확인을 해봐야 하기 때문이죠.
여자: 그러면 건강 검진과 같은 것인가요?
직원: 네.
여자: 음, 좀 더 자세히 알고 싶네요.
직원: 괜찮아요, <u>560314</u>번으로 저희 의료진에게 연락을 하시면 됩니다. 질문에 잘 답변해드릴 거예요.

COST

p.60

TAPESCRIPT 1

CLERK: Island Hotel reservation, how can I help you?

MAN: Hi, I'd like to book accommodations.

CLERK: OK, first, may I have your name, please?

MAN: It's Rudolf Steiner.

CLERK: OK, Mr. Steiner, we have a single and a double. The single room is $60 per night and the double with a dining area is $120.

MAN: OK, please book me for the double room.

직원: 아일랜드 호텔 예약 담당입니다. 무엇을 도와드릴까요?
남자: 안녕하세요, 숙소를 예약하려고요.
직원: 네, 우선 성함을 알려주시겠어요?
남자: 루돌프 스타이너입니다.
직원: 네, 스타이너 씨, 1인용과 2인용 방이 있습니다. 1인실은 하룻밤에 60달러이고 식사 공간이 있는 2인실은 120달러입니다.
남자: 좋아요, 2인실로 예약을 해주세요.

TAPESCRIPT 2

WOMAN: Sunshine Summer Camp, this is Liz.

MAN: Hi, Liz, my name is Edward Bishop and I'd like to inquire about the summer camp fee.

WOMAN: Sure, Mr. Bishop. The fee is 300 pounds for 2 months and you also have to pay your own insurance coverage.

MAN: Yes, my friend who has joined your camp told me about that. It's 25 pounds for the insurance coverage, right?

WOMAN: Actually, sir, there's been an 11-pound increase so it's now 36 pounds. The increase is actually for the registration with the police department.

MAN: I see. I understand.

여자: 선샤인 섬머 캠프의 리즈입니다.
남자: 안녕하세요, 리즈 씨, 저는 에드워드 비숍입니다. 여름 캠프 비용에 대해 문의하려고요.
여자: 네, 비숍 씨. 비용은 두 달에 300파운드이고 본인 보험 비용 또한 지불하셔야 합니다.
남자: 네, 이 캠프에 가입한 제 친구가 비용에 대해 얘기를 해줬는데 보험료가 25파운드가 맞나요?
여자: 사실, 11파운드가 올라서 지금은 36파운드입니다. 경찰서에 등록을 하기 위해 오른 것이죠.
남자: 알겠습니다. 이해가 되네요.

TAPESCRIPT 3

WOMAN: Hello. How may I help you?

MAN: I would like to file a complaint about my curtains that were damaged during a delivery that was done by your company.

WOMAN: Apologies for that, sir. Can I get your name, please?

MAN: It's Jerry Northwaite.

WOMAN: OK, Mr. Northwaite, for items that have been damaged during a delivery, we have a maximum payout policy of £150.

MAN: But those curtains cost me £250. I'm sorry for my tone but this is just unacceptable. I would like to speak to the manager, please.

여자: 안녕하세요. 무엇을 도와드릴까요?
남자: 이 회사에서 제 커튼을 배송하는 동안 손상이 되어서 불만을 접수하려고요.
여자: 그 문제에 대해 사과를 드립니다. 성함이 어떻게 되시죠?
남자: 제리 노스웨이트입니다.
여자: 네, 노스웨이트 씨, 배송하는 동안 손상된 물건에 대한 최대 보상 정책은 150파운드입니다.
남자: 그렇지만 이 커튼의 가격이 250파운드예요. 제 말투는 미안하지만 이건 받아들일 수가 없네요. 매니저와 이야기를 하고 싶어요.

TAPESCRIPT 4

WOMAN: Hello. How may I help you?

MAN: I would like to file a complaint about the video discs that were lost by your delivery company.

WOMAN: Can I get your name, sir?

MAN: I'm Jerry Northwaite.

WOMAN: OK, Mr. Northwaite, could you tell me the total cost of the items?

MAN: Well, there were 12 discs at 12 pounds each. You do the math.

WOMAN: OK, so 12 times 12 equals 144 pounds altogether. This is good news, sir! We can refund the entire amount because it's still within the maximum limit.

여자: 안녕하세요. 무엇을 도와드릴까요?
남자: 이 택배 회사에서 분실한 제 비디오 디스크에 대해 불만을 접수하려고요.
여자: 성함을 알려주시겠어요?
남자: 제리 노스웨이트입니다.
여자: 네, 노스웨이트 씨, 그 물건의 총 금액이 얼마인가요?
남자: 음, 12개의 디스크이고 각각 12파운드예요. 계산을 해보세요.
여자: 네, 그럼 12 곱하기 12로 총 144파운드네요. 좋은 소식이 있습니다! 최대 한도 내이기 때문에 전체 금액을 환불해드릴 수 있어요.

TAPESCRIPT 5

MAN: Hi, could you tell me what options are available for an accommodation?

WOMAN: There's only one type and that's in-campus accommodation. It's a shared room, 2 students per room, with a common bath on each floor.

MAN: I see. Have there been any changes in the fees because my friend who graduated last year said that he used to pay 30 pounds a month but it didn't include water and electricity. There was a separate charge for utilities.

WOMAN: That's changed because the fee now is 13 pounds higher at 43. But that already includes water and electricity.

MAN: Oh, then it's not so bad.

남자: 안녕하세요, 가능한 숙소 옵션을 알려주시겠어요?
여자: 딱 한 가지 종류만 있고 대학교 내의 기숙사입니다. 공동 방이고 각 방마다 2명의 학생이 지냅니다. 각 층마다 공동 욕실이 있고요.
남자: 알겠습니다. 작년에 졸업한 제 친구가 한 달에 30파운드를 냈는데 수도와 전기가 포함되지 않았다고 말했는데 바뀐 부분이 있나요? 공과금은 별도였어요.
여자: 지금은 13파운드 올라서 43파운드로 바뀌었어요. 하지만 수도와 전기가 포함되어 있습니다.
남자: 오, 그렇다면 그렇게 나쁘지는 않네요.

TAPESCRIPT 6

MAN: Hi, could you tell me what options are available for accommodations?

WOMAN: Well, there are 2 kinds -- in-campus accommodation and host family accommodation. In-campus has a fixed monthly rate of £50 including water and electricity; while for host family accommodation, the lowest is £35 and the highest is£80.

MAN: I think I prefer the one at 80 pounds but what comes with that?

WOMAN: Basically everything -- room and board so that includes your meals, utilities, internet access, laundry and once-a-week room cleaning.

MAN: That sounds good for an 80. Who do I contact for this host family accommodation?

WOMAN: The Friendly Faces Homestay Program.

남자: 안녕하세요, 가능한 숙소 옵션을 알려주시겠어요?
여자: 음, 2가지 종류가 있는데, 대학교 내 기숙사와 홈스테이입니다. 기숙사는 매달 수도와 전기를 포함한 50파운드의 정해진 비용이 있는 반면, 홈스테이는 가장 적은 금액이 35파운드이고 가장 높은 금액은 80파운드입니다.
남자: 80파운드의 숙소가 좋을 것 같네요. 그런데 딸려 있는 것이 무엇인가요?

여자: 기본적으로 다 있어요. 식사와 공과금, 인터넷, 세탁, 그리고 주1회 방 청소가 포함된 숙식이죠.
남자: 80파운드에 괜찮네요. 이 홈스테이는 누구에게 연락을 하면 되나요?
여자: 프렌들리 페이스 홈스테이 프로그램으로 하시면 됩니다.

TAPESCRIPT 7

WOMAN: Yes, I'd like to book a double room at your hotel, please.

MAN: Certainly. However, we're almost fully booked and the only opening for a double room will be on the 4th and the 18th.

WOMAN: I think I'm going to be busy at the beginning of the month so I will reserve for the 18th.

MAN: Of course, madam. The rate is $70 per night.

WOMAN: Is there a discount for a three day stay?

MAN: Let me check, ma'am... yes, we can offer you a 10% discount for a 3-day stay so that would be $63 per day.

WOMAN: That's great, thank you very much. See you on the 18th then.

여자: 네, 호텔 2인실을 예약하고 싶어요.
남자: 그렇군요. 그런데, 거의 예약이 다 차서 유일한 2인실은 4일과 18일에 있어요.
여자: 월초에는 바쁠 것 같아서 18일에 예약을 해야겠네요.
남자: 네. 요금은 1박에 70달러입니다.
여자: 3일 동안 머무르면 할인이 있나요?
남자: 확인해보겠습니다… 네, 3일에 10퍼센트 할인을 해드릴 수 있습니다. 그러면 하룻밤에 63달러네요.
여자: 좋아요, 정말 고마워요. 그럼 18일에 뵙겠습니다.

TAPESCRIPT 8

MAN: Hi, I'd like to inquire about opening a bank account.

WOMAN: Well, sir, the opening balance is $300 and we require 2 valid IDs and 2 passport size photos.

MAN: OK, I have all of that. Is there a maintaining balance?

WOMAN: Yes, sir. The minimum maintaining balance is $600. So when you only have $600 left in your account, you won't be able to do any withdrawals anymore.

MAN: OK, I understand. Can I open an account now?

WOMAN: Yes, just kindly fill out this form, please.

남자: 안녕하세요, 계좌 개설에 대해 문의하려고요.

여자: 음, 기초잔액은 <u>300</u>달러이고 두 개의 신분증과 여권 사진 두 매가 필요합니다.

남자: 네, 다 가지고 있어요. 유지 잔액이 있나요?

여자: 네, 최소 유지 잔액은 600달러입니다. 계좌에 600달러만 남아 있다면, 더 이상 인출이 안 될 거에요.

남자: 네, 알겠습니다. 지금 계좌를 개설할 수 있나요?

여자: 네, 이 서류를 작성해주세요.

TAPESCRIPT 9

MAN: Concert International, how can I help you?

WOMAN: Yes, I'd like to inquire about booking concert tickets, please.

MAN: OK, the standard rate is <u>2.5</u> pounds if you book 3 days in advance. However, if you book less than 3 days in advance, there is an additional charge of 1.5 pounds, which would bring the total cost to 4 pounds per ticket.

WOMAN: I see. OK, I'm looking to book for 3 tickets to the Brian Jonestown Massacre concert that's a week away. Can I book for it now?

MAN: Yes, of course.

남자: 콘서트 인터내셔널입니다. 무엇을 도와드릴까요?

여자: 네, 콘서트 표 예매에 대해서 문의하려고요.

남자: 네, 3일 전에 미리 예매를 하시면 기본 요금은 <u>2.5</u>파운드입니다. 하지만, 3일이 못되어서 예매를 하시면 1.5파운드의 추가 요금이 있기 때문에 각 표당 총 4파운드입니다.

여자: 알겠습니다. 좋아요, 일주일 남은 브라이언 존스톤 마사카르 콘서트 표 3장을 예매하려고요. 지금 예매할 수 있나요?

남자: 네, 물론이죠.

TAPESCRIPT 10

WOMAN: Diamond Club International, how can I help you?

MAN: Hi, I'd like to inquire about club membership. What details should I know?

WOMAN: Well, we have 2 kinds of membership -- Gold and Silver.

MAN: OK, could you please tell me about them?

WOMAN: OK, the gold membership joining fee is $500. However, if you come this weekend, we have a special promo that will slash $450 off that fee, so you'll only have to pay $50. For the silver, the joining fee is $300 but thanks to the special promo that's on this weekend, it will be slashed to just $30.

MAN: Wow, that's a good deal! I should take note to come this weekend. What about monthly fees?

WOMAN: Gold members pay a monthly fee of $50 while silver members pay $5 every time they come to use the facilities at the club.

여자: 다이아몬드 클럽 인터내셔널입니다. 무엇을 도와드릴까요?

남자: 안녕하세요, 클럽 회원에 대해 문의하려고요. 제가 알아야 할 세부 사항이 있나요?

여자: 음, 저희는 두 가지의 회원제도가 있어요. 골드와 실버입니다.

남자: 네, 그것들에 대해 설명해주시겠어요?

여자: 네, 골드 회원 가입비는 500달러입니다. 하지만, 이번 주말에 오신다면 450달러를 인하하는 특별 행사를 해서 50달러만 내시면 됩니다. 실버 회원의 가입비는 300달러이지만 이번 주말 특별 행사로 인해 30달러로 인하될 것입니다.

남자: 와, 괜찮은 가격인데요! 이번 주말에 가야겠네요. 한 달 비용은요?

여자: 골드 회원은 매달 <u>50</u>달러를 내지만 실버 회원은 클럽의 시설들을 이용할 때마다 5달러를 내야 합니다.

TAPESCRIPT 11

CLERK: Yes, ma'am, you can save money through applying for the package deal because aside from your hotel accommodation, they also include breakfast, roundtrip international or domestic flight to one location of choice and an insurance coverage.

WOMAN: I see the point. Just imagine how much the flights alone would've cost if I booked them separately. So, anyways, what are the rates?

CLERK: The regular rate is 360 euros. Oh, I'm sorry, I mean 350 euros. But since you're coming at an off-peak time, I can give you a discount of 20 euros, so that brings the total amount to 330. And, since you mentioned that you're also inviting a friend, I'll give you another 15-euro discount.

WOMAN: So that's a discount from 330 to <u>315</u> euros, correct?

CLERK: Yes, ma'am, that's correct.

직원: 네, 호텔 숙박을 제외하고 조식과 국제 또는 국내 왕복 여행 한 곳, 그리고 보험이 포함되어 있기 때문에 패키지 상품을 신청하시면 돈을 절약할 수 있습니다.

여자: 알겠습니다. 별도로 예약을 했다면 항공편만 얼마가 들었을지 상상해되네요. 어쨌든, 요금이 얼마죠?

직원: 정상 요금은 360유로입니다. 아, 죄송해요, 350유로예요. 하지만 비수기에 오셨으니 20유로를 할인해드릴게요. 그러면 전체 금액은 330유로입니다. 그리고, 친구 한 분도 같이 오신다고 하셨으니 15유로를 추가로 할인해드리겠습니다.

여자: 그러면 330유로에서 <u>315</u>유로로 할인되는 것 맞나요?

직원: 네, 맞습니다.

TAPESCRIPT 12

MAN: So, how about renting equipment, do you have that service?

WOMAN: It depends on whether we have it or not. What equipment are you looking to rent?

MAN: I was thinking of renting a surf board.

WOMAN: We do have that and it's 75 euros for a week.

MAN: Is that all?

WOMAN: Actually, no, you also have to pay for an insurance premium of 47.5 euros.

MAN: Wow, that's pricey. That means it'd cost me a total of 122.5 euros. Tough.

남자: 그럼, 장비 대여는 어떤가요, 대여도 해주시나요?
여자: 저희가 가지고 있는지 아닌지에 따라 다릅니다. 어떤 장비 대여를 원하세요?
남자: 서핑 보드를 대여할 생각이었어요.
여자: 서핑 보드는 가지고 있어요. 한 주에 75유로입니다.
남자: 그게 전부인가요?
여자: 사실, 보험료 47.5유로도 지불을 하셔야 해요.
남자: 와, 비싸네요. 총 122.5유로를 내야 한다는 거네요. 믿을 수 없네요.

TAPESCRIPT 13

WOMAN: Midland Newspaper, how can I help you?

MAN: I'd like to place an advertisement to sell my computer desk, please.

WOMAN: OK, may I have your name, please?

MAN: My name is John Pritchard; and I'd like the advertisement to come out in the Sunday paper, please.

WOMAN: No problem, sir. What would you like to say in the advertisement?

MAN: That the desk is in excellent condition, hardly used and being sold for only $100.

WOMAN: Unfortunately, sir, we can't place an advertisement for over $100 for second-hand items. Is it OK for you to sell at $99?

MAN: I see... OK.

여자: 미들랜드 신문입니다. 무엇을 도와드릴까요?
남자: 컴퓨터 책상을 팔기 위해 광고를 내고 싶어서요.
여자: 네, 성함이 어떻게 되시죠?
남자: 저는 존 프리처드입니다. 일요일자 신문에 광고를 내고 싶어요.
여자: 그렇게 하죠. 광고에 어떤 내용을 넣고 싶으신가요?
남자: 책상의 상태는 아주 좋고, 거의 사용을 하지 않았으며 단 100달러에 판다고요.
여자: 유감스럽지만, 중고 물품의 경우 100달러 이상은 광고를 낼 수 없어요. 99달러에 팔아도 괜찮을까요?
남자: 그렇군요…. 좋아요.

TAPESCRIPT 14

WOMAN: What banner heading would you like on the advertisement, sir?

MAN: I'd like it to say "Bargain", please. And how much would it cost?

WOMAN: The advertisement itself is $4 with an additional initial $2 to run it for 2 consecutive days. If you want it to run more days, just pay for the number of days you'd want it to appear on the paper. It's $1 for every additional day.

MAN: OK, so the initial payment to place the advertisement is $6, correct?

WOMAN: Yes, that's correct.

MAN: Isn't a dollar a day to run the advertisement a little too expensive?

WOMAN: Well, I can give you a discount if you promise that you'd continue placing advertisements with us.

여자: 광고에 넣고 싶은 제목은 무엇인가요?
남자: '특가'라고 넣고 싶어요. 그럼 비용이 어떻게 되죠?
여자: 광고만 4달러이고 이틀 연속 광고를 내려면 추가되는 초기 금액은 2달러입니다. 연장을 원하시면, 신문에 내고 싶은 날수만큼 지불을 하시면 됩니다. 하루 추가될 때마다 1달러예요.
남자: 네, 그럼 광고를 낼 때 첫 비용은 6달러네요, 맞죠?
여자: 네, 맞습니다.
남자: 광고를 내는데 하루에 1달러는 조금 비싸지 않아요?
여자: 음, 저희와 계속 광고를 낸다고 약속을 하신다면 할인해드릴게요.

TAPESCRIPT 15

MAN: Hi, I'd like to enrol into Max Strom's yoga class, please.

WOMAN: Do you have a specific course in mind?

MAN: Yes, I'd like to join the Max Strom Essentials course, please.

WOMAN: OK, the fee depends on whether you're enrolling with a partner or by yourself. May I have your name, please?

MAN: My name is Jeff Phoenix. So what are the rates?

WOMAN: If you're enrolling with a partner, there would be 2 of you, so it's only 255 pounds. But if you're only enrolling yourself, the fee is 285 pounds.

남자: 안녕하세요, 맥스 스트롬 요가 수업에 등록을 하고 싶어서요.
여자: 생각해두신 특정 수업이 있으신가요?
남자: 네, 맥스 스트롬 필수 강좌에 들어가고 싶어요.
여자: 좋아요, 수업료는 파트너와 함께 등록을 하거나 혼자 등록을 하는 것에 따라 다릅니다. 성함이 어떻게 되시죠?
남자: 제 이름은 제프 피닉스입니다. 그럼 수업료가 어떻게 되죠?

여자: 파트너와 함께 등록을 하시면 두 분은 255파운드만 내시면 됩니다. 그렇지만 혼자 등록을 하시면 수업료는 285파운드입니다.

TAPESCRIPT 16

WOMAN: Can I move in on the 1st of May?

MAN: It depends on you. In any case, the house will be available by the end of April. However, here's the thing, if you move in at the end of April, the house will not have been cleaned yet, and you're going to have to do the cleaning yourself.

WOMAN: But what if I move in on the 1st of May, like I said?

MAN: The house will already have been cleaned and ready for occupancy but you'll have to pay an extra £300 for the cleaning and any repairs on top of the £1700 advance rent payment.

WOMAN: I see, OK, let me think... I think I'd rather pay for the cleaning and repairs and move in on the 1st of May, as originally planned.

MAN: OK, no problem.

여자: 5월 1일에 이사를 와도 되나요?
남자: 마음대로 하시면 돼요. 어쨌든, 이 집은 4월 말까지 이사할 수 있을 겁니다. 하지만, 한 가지 알려드릴 것이 있는데, 4월 말에 이사를 오시면 아직 청소가 되어 있지 않았을 거고 직접 청소를 하셔야 합니다.
여자: 제가 말씀 드린 대로 5월 1일에 이사를 오면요?
남자: 집은 이미 청소와 입주 준비가 되어있을 것입니다. 하지만, 선불 임대료 1700파운드 외에 청소와 수리비용 300파운드를 추가로 내셔야 합니다.
여자: 알겠습니다, 좋아요, 생각 좀 해볼게요…. 원래 계획한대로 청소와 수리 비용을 내고 5월 1일에 이사를 오는 것이 좋겠네요.
남자: 좋아요, 문제 없습니다.

TAPESCRIPT 17

WOMAN: Hi, I would like to send an International Express package to the US, please.

CLERK: Yes ma'am, can I get your full name please?

WOMAN: It's Anna Hillman. Can you give me the prices, please?

CLERK: A small transpack package costs $50 and the large costs $98. Have you thought about what type of package your item would need?

WOMAN: I think I'll need a large.

CLERK: OK, just come here with the item you need to ship.

여자: 안녕하세요, 미국으로 국제 택배를 보내려고요.
직원: 네, 성함이 어떻게 되시나요?
여자: 안나 힐만입니다. 가격이 어떻게 되죠?
직원: 소형 택배는 50달러이고 대형은 98달러예요. 어떤 택배로 물품을 보내실 건가요?
여자: 대형이 좋겠네요.
직원: 네, 보내실 물품을 가지고 이쪽으로 오세요.

TAPESCRIPT 18

WOMAN: I'm calling about the house that's out for rent at Conesfort; I would like to rent it.

MAN: Well, the monthly rent fee is £290.

WOMAN: That's fine. How much fee do you require to move in?

MAN: You'll have to pay a month's deposit and a month's advance, so that's 2 months worth.

WOMAN: OK, so that would be a total down payment of £580, correct?

MAN: Yes, that's right.

여자: 콘스포트에 집이 나왔다고 해서 전화했어요. 임대를 하고 싶어서요.
남자: 음, 월세는 290파운드입니다.
여자: 좋네요. 이사하는데 필요한 비용은 얼마인가요?
남자: 한 달 보증금과 한 달 집세를 선불로 내셔야 합니다. 그것이 두 달치입니다.
여자: 좋아요, 그럼 총 계약금이 580파운드네요, 맞죠?
남자: 네, 맞습니다.

TAPESCRIPT 19

MAN: Hi, I'm looking to work part-time at your orchard.

WOMAN: The working period goes from July to October and the basic per hour rate for part-time workers is $5.

MAN: How much do you pay for overtime working?

WOMAN: We pay an additional $6.50 per hour but only for work done in excess of 18-hours.

MAN: I see. Sounds OK. When can I start?

남자: 안녕하세요, 이 과수원에서 아르바이트를 하고 싶어요.
여자: 작업 기간은 7월부터 10월까지고 아르바이트생의 기본 시급은 5달러예요.
남자: 초과 작업을 하게 되면 얼마인가요?
여자: 저희는 시간당 추가로 6.5달러를 줍니다. 그렇지만 18시간 초과 작업을 해야만 드려요.
남자: 알겠습니다. 괜찮은 것 같네요. 언제부터 시작할 수 있죠?

TAPESCRIPT 20

WOMAN: You've reached The Club International, how can I help you?

MAN: I'd like to inquire about membership details, particularly for the usage of the library facilities.

WOMAN: Well, if you're already a member, you just have to make a $15 deposit and you can have regular access to the library and other facilities too.

MAN: OK, that's good to know. What if I want to use the pool?

WOMAN: Members just have to pay a $2 fee every time they want to use the pool.

MAN: I see. OK, thank you for your help.

여자: 클럽 인터내셔널입니다. 무엇을 도와드릴까요?
남자: 회원 제도에 대해 자세히 알고 싶어서요. 특히 도서관 사용에 관해서요.
여자: 음, 회원이시라면, 보증금 15달러를 내시면 됩니다. 그러면 도서관과 다른 시설들도 정기적으로 이용을 할 수 있어요.
남자: 좋아요. 수영장을 이용하고 싶으면 어떻게 해야 하죠?
여자: 회원들은 수영장을 이용할 때마다 2달러를 내시면 됩니다.
남자: 그렇군요. 도와주셔서 감사합니다.

TAPESCRIPT 21

MAN: Oh, have you already had your interview for the job at the laundry shop?

WOMAN: Yes. What would you like to know about it?

MAN: Oh, nothing special, just information about breaks and holidays.

WOMAN: Well, you get an hour for lunch break and two 15-minute coffee breaks in between the first and second half of your 8-hour shift.

MAN: OK, how about holiday leave?

WOMAN: They didn't elaborate much on that but they said you'll be given all the details if or when you get hired. Anyway, they mentioned that you get a total of 3 weeks holiday in the first year with the basic salary rating at $6.50 per hour.

남자: 오, 세탁소에서 면접을 벌써 봤어요?
여자: 네. 어떤 것이 궁금하세요?
남자: 아, 별거 아니에요. 그냥 휴식 시간과 휴가에 관한 거예요.
여자: 음, 점심시간 1시간이랑 8시간 교대 근무로 전반과 후반 사이에 15분 동안 두 번의 티타임이 있어요.
남자: 네, 휴가는요?
여자: 휴가에 관해서는 아주 자세히 설명하지는 않았지만 자세한 건 채용이 되면 다 알려준다고 했어요. 어쨌든, 첫해에는 총 3주간의 휴가가 있고 기본 급여는 시간당 6.5달러라고 했어요.

TAPESCRIPT 22

SUSAN: Hey, Jim, I was thinking maybe we could just share the rent. My room is much bigger than yours.

JIM: Do you think there's enough space for the both of us?

SUSAN: Definitely. It's like 3 times the size of your room so you'll even get a bigger space than what you're renting now.

JIM: Makes sense. My rent for that tiny room is $80; how much are you renting your room for?

SUSAN: $110 so we'll only have to pay $55 each. So, what do you think?

JIM: Sounds like a good idea.

수잔: 안녕, 짐, 생각해봤는데 우리가 집세를 나눠서 낼 수 있을 것 같아. 내 방이 네 것보다 더 커.
짐: 우리 둘이 있기에 공간이 충분하다고 생각해?
수잔: 당연하지. 내 방이 네 방의 세 배라 지금 살고 있는 것보다 더 큰 공간을 갖게 될 거야.
짐: 그럴 수도 있겠네. 내 작은 방 집세는 80달러야. 네 방은 얼마야?
수잔: 110달러야. 그래서 우리가 각각 55달러씩 내기만 하면 돼. 그럼, 어떻게 생각해?
짐: 좋은 생각인 것 같아.

TAPESCRIPT 23

WOMAN: Travel Cabin Accommodations, how can I help you?

MAN: I would like to inquire about your rates, please.

WOMAN: Well, sir, we have what's called A Cabin by the Pond. It's close to the estate's restaurant and the pond and it also has an outdoor dining area. The rate is $549 per day. A little expensive but it's worth it.

MAN: That sounds great but it is a little too much. Anyway, why don't you tell me about the cheapest accommodation you've got?

WOMAN: OK, our cheapest is the Cabin in the Woods at $219 per day. Just like the first option I mentioned, it also has an outdoor table but it's a bit far from the restaurant and the pond, around 500 meters away. Also, the cabins are closer to each other. Each cabin is about 50 meters away from the next.

MAN: Well, I can live without the restaurant so that's fine and I don't mind having neighbours nearby. So, I think I'll take the Cabin in the Woods.

여자: 트래블 캐빈 숙소입니다. 무엇을 도와드릴까요?
남자: 요금에 대해 문의하려고요.

여자: 음, 연못 옆 A 캐빈이라는 숙소가 있어요. 식당이랑 연못과 가깝고 야외 식사 장소도 있어요. 하루 요금은 549달러입니다. 조금 비싸긴 하지만 그만큼의 가치가 있어요.

남자: 정말 좋지만 좀 비싸네요. 그건 그렇고, 가장 저렴한 숙소도 말씀해주시겠어요?

여자: 네, 가장 저렴한 숙소는 숲속에 있는 캐빈이고 하루에 219달러예요. 제가 말씀 드린 첫 번째 사항과 같이, 야외 식탁이 있지만 식당과 연못은 좀 멀어요. 대략 500미터 떨어져 있습니다. 또한, 숙소들은 서로 가까이 있고 옆 숙소와 50미터씩 떨어져 있어요.

남자: 음, 식당이 없어도 되니 그게 좋겠네요. 근처에 사람들이 있는 것은 상관없어요. 그럼 숲속에 있는 캐빈으로 선택을 해야겠어요.

TAPESCRIPT 24

MAN: Good afternoon, I'd like to inquire about your hotel rates, please.

WOMAN: Well, it depends on the room and the season, sir.

MAN: I see. Could you give me more information?

WOMAN: Gladly, sir. Typical off-peak rate is 60 Euros but during the peak season it's around 77.5 Euros per night.

MAN: So, that's the rate for this time. But what if I book like a month in advance?

WOMAN: In that case, sir, you get a 15% discount.

남자: 안녕하세요, 호텔 요금에 대해 문의하려고요.

여자: 음, 객실과 시즌에 따라 다릅니다.

남자: 그렇군요. 더 알려주실 수 있으신가요?

여자: 물론이죠. 보통 비수기 요금은 60유로이지만 성수기에는 대략 1박에 77.5유로 정도입니다.

남자: 그렇다면, 지금은 그 요금이겠네요. 그런데 한 달 미리 예약을 하면 어떻게 되나요?

여자: 그런 경우에는 15퍼센트 할인을 해드립니다.

TAPESCRIPT 25

MAN: Hi, I'll like to inquire about the ticketing prices as I got a little confused.

WOMAN: What seems to be the problem, sir?

MAN: Well, the Monday activity is movie viewing and the Tuesday activity is bike riding. But the ticket prices at the bottom of the page both say Monday Activity 6 pounds and then again Monday activity 7.50 pounds.

WOMAN: Oh, I see what you mean, sir. I didn't even notice that. Anyway, there must have been a printing error.

MAN: So which is which?

WOMAN: The Monday movie activity is the one for 6 pounds and the Tuesday biking activity is the one for 7.50 pounds.

MAN: OK, thank you for the clarification, appreciate it.

남자: 안녕하세요, 헷갈려서 그러는데 티켓 요금에 대해 문의하려고요.

여자: 무슨 문제이신가요?

남자: 음, 월요일 활동은 영화 관람이고 화요일 활동은 자전거 타기네요. 그런데 페이지 하단에 티켓 요금이 월요일 활동 6파운드, 그리고 다시 월요일 활동이 7.5파운드라고 나와있어서요.

여자: 오, 무슨 말씀이신지 알았어요. 알아차리지 못했어요. 어쨌든, 인쇄하는 데 오류가 있었습니다.

남자: 그렇다면, 어느 게 어느 건가요?

여자: 월요일 영화 관람이 6파운드이고 화요일 자전거 타기가 7.5파운드입니다.

남자: 네, 설명해주셔서 감사해요.

TAPESCRIPT 26

WOMAN: Hi, I'm planning to buy a bed so is it okay if I obtain some information about the beds' widths and the prices?

MAN: No problem, ma'am. But could you tell me your price range, please?

WOMAN: Well, maybe nothing over 300 pounds?

MAN: OK, thank you. For that price range you can get a double bed with a width of 140cm at 265 pounds. Or, you can get a queen size bed that's 160cm wide for 300 pounds. Or, if you want it smaller, you can get a single twin that's 120cm wide at 230 pounds.

WOMAN: Wow, those options make it hard to choose.

MAN: Well, you can think about it first and try to figure out what you really need and also consider the bed size according to the size of the room you're going to put it into.

WOMAN: Thanks for the suggestion, that's a good idea. I'll call you back as soon as I figure things out.

여자: 안녕하세요, 침대를 사려고 하는데, 침대의 폭과 가격에 대한 정보를 얻을 수 있을까요?

남자: 그럼요. 그런데 생각하고 계시는 가격대를 알려주시겠어요?

여자: 음, 300파운드가 넘지 않는 걸로요?

남자: 네, 고맙습니다. 그 가격대라면 265파운드에 140센티미터 너비의 2인용 침대를 구매할 수 있어요. 아니면, 300파운드에 160센티미터의 퀸사이즈 침대를 구매할 수 있고, 조금 더 작은 것을 원하신다면, 230파운드에 120센티미터 1인용 침대가 있습니다.

여자: 와, 선택하기 힘드네요.

남자: 음, 먼저 정말 필요한 침대가 무엇인지 생각해보고 침대를 놓을 방 크기에 따라 침대 크기를 고려해보시면 될 것 같아요.

여자: 의견 감사해요. 좋은 생각이네요. 생각해본 후에 전화드릴게요.

TAPESCRIPT 27

WOMAN: I tried to look for a rice cooker over the weekend as mine broke down but I couldn't find anything below £100. It's ridiculous.

MAN: Well, you know how it is when it's not the sale season, prices are just crazy.

WOMAN: Are you going to be busy this afternoon? Maybe you could help me find one?

MAN: Hold on a moment, I remember seeing something on the paper today, let me find it... here it is.

WOMAN: Remember, not over £100, please.

MAN: Here it is -- £89.99 for a Westinghouse 1-liter at Barget City Centre Branch.

WOMAN: That's perfect! Can you come with me, please?

여자: 밥솥이 고장 나서 주말 동안 찾아보았는데 100파운드보다 저렴한 것을 찾지 못했어. 말도 안 돼.
남자: 음, 너도 알다시피 지금은 세일 기간이 아니기 때문에 가격이 매우 비싸.
여자: 오늘 오후에 바쁘니? 밥솥 찾는 것 좀 도와줄 수 있어?
남자: 잠시만, 오늘 신문에서 본 것 같은데, 찾아볼게… 여기 있다.
여자: 100파운드가 넘지 않는 걸 명심해.
남자: 여기 있어. 바겟 시티 센터 지점에 있는 웨스팅하우스 1리터가 89.99파운드야.
여자: 완벽해! 나랑 같이 갈 수 있어?

TAPESCRIPT 28

MAN: I'm calling to ask about the investor seminar happening this month. Is it only opened for the members?

WOMAN: No, sir, but the fees for the non-members are different.

MAN: How much is it for the members then?

WOMAN: It's $180 for members to be paid upon arrival at the event.

MAN: And for the general public?

WOMAN: It's $210 which has to be paid in advance through online booking. In addition, the exhibition will be opened to the non-members only on the 25th of June.

남자: 이번 달에 하는 투자자 세미나에 대해 문의하려고 전화했어요. 회원들만 참석할 수 있나요?
여자: 아니요, 하지만 비회원의 참가비는 다릅니다.
남자: 그럼 회원들은 얼마를 내나요?
여자: 회원들은 행사에 도착하는 날 180달러를 지불하셔야 합니다.
남자: 그럼 일반 사람들은요?
여자: 온라인 예약을 통해 미리 210달러를 내셔야 합니다. 또한, 비회원들이 참여할 수 있는 전시회는 6월 25일에만 열립니다.

TAPESCRIPT 29

WOMAN: How much is the fee?

TEACHER: If you pay in advance, 1 or 2 weeks before the start of the lessons, it's $85.

WOMAN: What if we pay when the lessons have already started?

TEACHER: Then it's $105.

WOMAN: What exactly are the children going to learn?

TEACHER: They will learn to play their preferred musical instrument and compose music which they will play on their final recital. And, of course, most importantly, they're going to have fun.

여자: 수업료가 어떻게 되나요?
교사: 수업이 시작하기 1~2주 전에 미리 내시면 85달러입니다.
여자: 수업이 시작하고 나서 내면요?
교사: 그럼 105달러예요.
여자: 아이들은 정확하게 어떤 걸 배우게 되나요?
교사: 아이들이 좋아하는 악기를 연주하는 방법과 최종 발표회에서 연주하게 될 곡을 작곡하는 방법을 배워요. 그리고, 물론, 가장 중요한 것은 아이들이 즐거워 할 것이란 거죠.

TAPESCRIPT 30

STUDENT: Good morning, I'd like to inquire about university accommodations, please.

REGISTRAR: We have in-campus suites regular and first class.

STUDENT: Could you tell me about them and the costs?

REGISTRAR: The regular suites that include the amenities can be rented for $1000. 4 people will be using a common room and a big common bath with lockers on every floor.

STUDENT: What about the first class suites?

REGISTRAR: It's a lot more expensive because you have a spacious room to yourself and your own private toilet and bath. It can be rented for $3834 but it also includes an amenity.

학생: 안녕하세요, 대학 숙소 시설에 대해 문의하려고요.
담당자: 저희는 대학교 내에 일반 숙소와 일등급 숙소가 있습니다.
학생: 그 숙소들과 가격에 대해 알려주시겠어요?
담당자: 일반 **숙소는** 편의 시설들이 포함되어 있고 1000달러에 임대를 할 수 있어요. 4명이 한 방을 사용을 하게 되고 모든 층에 보관함이 있는 큰 공동 욕실이 있습니다.
학생: 일등급 숙소는요?
담당자: 혼자서 넓은 방을 쓰고 개인 화장실과 욕실이 있기 때문에 훨씬 비쌉니다. 3834달러에 임대를 할 수 있고 편의 시설도 포함이 되어 있어요.

TAPESCRIPT 31

MAN: Hi, I saw your advertisement on the paper about a room let. Is it still available?

WOMAN: Yes, it is. What's your name, please?

MAN: My name is Joseph and I'm a freshman student at the local university. The rent for in-campus accommodations is too high for me so I'm hoping to find something cheaper. So I was very glad when I came across your advertisement that said that you're letting a room for only $43 per month.

WOMAN: Yes, that's right. But there's an additional $5 charge for gas and electricity.

MAN: I see. So, that brings the total monthly rent to $48.

WOMAN: Yes, that's correct. Of course, you have your own bedroom but you'll be sharing the upstairs bathroom with my 2 kids who also go to the university.

MAN: I have no problem with that. Can I come and see the place this afternoon?

남자: 안녕하세요. 신문에서 방 렌트 광고를 봤어요. 아직 있나요?
여자: 네, 있어요. 성함이 어떻게 되시죠?
남자: 저는 조셉이고 그 지역 대학 신입생이에요. 대학교 기숙사 방세가 너무 비싸서 좀 더 저렴한 것을 찾고 있어요. 그래서 매달 43달러에 방을 임대한다는 광고를 봤을 때 너무 기뻤어요.
여자: 네, 맞습니다. 하지만 가스 및 전기 요금으로 5달러를 추가로 내야 해요.
남자: 그렇군요. 그럼, 매달 총 48달러를 내는 건가요?
여자: 네, 맞아요. 물론, 개인 침대가 있지만 대학에 다니는 제 아이들과 위층 욕실을 함께 써야 해요.
남자: 그건 문제 없어요. 오늘 오후에 가서 봐도 되나요?

TAPESCRIPT 32

MANAGER: On your first 6 months with the company, you will be on the probationary status. Then, you'll become a regular employee on your 6th month.

EMPLOYEE: Will there be additional benefits when I become regular?

MANAGER: Of course, you qualify for sick leaves, vacation leaves or paid holidays and medical insurance.

EMPLOYEE: Don't I qualify for any of that under my probationary status?

MANAGER: The sick leaves, yes, but unlike regular employees, you'll need to present a medical certificate even for a missing day of work.

EMPLOYEE: I see. So what's the minimum pay?

MANAGER: It's 120 pounds per month and you can also get a 100-pound bonus for complete attendance which includes no late and absences.

매니저: 회사에서 첫 여섯 달 동안은 수습 기간입니다. 그리고 나서 6개월부터 정식 사원이 될 것입니다.
직원: 정식 사원이 되면 부가적인 혜택이 있나요?
매니저: 물론이죠. 병가와 휴가 또는 유급 휴가 그리고 의료 보험 혜택도 있습니다.
직원: 수습 기간 동안에는 어떤 혜택도 받을 수 없나요?
매니저: 병가는 됩니다. 하지만 정식 사원과는 달리, 결근한 날 동안의 진단서를 제출해야 합니다.
직원: 알겠습니다. 그럼 최저임금은 얼마입니까?
매니저: 매달 120파운드이고 지각이나 결석 없이 전일 나왔을 경우 100파운드의 보너스를 드립니다.

TAPESCRIPT 33

MAN: I'd like to book Seaworld tickets for a group, please.

WOMAN: OK, sir, may I have your name, please?

MAN: It's John Bittens.

WOMAN: It's 18 pounds for children aged 5 to 15 and 23 pounds for each person who are aged 16 years old and above.

MAN: Is that the cost for group tickets?

WOMAN: Yes, they are, sir. Individual tickets are more expensive.

MAN: I see, thank you. I'd like to book for a group of 3 adults then.

남자: 씨월드 단체표를 예매하려고요.
여자: 네, 성함이 어떻게 되시죠?
남자: 존 비튼스입니다.
여자: 5~15세 아이들은 18파운드이고 16세 이상은 1인당 23파운드입니다.
남자: 이게 단체표 가격인가요?
여자: 네, 그렇습니다. 개인으로 구매하는 표는 더 비쌉니다.
남자: 알겠습니다. 고마워요. 그럼 단체로 성인 3명 예매할게요.

TAPESCRIPT 34

WOMAN: Yes, we're hiring part-time workers for the fruit-picking season. You can be assigned to either fruit-pick or pack.

MAN: Is there an age limit?

WOMAN: No, as long as you're not a child or extremely old and frail, you're OK. Can you work without problems under hot conditions?

MAN: Yes, I don't see any problems with that. One question though, if I work more than the regular 4-hour part-time shift, is the pay still the same?

WOMAN: Well, the basic salary is $4.50 per bucket. But for overtime, as you say, in excess of your regular work hour shift, we pay $5.50 per bucket.

MAN: Can I work overtime whenever I want?

WOMAN: No, it really changes from day to day when we need overtime shifts. Besides, if you can do overtime all the time, why not just work full-time instead of part-time?

여자: 네, 수확기 동안 아르바이트 직원을 채용하고 있습니다. 과일을 따거나 포장하는 것 중에서 배치가 될 거예요.
남자: 나이 제한이 있나요?
여자: 아니요, 어리거나 아주 나이가 많거나 약하지만 않으면 됩니다. 더운 날씨에 일하는 것에 지장이 없나요?
남자: 네, 아무 지장이 없습니다. 그런데 한 가지 궁금한 점이 있는데, 보통 4시간 교대 근무 보다 일을 더해도 급여는 같나요?
여자: 음, 기본 급여는 한 바구니당 4.5달러입니다. 하지만 말씀하신 대로, 초과 근무를 할 경우, 한 바구니당 5.5달러를 드립니다.
남자: 제가 원할 때마다 초과 근무를 할 수 있습니까?
여자: 아니요, 초과 근무가 필요한 날은 날마다 다릅니다. 그리고, 항상 초과 근무를 할 수 있다면, 아르바이트 대신에 정규직으로 하는 것이 어때요?

TAPESCRIPT 35

MAN: Hi, I'd like to apply as an apple picker at your orchard.

WOMAN: OK, but we only hire people 18 years old and above.

MAN: I am 18, I just look young, I guess. You can check my documents for my age.

WOMAN: OK, good. The pay is £5.60 per bucket. Are you OK with that?

MAN: Seems fair. When do I start?

WOMAN: We're just gathering workers at the moment because the date for picking depends on the weather. We'll let you know about it in a week of advance when the picking season starts.

MAN: How much do you pay for overtime work?

WOMAN: We pay £7 but we determine whether there is a need for overtime work or not.

남자: 안녕하세요, 이 과수원에 사과 따는 일을 지원하고 싶어서요.
여자: 네, 하지만 저희는 18세 이상만 채용을 합니다.
남자: 어려 보이지만 18살이에요. 서류에서 나이를 확인해보실 수 있어요.
여자: 네, 좋아요. 급여는 한 바구니당 5.6파운드입니다. 괜찮으신가요?
남자: 괜찮아요. 언제부터 시작할 수 있어요?
여자: 과일을 따는 시기는 날씨에 따라 달라지기 때문에 지금은 일할 사람들을 모으고 있어요. 수확기가 시작되면 일주일 전에 알려드릴게요.
남자: 초과 근무의 급여는 어떻게 되나요?
여자: 7파운드를 드리지만 초과 근무 필요 여부에 관해서는 저희가 결정을 합니다.

TIME   p.67

TAPESCRIPT 1

ASSISTANT: Hi, my name is Jan Cresiik and I'm here to inform you about the course schedules.

STUDENT: When is the drama course starting?

ASSISTANT: It will begin as scheduled on the 30th of May.

STUDENT: Do we go straight to the classroom?

ASSISTANT: No, the first class will be held at the auditorium at 5.30 pm.

조교: 안녕하세요, 저는 잔 크레식입니다. 강의 일정에 관해 알려드리려고 왔습니다.
학생: 드라마 강의는 언제 시작하나요?
조교: 예정된 대로 5월 30일에 시작합니다.
학생: 곧바로 강의실로 가면 되나요?
조교: 아니요, 첫 번째 강의는 5시 30분에 강당에서 합니다.

TAPESCRIPT 2

MAN: Hi, what can I do for you?

WOMAN: We'd like to buy tickets for the Jonestown concert tonight, please.

MAN: Ok. How many tickets do you need?

WOMAN: Two front row tickets, please.

MAN: Here you go. Are you paying in cash or by card?

WOMAN: Cash. What time does the concert start?

MAN: The concert starts at 7 pm but admission will start at 4.30 pm. It's only 2 pm so you have enough time to get to the venue and make yourselves comfortable before show time.

남자: 안녕하세요, 무엇을 도와드릴까요?
여자: 오늘 밤 존스타운 콘서트 표를 구매하고 싶어서요.
남자: 네. 표 몇 장이 필요하신가요?
여자: 앞쪽 줄 티켓 두 장이요.
남자: 여기 있습니다. 현금이신가요 아니면 카드로 지불하시나요?
여자: 현금이요. 콘서트는 몇 시에 시작하나요?
남자: 콘서트는 저녁 7시에 시작하지만 입장은 4시 30분부터 시작합니다. 아직 2시니까 입장까지 시간이 충분하네요. 공연 전까지 편하게 있으세요.

TAPESCRIPT 3

MICHELLE: Hi, there seems to be a problem with the fridge I bought from you last week and I would like a technician to come around and check it, please.

MAN: Oh, I'm sorry to hear about that, ma'am. May I have your name, please?

MICHELLE: My name is Michelle Trager.

MAN: And your address, please?

MICHELLE: It's No. 17 Primrose Cottage, High Street, Cambridge.

MAN: OK, just give me a moment to check the technician's log... ah, we have a technician that will be servicing another customer near your area this afternoon, so, I can schedule you for a 2 pm visit. Is that OK?

MICHELLE: Oh, no, that's not a good time for me because I have to pick up my son from school and that'll take about an hour and a half, so I'll be available after 3.30 pm. Can we adjust the time, please?

MAN: I don't think that's going to be a problem. OK, Miss Trager, please expect our technician to arrive at your specified time.

미셸: 안녕하세요, 지난 주에 산 냉장고에 문제가 생긴 것 같아요. 기술자가 와서 점검을 했으면 좋겠습니다.

남자: 오, 죄송합니다. 성함이 어떻게 되시죠?

미셸: 미셸 트래거입니다.

남자: 주소는요?

미셸: 캠브리지 하이 스트리트 프림로즈 코티지 17번가입니다.

남자: 네, 잠시 기술자 시간표를 확인해볼게요… 아, 오늘 오후 근처에서 다른 고객의 냉장고를 점검하는 기술자가 있네요. 그럼, 오후 2시에 방문하는 것으로 일정을 잡겠습니다. 괜찮으신가요?

미셸: 오, 아니요, 아들을 데리러 학교에 가야 해서 안 될 것 같네요. 1시간 반이 걸려서 3시 반 이후에 가능합니다. 시간을 조정해주실 수 있나요?

남자: 문제가 되진 않을 것입니다. 좋아요, 트래거 씨, 그 시간에 기술자를 기다려주세요.

TAPESCRIPT 4

WOMAN: Fitness Centre Club, Bethany speaking.

MAN: Hi, Bethany. This is Jeremy Irons. I'd like to inquire about your gym membership card. I want to give it to my sister for her birthday.

WOMAN: Excellent gift idea, Mr. Irons! The gym membership card has a minimum 12-month contract but you have the option to pay in either a full or on a monthly basis. It's 600 pounds if you pay in full at 50 pounds per month but if you want to pay monthly, it's 70 pounds per month.

MAN: I think I'd rather pay in full, since it'll save me 240 pounds and I could get her something else with it.

WOMAN: Good thinking, sir!

MAN: By the way, what time does the gym open?

WOMAN: We open at 7.30 am Monday to Friday and at 9 am on weekends.

여자: 피트니스 센터 클럽의 베서니입니다.

남자: 안녕하세요, 베서니 씨. 저는 제레미 아이언스입니다. 헬스클럽 회원카드에 대해 물어보려고요. 제 여동생의 생일 선물로 주려고 합니다.

여자: 아주 좋은 생각이네요, 아이언스 씨! 헬스클럽 회원카드는 최소 1년 계약이지만 전액을 지불하거나 월마다 지불하는 건 아이언스 씨께서 선택할 수 있습니다. 전액을 지불하면 달마다 50파운드씩 총 600파운드이고, 월마다 지불할 경우에는 매달 70파운드입니다.

남자: 전액을 지불하는 것이 낫겠네요. 그럼 240파운드를 절약할 수 있고 동생에게 회원카드 외에 다른 것을 줄 수도 있어요.

여자: 생각 잘 하셨어요!

남자: 그런데, 헬스클럽은 몇 시에 여나요?

여자: 월요일부터 금요일은 오전 7시 반에 열고 주말에는 오전 9시에 엽니다.

TAPESCRIPT 5

WOMAN: Hello, is this the customer service department?

MAN: Yes, Ma'am. How may I help you?

WOMAN: The dishwasher I bought from you a year ago needs repairs.

MAN: OK, Ma'am, can I have your name please?

WOMAN: I'm Julia.

MAN: OK, Miss Julia. Our technician will be available this afternoon. Would you be fine if he comes by at 4.40 pm?

WOMAN: Yes, that would be perfect, thank you.

여자: 안녕하세요, 고객 서비스 부서 맞나요?

남자: 네, 무엇을 도와드릴까요?

여자: 1년 전에 여기서 구입한 식기 세척기 수리가 필요해서요.

남자: 네, 성함을 알려주시겠어요?

여자: 줄리아입니다.

남자: 네, 줄리아 씨. 저희 기술자가 오늘 오후에 가능할 것 같습니다. 오후 4시 40분에 방문을 해도 괜찮은가요?

여자: 네, 그게 좋겠네요. 감사합니다.

TAPESCRIPT 6

WOMAN: Manchester Employment Centre, how can I help you?

MAN: Hi, good afternoon. I'm new in this town and I'd like to inquire about some available part-time jobs, please.

WOMAN: OK, may I have your name, please?

MAN: It's Oliver Stonewall.

WOMAN: OK, Mr. Stonewall, the only part-time job available at the moment is for an accountant at a bank. The pay is 7 pounds per hour but the working hours will vary.

MAN: That won't do because I go to university so I need something with a fixed regular schedule.

WOMAN: I see. Well, what time would be most convenient for you?

MAN: I can work Monday to Friday from <u>6</u> pm onwards.

WOMAN: OK, I'll take note of that and call you if anything comes up.

여자: 맨체스터 고용 센터입니다. 무엇을 도와드릴까요?
남자: 안녕하세요. 제가 이 지역이 처음인데 할 수 있는 아르바이트가 있는지 알고 싶어서요.
여자: 네, 성함이 어떻게 되시죠?
남자: 올리버 스톤월입니다.
여자: 네, 스톤월 씨, 지금 할 수 있는 유일한 아르바이트는 은행 회계원입니다. 급여는 시간당 7파운드이지만 근무 시간은 유동적일 거예요.
남자: 제가 대학에 다녀서 안 될 것 같네요. 저는 정해진 근무 일정이 있는 일이 필요해요.
여자: 그렇군요. 음, 언제가 가장 편하신가요?
남자: 월요일부터 금요일까지 오후 6시부터 계속 일할 수 있어요.
여자: 네, 적어놓고 일이 들어오면 연락드리겠습니다.

TAPESCRIPT 7

AGENT: House Insurance Inc., how can I help you?

WOMAN: Good afternoon. My house is insured with your company and I would like to know if you can also cover the cost for the installation of a security alarm system.

AGENT: It depends on your coverage, madam. Unfortunately, I'm not well-versed on this matter. Would you mind calling back at around <u>5.30</u> pm?

WOMAN: Sure, no problem. Who should I look for?

AGENT: That would be Miss Cooper. She's in a meeting at the moment; and I really don't want to make the mistake of providing you with wrong or inaccurate information.

WOMAN: I understand, don't worry about it, I'll call back, thank you.

직원: 주택 보험 주식회사입니다. 무엇을 도와드릴까요?
여자: 안녕하세요. 집을 이 회사 보험에 들었는데 경보 시스템 설치 비용도 포함이 되는 건지 알고 싶어서요.
직원: 그건 보험 보장에 따라 다릅니다. 죄송하지만, 저는 이 문제에 대해 정확하게 알지 못해서요. 오후 5시 반쯤에 다시 전화를 주시겠어요?
여자: 물론이죠, 괜찮아요. 누구를 찾아야 하죠?
직원: 쿠퍼 씨입니다. 지금 회의 중이에요. 제가 고객님께 정확하지 않거나 잘못된 정보를 제공하는 실수를 하고 싶지 않아서요.
여자: 이해합니다. 걱정 마세요, 다시 전화할게요, 고마워요.

TAPESCRIPT 8

LANDLORD: Yes, the current occupant will vacate the premises on April 21st but it won't be available for occupancy until 3 days later, on the 23rd.

WOMAN: I see, OK, that's fine, I have no problem with the move-in date but I'd still like to see the house before I move in.

LANDLORD: Of course. You can come on the 22nd at 12.30 pm.

WOMAN: Oh, I'm afraid that it won't be possible because I'll be in a very important meeting at that time. Can I come earlier, please? Like at 9 or 10 in the morning?

LANDLORD: Let me see... Well, I'll have people cleaning and doing repairs at that time but maybe you can pass by for a bit at around <u>10.15</u> am. How about that?

WOMAN: Yes, that would be perfect, thank you very much!

집주인: 네, 지금 살고 있는 입주자는 4월 21일에 집을 비울 거예요. 그렇지만 3일 뒤인 23일까지는 그 집을 사용할 수는 없어요.
여자: 알겠습니다. 좋아요, 이사 날짜는 문제 없지만 이사 오기 전에 집을 보고 싶어요.
집주인: 물론이죠. 22일 오후 12시 반에 오시면 됩니다.
여자: 아, 죄송하지만 그때 굉장히 중요한 회의가 있어서 안 될 것 같네요. 조금 더 일찍 와도 될까요? 오전 9시나 10시예요?
집주인: 글쎄요… 음, 그때 청소와 수리를 시키려고 했는데 오전 10시 15분 쯤에 잠시 들려도 될 것 같네요. 어떠세요?
여자: 네, 그게 좋겠네요, 정말 감사합니다!

TAPESCRIPT 9

WOMAN: Well, it can be sad and boring sometimes but I try to make use of my time to avoid being depressed.

MAN: I understand what you mean and I think you're doing an excellent job keeping your mind occupied.

WOMAN: Yes, but there are times when the day is just too long, you know what I mean?

MAN: Oh, yes, and it seems like it would drag on forever.

WOMAN: Especially when you're used to waking up early. Some days I wake up as early as 5.30 but I usually get up at 6.30 am.

MAN: Well, either way, it's still early.

여자: 음, 가끔 슬프고 지루하지만 우울하게 시간을 보내지 않으려고 해.
남자: 네가 무슨 말을 하려는지 알겠어. 집중을 할 수 있도록 정말 잘 하고 있는 것 같아.
여자: 응, 하지만 하루가 정말 길 때가 있어, 무슨 말인지 알아?
남자: 아, 응, 그 시간이 영원하게 느껴지는 것 같지.
여자: 특히 일찍 일어났을 때. 보통 오전 6시 반에 일어나는데 가끔 5시 반에 일찍 일어나.
남자: 음, 어느 쪽이든 일찍이네.

TAPESCRIPT 10

AGENT: Global Insurance Company, how can I help you?

MAN: Yes, I'm calling to inquire about a coverage. My son saw that we had a broken window at the back of the house and I was wondering if my home insurance would cover the cost for repairs.

AGENT: Well, sir, it depends on your coverage. May I have your name, please?

MAN: It's Will Carruthers.

AGENT: Here's what we'll do, sir, someone from our company will visit your place to survey the damage and see what can be done about it. Would you be available at 8 am tomorrow?

MAN: Yes, I will.

AGENT: OK, Mr. Carruthers. We'll give you a call when they're on their way.

직원: 글로벌 보험 회사입니다, 무엇을 도와드릴까요?
남자: 네, 보험 보장에 대해 문의하려고 전화했어요. 제 아들이 집 뒤쪽에 있는 창문이 깨져 있는 것을 봤다고 하는데 집 수리 비용이 처리가 되는지 궁금해서요.
직원: 음, 보험에 따라 다릅니다. 성함이 어떻게 되시죠?
남자: 윌 캐루더스입니다.
직원: 이것이 저희가 해드릴 수 있는 부분인데, 저희 회사에서 집을 방문해서 파손이 된 부분을 조사하고 어떻게 처리할지 알아볼게요. 내일 오전 8시 가능하신가요?
남자: 네, 됩니다.
직원: 좋아요, 캐루더스 씨. 방문하는 길에 연락드리겠습니다.

TAPESCRIPT 11

MAN: Oh, so you're looking to take tennis lessons as well?

WOMAN: Yes, but I'm not sure about the schedule. How about you, could you tell me the time of your classes? Maybe you could help me out.

MAN: Well, I'm taking an intensive class so my practice and tennis lessons start at 8 am and end at 6 pm every day, 7 days a week, Monday to Sunday.

WOMAN: Wow... that's pretty tough. Are you planning to be a pro and maybe be like Nadal?

MAN: Yes, I hope so. It's my dream. But, hey, of course there are breaks in between 8 am and 6 pm.

WOMAN: Well, that's good to hear.

남자: 오, 그럼 테니스 수업도 들을 생각이야?
여자: 응, 그런데 일정이 확실하지 않아서. 네 수업 시간은 어떻게 돼? 나 좀 도와줬으면 해.
남자: 음, 나는 집중 수업을 듣고 있어서 연습과 테니스 수업은 매일 오전 8시에 시작해서 오후 6시에 끝나. 월요일에서 일요일까지 일주일 내내 하고 있어.
여자: 와… 상당히 힘드네. 혹시 나달 처럼 프로 선수가 되려는 거야?
남자: 응, 그랬으면 좋겠어. 내 꿈이야. 그런데, 물론 아침 8시부터 오후 6시 사이에 휴식 시간은 있어.
여자: 음, 그거 다행이네.

TAPESCRIPT 12

WOMAN: Yes, we're looking to buy tickets for the Cirque de Soleil's performance on Wednesday.

MAN: Unfortunately, you can't get them through the phone or online anymore.

WOMAN: Can we get them at the venue?

MAN: Yes, you can buy it even on the day of the performance. But, please note that ticket selling will end at 4.30 pm on the day of the show.

WOMAN: OK, thanks for your help.

여자: 네, 태양의 서커스 수요일 공연 티켓을 구매하려고 알아보고 있어요.
남자: 안타깝지만, 전화나 온라인 상으로는 더 이상 구매를 할 수가 없습니다.
여자: 공연 장소에서는 구할 수 있을까요?
남자: 네, 공연 당일에도 구매를 할 수 있습니다. 하지만, 티켓은 공연 당일 오후 4시 반에 판매가 끝난다는 것을 유의해주세요.
여자: 네, 도와주셔서 감사해요.

TAPESCRIPT 13

MAN: Well, I'm a really big fan of The Hospital comedy show; it just cracks me up real good. You should watch it some time.

WOMAN: What time does it air?

MAN: It airs three times a week, Mondays, Wednesdays and Fridays at 8.30 pm.

WOMAN: Well, I might. But I'm more into science fiction so I always watch science fiction films at 10 pm on Tuesdays and Thursdays. I thought guys are more into that stuff than women?

MAN: Well, I guess we're just unique. But let me check out that science fiction thing.

남자: 나는 종합병원이라는 코미디 쇼의 열렬한 팬이야. 정말 웃겨. 시간 나면 꼭 봐.

여자: 몇 시에 방송을 하는 거야?

남자: 일주일에 세 번, 월요일, 수요일, 금요일 저녁 8시 반에 방송을 해.

여자: 음, 봐 볼게. 그런데 나는 공상 과학에 관심이 더 많아서 화요일과 목요일 밤 10시에는 항상 공상 과학 영화를 봐. 남자들이 여자들보다 이런 것에 더 관심이 있지 않아?

남자: 글쎄, 우리가 특이한 것 같아. 그래도 공상 과학에 관한 것도 한 번 볼게.

TAPESCRIPT 14

WOMAN: Yes, I'd like to enrol my daughter into violin classes.

MAN: Do you have a preferred time for her to have the lessons?

WOMAN: Well, if possible, is 3.15 pm an okay time?

MAN: Give me a moment to check on our calendar... oh, unfortunately, that slot's already taken. The only open time is for a quarter to five.

WOMAN: I see... let me think for a moment... I guess she can have a snack and an hour and a half rest in between. OK, 4.45 pm is fine, thank you.

여자: 네, 제 딸을 바이올린 수업에 등록시키고 싶어서요.

남자: 원하시는 수업 시간이 있으신가요?

여자: 음, 가능하다면 오후 3시 15분 괜찮은가요?

남자: 잠시 일정표를 확인해볼게요… 오, 죄송하지만, 그 시간은 이미 찼네요. 열려 있는 시간은 5시 15분 전 수업뿐입니다.

여자: 그렇군요… 잠시 생각해볼게요…. 제 생각에는 제 딸이 그 사이에 간식을 먹고 한 시간 반 동안 쉬면 될 것 같아요. 좋아요, 4시 45분이 좋겠네요, 감사합니다.

TAPESCRIPT 15

MAN: I saw a movie earlier and I saw a preview of a film I really want to see.

WOMAN: What's it about?

MAN: It's a movie about a bank robbery or something. It's a suspense thriller and you know how much I enjoy those kinds of films.

WOMAN: Do you remember the title?

MAN: I think it's something like the "Hidden Box". Anyway, it's showing tomorrow, can we go?

WOMAN: OK, but what time?

MAN: The film starts at 11.25 am so I'll pick you up at 10 so we can reserve for a good spot.

남자: 전에 영화 한편을 봤는데 내가 정말 보고 싶은 영화 예고편을 봤어.

여자: 어떤 내용인데?

남자: 은행 강도에 대한 이야기야. 공포 영화인데 내가 이런 종류의 영화를 얼마나 좋아하는지 너도 알잖아.

여자: 제목 기억해?

남자: '숨겨진 상자'라는 것 같았는데. 어쨌든, 내일 상영을 하는데 같이 보러 갈래?

여자: 좋아, 몇 시에?

남자: 영화는 오전 11시 25분에 시작을 하니까 10시에 데리러 갈게. 그럼 좋은 자리를 예매할 수 있어.

TAPESCRIPT 16

MAN: Yes, I'm new in the neighbourhood so I'd like to inquire about garbage collection.

WOMAN: Well, as far as I know the garbage is collected on Tuesdays at 8.15 pm.

MAN: Do I just leave it out by the side of the road?

WOMAN: No, they don't pick it up if you do that so you'll be left with a whole week's trash. There are big metal bins next to grocery stores and that's where you should take them.

MAN: I see. OK, thank you very much for your help.

남자: 네, 제가 이 지역은 처음이라 쓰레기 수거에 대해 문의하려고요.

여자: 음, 제가 알기로는 화요일 오후 8시 15분에 쓰레기를 모으는 걸로 알고 있어요.

남자: 길가에 두면 되나요?

여자: 아니요. 그렇게 하면 가져가지 않아서 일주일 내내 쓰레기가 거기 있을 거예요. 식료품점 옆에 큰 금속 쓰레기통들이 있는데 거기에 넣어야 해요.

남자: 알겠습니다. 도와주셔서 정말 감사해요.

TAPESCRIPT 17

WOMAN: Coventry University, how can I help you?

STUDENT: Good morning, I'm calling to inquire about the part-time job fair that will be held on campus.

WOMAN: Yes, it will be at the Woodside Campus. It'll only be on for a day, so make sure you come early.

STUDENT: I see. Is there anything in particular I need to bring with me?

WOMAN: You can check the campus website for the details on that. There are special policies that apply to overseas students.

STUDENT: OK, thank you. By the way, until what time will the fair be happening?

WOMAN: It'll start at 8 am and the enquiry office will be open until 8.30 pm.

STUDENT: Alright, thank you for your help.

여자: 코번트리 대학교입니다. 무엇을 도와드릴까요?
학생: 안녕하세요. 학교에서 열리는 아르바이트 설명회에 대해 문의하려고요.
여자: 네, 우드사이드 캠퍼스에서 합니다. 하루 동안만 하기 때문에 일찍 오셔야해요.
학생: 알겠습니다. 제가 특별히 가져가야 할 것이 있을까요?
여자: 자세한 사항은 학교 홈페이지에서 확인을 하시면 돼요. 해외 유학생들에게 해당되는 특별한 방침들도 있습니다.
학생: 네, 고맙습니다. 그런데, 설명회는 몇 시까지 하나요?
여자: 오전 8시에 시작하고 사무실은 오후 8시 반까지 열 거예요.
학생: 알겠습니다. 도와주셔서 감사해요.

TAPESCRIPT 18

MAN: Are you certain we're up-to-date with the arrangements for the festival?

WOMAN: Positive. The venue has been settled, it'll be at the concert hall.

MAN: And when?

WOMAN: It'll start at 2.30 pm on Saturday.

MAN: Does the advertising team have the information already?

WOMAN: Yes, everyone's been brought up to speed.

남자: 행사 준비에 대한 지금까지의 상황을 확실하게 하고 있죠?
여자: 확실합니다. 장소는 결정되었어요, 콘서트 홀에서 합니다.
남자: 날짜는요?
여자: 토요일 오후 2시 30분에 시작합니다.
남자: 광고 팀도 이미 정보를 알고 있지요?
여자: 네, 모두 잘 알고 있습니다.

TAPESCRIPT 19

WOMAN: But where did you get those tickets?

MAN: From an agent near the market.

WOMAN: Are you sure they're legit? I mean, they could be fake or something.

MAN: No, I'm sure they're fine. They're a bargain for 2.5 pounds.

WOMAN: I know. I just hope we don't get into trouble with them. Anyway, which show are they for?

MAN: They're for the 7.30 pm show.

WOMAN: That's great. We can have a nice dinner somewhere before.

여자: 그런데 이 티켓들은 어디서 구했어?
남자: 시장 근처에 있는 중개상한테 샀어.
여자: 거기 확실히 합법적인 곳이야? 내 말은, 가짜일 수도 있다는 거야.
남자: 아니야, 정말 괜찮아. 2.5파운드로 싸게 샀어.
여자: 알아. 그저 우리가 곤경에 빠지지 않기를 바라는 거야. 그건 그렇고, 어떤 시간 공연표야?
남자: 오후 7시 30분 공연표야.
여자: 좋아. 그 전에 어디 가서 맛있는 저녁을 먹을 수 있겠다.

TAPESCRIPT 20

STUDENT: Right, got that. And what do I need to bring to the library?

MAN: Well, you'll need to bring your student card and a bank statement that bears your name.

STUDENT: So, when would be the best time to visit?

MAN: You can come anytime between 9 am and 6.30 pm on weekdays.

STUDENT: OK, thank you very much for your help.

학생: 알겠습니다. 그리고 도서관에 어떤 것을 가져가야 하나요?
남자: 음, 학생증과 학생 이름이 써있는 은행 계좌 내역서를 가지고 오면 돼요.
학생: 그럼, 언제 방문하는 게 가장 좋은가요?
남자: 주중에 오전 9시에서 오후 6시 반 사이에 아무 때나 오세요.
학생: 네, 도와주셔서 정말 감사해요.

TAPESCRIPT 21

WOMAN: Mobility Aids, how can I help you?

MAN: Good morning, I'd like to reserve a wheelchair for my father, please.

WOMAN: No problem, sir. May I have your name, please?

MAN: It's Dan Allaire. Where can we pick it up?

WOMAN: We're located at the Greenwood Garden, sir.

MAN: And what time will the wheelchair be ready?

WOMAN: You can pick it up right now, if you prefer. Otherwise, we're open from 9 am to 4.30 pm.

MAN: OK, see you soon then.

여자: 보행보조기 센터입니다. 무엇을 도와드릴까요?
남자: 안녕하세요. 저희 아버지를 위해 휠체어를 예약하려고요.
여자: 문제 없습니다. 성함이 어떻게 되시죠?
남자: 댄 얼레어입니다. 어디로 찾으러 가면 되죠?
여자: 저희는 그린우드 가든에 있습니다.
남자: 휠체어는 몇 시에 준비가 될까요?
여자: 원하시면 지금 바로 가져가셔도 돼요. 아니면, 오전 9시에서 오후 4시 반까지 열려 있습니다.
남자: 좋아요, 그럼 곧 뵐게요.

TAPESCRIPT 22

WOMAN: Yes, it's unbearable, I can't stand it anymore. I hardly get any sleep.

MAN: I understand your situation, madam. So, where did you say the noise is coming from?

WOMAN: From our neighbours. They're doing alterations but they're doing it at ungodly hours.

MAN: Around what time do they conduct the work?

WOMAN: They've been conducting the work every day for the past week now from 6.30 pm to 7.30 am. They get noisiest between midnight and 3.30 am. I cannot understand why they have to do the work at that time.

MAN: Yes, that's certainly inconceivable.

여자: 네, 견딜 수가 없고, 더 이상 못 참겠어요. 잠도 거의 못 잤거든요.
남자: 당신의 상황을 이해합니다. 소음이 어디서 들린다고 했죠?
여자: 이웃집에서요. 집을 개조하고 있는데 터무니 없는 시간에 하고 있어요.
남자: 대략 몇 시쯤 하는 거죠?
여자: 지난 주부터 매일 저녁 6시 반부터 아침 7시 반까지 하고 있어요. 자정에서 새벽 3시 반 사이에 가장 시끄러워요. 왜 그때 작업을 하는지 이해할 수가 없어요.
남자: 네, 정말 상상도 못할 일이네요.

TAPESCRIPT 23

SPEAKER: We're glad to announce that the steam train museum will be opened to the public very soon.

WOMAN: What train type will be running?

SPEAKER: Coaches will be available for families at a ticket price of 18 pounds.

WOMAN: So when will it officially run?

SPEAKER: It will run across Northern Europe and for this season, we will be running from 10 am to 4 pm.

연사: 조만간 증기 기관차 박물관을 대중에게 공개하는 것을 알리게 되어 정말 기쁩니다.
여자: 어떤 종류의 기차를 운행하나요?
연사: 가족들은 18파운드의 티켓 가격으로 객차를 이용할 수 있습니다.
여자: 그럼 언제 공식적으로 운행을 합니까?
연사: 북유럽 전역을 운행을 하고 이 기간 동안에는 오전 10시부터 오후 4시까지 운행을 합니다.

TAPESCRIPT 24

WOMAN: OK, do you know until what time the library's open?

MAN: Let me check... On weekdays they're opened from 9.30 am to 6.30 pm.

WOMAN: How about on weekends?

MAN: They open at the same time but they close earlier at 5 pm.

WOMAN: Great. OK, thanks for your help.

여자: 좋아요, 도서관이 몇 시까지 하는지 아시나요?
남자: 확인해볼게요…. 주중에는 오전 9시 30분부터 오후 6시 30분까지 엽니다.
여자: 주말에는요?
남자: 같은 시간에 열지만 오후 5시에 조금 더 일찍 닫습니다.
여자: 좋아요. 네, 도움 주셔서 감사해요.

TAPESCRIPT 25

PARENT: What time do the children have to be at school by?

SPEAKER: Classes begin at 8.55 am everyday so students have to be at school between 8.40 and 8.45 am. 10 minutes will be spent getting them in their respective classrooms and making themselves comfortable before their lessons begin. If a student arrives at 9 am, he or she will be considered late, and if this occurs for

3 consecutive days, an equivalent disciplinary action will take place.

PARENT: How about lunch?

SPEAKER: Lunch fees, as you know, are included in the tuition fee payments. Students will have their lunch break at noon everyday wherein they will be provided with a nutritious hot meal. Lunch break goes for an hour and a half.

학부모: 아이들은 학교에 몇 시까지 가야 하나요?

연사: 수업은 매일 오전 8시 55분에 시작을 하기 때문에 학생들은 8시 40분에서 8시 45분 사이에 학교에 와야 합니다. 10분 동안 각 교실로 모여서 수업 시작 전에 잠시 쉽니다. 만약 오전 9시에 오게 되면 지각이 되고 3일 연속 늦으면 그에 상응하는 징계 조치가 취해질 것입니다.

학부모: 점심 식사는 어떻게 되나요?

연사: 아시다시피, 수업료에 점심 값이 포함되어 있습니다. 학생들은 매일 정오에 점심을 먹고 영양가 있는 식사가 제공될 것입니다. 점심 시간은 1시간 반입니다.

TAPESCRIPT 26

SPEAKER: As you all know, the football club is comprised of 15 to 17-year-old students who are currently enrolled are maintaining an excellent school grade.

TEACHER: Will they have practice sessions that might be in conflict with their classes?

SPEAKER: To avoid that as much as possible, our practice sessions will only be on at Saturdays from 7.30 am. Though, there may be changes during the game seasons but, like I said, players should be able to maintain a suitable grade for schools first. Otherwise, they will have to be removed from the team until such time when they are able to recover their academic standing.

TEACHER: OK, thank you for the clarification.

연사: 여러분 모두 아시다시피, 축구팀은 15세에서 17세 학생들로 구성되어 있습니다. 현재 가입된 학생들은 우수한 성적을 유지하고 있어요.

교사: 수업과 겹칠 수 있는 연습 시간이 있나요?

연사: 최대한 피하기 위해, 연습 시간은 토요일 오전 7시 반에만 있을 것입니다. 하지만, 경기 시즌 동안에는 변동이 있을 수도 있지만, 제가 말씀 드린 대로, 선수들은 우선 적절한 성적을 유지할 수 있어야 합니다. 그렇지 않으면, 성적을 만회할 수 있을 때까지 팀에서 제외될 것입니다.

교사: 네, 설명해주셔서 감사합니다.

TAPESCRIPT 27

MAN: Yes, the movie is called the Thriller Film.

WOMAN: Is it also correct that the script writer took the main role in this film?

MAN: Yes, that's right.

WOMAN: OK, go ahead and invite our audience to your film screening.

MAN: I would like to invite everyone to our premiere night which will be held at the town hall tomorrow. The film will start promptly at 7.30 pm so please be at the venue before the show starts. Thank you.

남자: 네, 그 영화는 스릴러 영화라고 합니다.

여자: 시나리오 작가가 이 영화의 주인공으로 나오는 것도 맞나요?

남자: 네, 맞아요.

여자: 좋아요, 가서 영화 상영에 관객들을 초청해요.

남자: 내일 시청에서 하는 전야제에 모든 사람들을 초청하고 싶어요. 영화는 정확히 오후 7시 반에 시작을 하니까 영화 시작 전에 그 장소로 와주세요. 감사합니다.

TAPESCRIPT 28

WOMAN: As stated on your information sheets, accommodations are provided in the campus.

MAN: Is it safe to leave food in the common kitchens?

WOMAN: Most food containers will be labelled by the students with their names but we cannot guarantee that someone will take it. However, if an incident where your food is lost occurs, inform the staff immediately so appropriate action can be taken.

MAN: Are there any other rules that we should take note of?

WOMAN: Everything is on the sheet provided. I just want to emphasize that you must remember the code to enter the hostel. Otherwise, you will be refused to enter and be locked out. Also, TVs, radios and other devices that emit sound must be turned off by 11.30 pm. Anyone caught watching TV or playing music after that time will have their gadget confiscated and kept until the end of the term.

여자: 안내지에 설명해드린 대로, 캠퍼스에 숙소가 있습니다.

남자: 공동 주방에 음식을 두는 것은 안전한가요?

여자: 대부분의 음식 용기에 학생들의 이름을 붙일 것이지만 누군가가 가져가는 것에 대해 보장할 수는 없어요. 하지만, 음식이 분실될 경우, 즉시 직원에게 알려주시면 적절한 조치를 취할 것입니다.

남자: 저희가 주의해야 할 다른 규칙은 없나요?

여자: 안내지에 모두 안내를 해드렸습니다. 여러분께 강조하고 싶은 점은 숙소에 들어올 때 비밀번호를 기억하셔야 한다는 것입니다. 그렇지 않으면, 들어갈 수 없고 잠겨있을 거예요. 또한, 텔레비전, 라

디오, 소리를 내는 기타 기기들은 밤 <u>11시 30분</u>까지 꺼주세요. 이 시간 이후에 텔레비전을 보거나 음악을 듣다가 걸리면 기기들을 압수해서 학기가 끝날 때까지 보관할 거예요.

TAPESCRIPT 29

OFFICER: The Australian university tour will last for 2 days.

WOMAN: What are the activities?

OFFICER: On the first day, Monday, we will be attending lectures; and on the next day, Tuesday, we will be using campus facilities to play different types of sports.

WOMAN: Do we go to the campuses together as a group or can we go at different times?

OFFICER: Everyone will have to go at the same time. Please note that the Wollongong Shuttle will be our ride for both days.

WOMAN: Will people who are coming from the airport be taking the same shuttle?

OFFICER: No, the airport shuttle will be the McGuire Shuttle bus which will depart at exactly <u>9</u> am on Wednesday.

담당자: 오스트레일리아 대학교 관광은 2일 동안 할 것입니다.
여자: 어떤 활동들이 있나요?
담당자: 첫째 날인 월요일에는 강의를 듣고 그 다음 날인 화요일에는 다양한 <u>스포츠</u>들을 해보기 위해 캠퍼스 시설들을 이용할 것입니다.
여자: 단체로 캠퍼스를 함께 다니는 것인가요 아니면 다른 시간대에 가는 거예요?
담당자: 동시에 모두 가야 합니다. 우리는 2일 동안 울렁공 셔틀 버스를 타고 다닐 거라는 것을 알고 계세요.
여자: 공항에서 오는 사람들은 같은 버스를 타나요?
담당자: 아뇨, 공항 셔틀 버스는 정확히 수요일 오전 <u>9시</u>에 출발하는 맥과이어 셔틀 버스입니다.

TAPESCRIPT 30

SPEAKER: And that's the history of the cinema. Any questions?

WOMAN: I understand your speech about the history of cinema but my question is about the membership. What advantages will you receive as a member?

SPEAKER: If you're a member, you won't have to pay for tickets anymore. You'll just have to present your membership ID at the box and you'll get a free entrance. You will also get all the information about a film first before it's presented to the general public and you will qualify for any activities related to any films that will be shown.

WOMAN: When is the first film being shown?

SPEAKER: It will be at exactly <u>11.25</u> pm on Saturday, November 15th.

연사: 그리고 이것이 극장의 역사입니다. 질문 있으신가요?
여자: 극장의 역사에 대한 강의 잘 이해했어요. 그런데, 저는 회원 제도에 대해 궁금한 것이 있어요. 회원이 되면 어떤 혜택을 받을 수 있나요?
연사: 회원이 되면, 영화 표 값을 내지 않아도 됩니다. 매표소에서 회원 번호를 알려주시면 무료로 입장하실 수 있어요. 또한, 일반 대중들에게 영화를 상영하기 전에 영화에 대한 모든 정보를 먼저 받으실 수 있어요. 그리고 상영하는 모든 영화에 관련된 활동들도 할 수 있습니다.
여자: 첫 번째 영화는 언제 상영이 되죠?
연사: 정확히 11월 15일 토요일 밤 <u>11시 25분</u>에 상영이 될 것입니다.

LENGTH / WEIGHT

p.73

TAPESCRIPT 1

WOMAN: Hi, Harry. How are you? I'm calling to ask if the office space you mentioned to me some time ago is still available.

MAN: Yes, it still is! It just needs some minor renovations.

WOMAN: We have 40 employees in total -- what's the size of the space? Do you think the area is big enough to fit all of us in?

MAN: Well, it's 12000 square meters so I think it's big enough. When are you planning to move in?

WOMAN: Well, our lease expires in June so in May, the 16th to be exact.

MAN: Perfect! I have enough time to fix up the place.

여자: 안녕, 해리. 잘 지냈어? 며칠 전에 네가 말한 사무실이 아직 비어있는지 물어보려고 전화했어.
남자: 응, 아직 있어! 조금 수리가 필요가 필요하거든.
여자: 우리는 총 40명의 직원들이 있는데 사무실 크기가 어떻게 되니? 우리가 들어가기에 공간이 충분히 크다고 생각해?
남자: 음, 12000평방미터이기 때문에 충분히 클 거야. 언제 들어올 생각이야?
여자: 글쎄, 우리 임대 계약이 6월에 끝나서 5월에 가려고 해. 정확히는 16일이야.
남자: 완벽해! 수리하는데 시간이 충분하네.

TAPESCRIPT 2

WOMAN: Hi, I'd like to register my two daughters into your painting class. My youngest is under 8 years old.

REGISTRAR: That's OK; she'll be joining a separate group for children 8 years old and below. May I know the contact person, please?

WOMAN: That would be me, the mother, Andy Kahn. What are the requirements for the first painting class?

REGISTRAR: Brushes and paints will be provided but they will have to bring their own canvas.

WOMAN: Is there a required size?

REGISTRAR: Yes. It'll have to be 80 centimetres wide and 60 centimetres long.

여자: 안녕하세요, 제 두 딸을 그림 수업에 등록시키려고요. 막내가 8살 미만이에요.
담당자: 괜찮아요. 8세 미만 아이들을 위한 별도 수업에 참여하면 됩니다. 저희가 연락할 수 있는 분은 누구인가요?
여자: 엄마인 저예요, 앤디 칸. 첫 그림 수업에 필요한 것들은 무엇인가요?
담당자: 붓과 물감은 제공이 되지만 본인 캔버스는 가져와야 해요.

TAPESCRIPT 3

AGENT: Well, the job requires some knowledge about driving. Do you know how to drive?
STUDENT: Yes, I do.
AGENT: OK, I will schedule you for an interview then but first, can you give me your name?
STUDENT: Yes, it's Marissa Kellar.
AGENT: OK, Miss Kellar, after the interview, a driving test will be conducted to test your skills and technique.
STUDENT: How far will I have to drive?
AGENT: You'll need to drive just for 2.5 kilometres.
STUDENT: I see. That's not so bad. OK, so when's the interview?

직원: 음, 그 일은 운전에 대한 약간의 지식이 필요해요. 운전하실 줄 아시나요?
학생: 네, 할 줄 알아요.
직원: 좋아요, 그럼 면접 일정을 잡을게요, 그런데 먼저 성함을 알려주시겠어요?
학생: 네, 마리사 켈러입니다.
직원: 네, 켈러 씨. 면접 후에 운전 실력과 기술을 확인해보기 위한 운전 시험이 있을 거예요.
학생: 얼마나 운전을 해야 하죠?
직원: 2.5킬로미터를 운전해야 합니다.
학생: 알겠습니다. 그렇게 나쁘지 않네요. 그럼 면접은 언제인가요?

TAPESCRIPT 4

WOMAN: Hi, I'm planning to buy a bed but I'd like to inquire about price first.

MAN: No problem, ma'am. What bed size are you looking for?

WOMAN: Well, I want it with a width of 140 centimetres.

MAN: OK, for that size, the prices range from 200 to 300 pounds, depending on the brand.

WOMAN: I see. OK, I think it'll be the best to go to your shop and pick which I one I prefer.

MAN: Yes, that's a good idea.

여자: 안녕하세요, 침대를 사려고 하는데 먼저 가격에 대해 알고 싶어서요.
남자: 괜찮습니다. 어떤 침대 크기를 찾으시나요?
여자: 음, 140센티미터 폭의 침대를 찾고 있어요.
남자: 좋아요, 그 크기라면, 가격대는 브랜드에 따라 200에서 300 파운드입니다.

여자: 그렇군요. 좋아요, 매장에 들러서 제가 원하는 것을 고르는 것이 가장 좋겠네요.
남자: 네, 좋은 생각이네요.

TAPESCRIPT 5

MAN: Yes, ma'am, the event will last a total of 7 days but only 6 of those will be for the marathon race itself; one day will be used as a day of resting.

WOMAN: I see. Are the runners going to be taken care of during the rest period?

MAN: Yes, there is a hotel that would house them.

WOMAN: OK, that's good. How long is the race again?

MAN: It's a distance of over <u>200</u> kilometres to the finish line.

WOMAN: Wow. OK, thanks for the information.

남자: 네, 행사는 총 7일 동안 계속 되지만 6일 동안만 마라톤 경주가 있고 하루는 쉬면서 보내게 됩니다.
여자: 그렇군요. 휴식 기간 동안 선수들을 수용할 수 있는 곳이 있나요?
남자: 네, 선수들이 지낼 수 있는 호텔이 있습니다.
여자: 좋네요. 마라톤 경주 거리가 얼마죠?
남자: 결승선까지 <u>200</u>킬로미터 이상입니다.
여자: 와. 네, 알려주셔서 감사합니다.

TAPESCRIPT 6

WOMAN: Yes, I saw your advertisement about an old double wardrobe with a mirror inside.

MAN: It's still available. What would you like to know about it?

WOMAN: I wanted to find out if it's wide enough to fit my clothes.

MAN: Well, it's <u>1.80</u> metres wide. It's a pretty standard size, as far as I can tell.

WOMAN: Can I see it before I decide whether to buy it?

MAN: Sure. You can come anytime between noon and 6pm today. My address is …

여자: 네, 안에 거울이 있는 오래된 2인용 옷장에 대한 광고를 봤어요.
남자: 아직 있습니다. 무엇을 알고 싶으신 건가요?
여자: 제 옷들이 들어갈 만큼 넓은지 알고 싶어서요.
남자: 음, 폭이 <u>1.8</u>미터예요. 제 생각엔 꽤 평범한 크기예요.
여자: 구매할지 결정하기 전에 봐도 될까요?
남자: 물론이죠. 오늘 낮 12시에서 오후 6시 사이에 아무 때나 오시면 돼요. 제 주소는….

TAPESCRIPT 7

MAN: Yes, we've just finished our research about the sea cucumbers.

WOMAN: So what information did you get to gather?

MAN: Well, they generally feed on plants so they're considered pests. But there has been a decline in their population the past few years due to human consumption particularly in China.

WOMAN: Wow. I didn't even know you could eat those. How big are they?

MAN: Well, they vary in length and size but apparently after 22 years of life their growth slows down to <u>0.1</u> (nought point one) centimetres.

남자: 네, 해삼에 대한 연구를 이제 막 끝냈습니다.
여자: 그럼 어떤 정보들을 모았죠?
남자: 음, 해삼은 대체로 식물을 먹고 살기 때문에 해충으로 여겨집니다. 하지만, 특히 중국에서 사람들이 식용으로 쓰고 있어서 지난 몇 년간 개체 수가 감소하고 있습니다.
여자: 와. 그것들을 먹을 수 있는지 몰랐네요. 크기가 어느 정도인가요?
남자: 글쎄요, 길이와 크기는 다양하지만 22년을 살고 나면 성장이 <u>0.1</u>센티미터로 줄어듭니다.

TAPESCRIPT 8

WOMAN: Professor Clarke is already asking for us to submit our whale research report.

MAN: Have you filled out all the entries with the details we've gathered?

WOMAN: Yes, here, check it.

MAN: Ok… uhmmm… hold on, I think it would be better if we enter <u>100</u> metres instead of 50 because I think 50 metres is too shallow. There may have been other causes for the decrease in visibility which we may not have been able to determine.

WOMAN: But if we do that then everything else in the report will be inaccurate.

MAN: I get what you mean. I guess it would be better to ask Professor Clarke first.

여자: 클라크 교수님이 고래 연구 보고서를 제출하라고 이미 말씀하셨어.
남자: 우리가 모은 사세한 징보 힝목들을 모두 작성한 기야?
여자: 응, 여기, 확인해봐.
남자: 좋아… 음… 잠시만, 50미터 대신에 <u>100</u>미터라고 적는 것이 더 좋을 것 같아. 왜냐하면 50미터는 너무 얕은 것 같아. 우리가 알아낼 수 없는 가시성의 감소에 대해 다른 원인들이 있을 거야.
여자: 그렇지만 이렇게 한다면 보고서의 다른 모든 것들이 정확하지 않을 거야.
남자: 네 말이 무슨 뜻인지 알아. 그럼 먼저 클라크 교수님께 여쭤보는 것이 좋겠다.

TAPESCRIPT 9

AGENT: House Insurance Inc., how can I help you?

WOMAN: Good afternoon. I'm interested in insuring my house with your company so I'd like to inquire about the requirements.

AGENT: OK, the coverage depends on which plan you sign up for but there is a minimum area size for your house to qualify.

WOMAN: I see. So what's the size requirement?

AGENT: It has to be no less than <u>18</u> square meters.

WOMAN: Oh, it's OK then, my house is a lot bigger than that.

직원: 주택 보험 주식회사입니다. 무엇을 도와드릴까요?
여자: 안녕하세요. 집을 이 회사 보험에 가입을 하고 싶어서 가입 요건에 대해 문의하려고요.
직원: 네, 보험 보장 범위는 가입하려는 것에 따라 다르지만 가입 자격이 되는 집의 최소 면적은 있습니다.
여자: 그렇군요. 그럼 면적 요건은 무엇인가요?
직원: <u>18</u>평방미터는 되어야 합니다.
여자: 아, 저희 집은 그것보단 훨씬 크니 괜찮네요.

TAPESCRIPT 10

MAN: Yes, this new water purifying system is definitely a breakthrough because it's a cost-effective way of providing fresh water for consumption.

WOMAN: What's that machine called again?

MAN: It's called the SW40 and it can support the daily drinking water needs of a family of at least 5.

WOMAN: How much desalinated water can it produce in a day?

MAN: About <u>9</u> litres on a sunny day.

WOMAN: I see... OK, let me talk to my husband for a moment.

남자: 네, 이 새로운 정수 장치는 신선한 물을 제공하는 데 저렴하기 때문에 분명 획기적일 것입니다.
여자: 그 기계가 뭐라고요?
남자: SW40이라고 합니다. 이것은 적어도 다섯 식구에게 필요한 식수를 매일 제공해줄 수 있습니다.
여자: 하루에 만들어낼 수 있는 담수는 어느 정도인가요?
남자: 날씨가 맑은 날에는 대략 <u>9</u>리터입니다.
여자: 알겠습니다… 좋아요. 잠시 남편이랑 얘기를 해볼게요.

TAPESCRIPT 11

MAN: Yes, I'd like to inquire about the Creton Running Sports Club event that's on this Saturday.

WOMAN: OK, what would you like to know about it?

MAN: Where's the starting point for the running competition? Is it still at the riverside?

WOMAN: No, this year, it will be at the palace gates.

MAN: I see. And what prizes will the winner receive?

WOMAN: Sports equipment.

MAN: How long is the race?

WOMAN: It's for a total distance of 30 miles and the first <u>7</u> miles will be through the length of the palace grounds.

남자: 네, 이번 토요일에 하는 크레톤 달리기 스포츠 클럽 행사에 대해 문의하려고요.
여자: 네, 어떤 것을 알고 싶으신가요?
남자: 달리기 대회의 출발점은 어디인가요? 이번에도 강변에서 하나요?
여자: 아니요. 올해에는 궁전 문에서 합니다.
남자: 알겠어요. 그리고 우승자 상품은 무엇인가요?
여자: 스포츠 용품입니다.
남자: 경주 거리가 얼마나 되죠?
여자: 총 30마일입니다. 첫 <u>7</u>마일은 궁전 뜰 전체를 지나게 될 거예요.

TAPESCRIPT 12

WOMAN: But which theme park are we going to go to?

MAN: Well, there are 2 options. The first theme park, theme park A, is smaller at 15,000 square meters but they have rides for all ages.

WOMAN: I can imagine that, that theme park will be bursting with people at this time of year.

MAN: I think so, too. But the other theme park, theme park B, although bigger at <u>20000</u> square meters, only has rides for their target market.

WOMAN: And that is...?

MAN: 5 to 12-year-old children. That means the rides are going to be for children only.

여자: 그런데 어떤 테마 파크에 가는 거예요?
남자: 음. 두 가지 선택권이 있어요. 첫 번째 테마 파크 A는 15,000평방미터로 작지만 모든 연령대가 탈 수 있는 놀이 기구가 있어요.
여자: 상상이 되네요. 이맘때는 사람들로 꽉 차 있을 거예요.
남자: 저도 그렇게 생각해요. 그런데 다른 테마 파크 B는 <u>20000</u>평방미터로 더 크지만 특정 사람들만 탈 수 있는 놀이 기구가 있어요.
여자: 그렇다면…?
남자: 5세에서 12세 아이들이요. 아이들만 탈 수 있는 놀이기구가 있다는 거죠.

TAPESCRIPT 13

MAN: Based on our research about the American black bear, they are reproductively compatible with other bear species because a female American black bear can produce an offspring with any other types of bears.

WOMAN: How much do their babies weigh?

MAN: Well, if a mother bear produces 6 babies at once, them all combined could be as heavy as 325 pounds.

WOMAN: So, that's like 54 pounds for one cub. Wow, that's like the weight of 4 three-month old human babies.

MAN: Yes, they can get really big and heavy. In fact, adult males typically weigh about <u>250</u> kilograms.

WOMAN: I can't even imagine how heavy they might be!

남자: 아메리카 흑곰에 대한 저희 연구에 따르면, 이들은 다른 곰들과 생식적으로 잘 맞습니다. 왜냐하면 아메리카 흑곰 암컷은 다른 종의 새끼를 낳을 수 있기 때문이지요.
여자: 새끼들의 체중을 얼마나 되나요?
남자: 음, 어미 곰이 한 번에 새끼 여섯 마리를 낳는다면, 그들을 모두 합친 무게는 325파운드 정도 됩니다.
여자: 그럼, 새끼 한 마리는 54파운드 정도 되겠네요. 와, 세 달 된 사람의 아기 4명의 무게와 같네요.
남자: 네, 정말 크고 무겁죠. 사실, 다 자란 수컷 곰은 보통 250킬로그램 정도 나갑니다.
여자: 얼마나 무거울지 상상조차 안 되네요!

TAPESCRIPT 14

SPEAKER: These are automobiles propelled by electric motors using only electrical energy stored in these batteries.

GUEST: But what if the battery gets discharged on the road?

SPEAKER: Good question! That won't be a problem because the car has an energy indicator which would let you know when the battery is about to run out and also, charging stations are being put up on highways and main streets. There will be one every <u>500</u> metres.

GUEST: Are there going to be charging stations at bus stops and universities too?

연사: 이것들은 배터리에 저장되어 있는 전기 에너지만 사용하는 전동 모터로 움직이는 자동차입니다.
초대 손님: 그런데 도로에서 배터리가 방전되면 어떻게 해요?
연사: 좋은 질문입니다! 차에는 배터리가 떨어져가는 것을 알려주는 에너지 표시기가 있고, 고속도로와 중심가에 충전소가 세워지고 있습니다. 500미터마다 충전소가 있을 거예요.
초대 손님: 버스 정류장과 대학교에도 충전소가 있나요?

TAPESCRIPT 15

CLERK: You've reached the Goring Island Hotel, how can I help you?

MAN: Hi, I'd like to book a room for 4 days 5 nights, please.

CLERK: Our pleasure, sir. May I have your name, please?

MAN: It's John Cooper Clarke. Could you tell me more about your hotel?

CLERK: Well, Mr. Clarke, every room has suite facilities and a balcony overlooking the beach. We also have an outdoor swimming pool and a tennis court.

MAN: That's nice. How hot does it get during the day?

CLERK: The temperature varies but at this time of year, it's around <u>19</u> degrees in the day.

직원: 고링 아일랜드 호텔입니다. 무엇을 도와드릴까요?
남자: 안녕하세요. 4박 5일 동안 머무를 방을 예약하려고요.
직원: 감사합니다. 성함이 어떻게 되시죠?
남자: 존 쿠퍼 클라크입니다. 호텔에 대해 더 자세히 알려주시겠어요?
직원: 음, 클라크 씨. 모든 방은 욕실이 딸려 있고 해변이 내려다보이는 발코니가 있습니다. 또한, 야외 수영장과 테니스 코트도 있습니다.
남자: 좋네요. 낮 동안에는 얼마나 덥나요?
직원: 기온은 다르지만 매년 이맘때는 낮 기온이 대략 19도예요.

TAPESCRIPT 16

WOMAN: Phoenix Walking Stick Company, how can I help you?

MAN: Hi, I'm looking to buy a cane because I recently had an accident that injured my right leg. I need it to have the ability to support me when walking.

WOMAN: Ah, I understand, sir. Do you have anything specific in mind?

MAN: Actually, I'm not sure what to look for. Can you help me?

WOMAN: I'll do my best, sir. The most important thing you need to note is the length of the walking stick. It has to be just right for your height; otherwise, it may cause further problems.

MAN: I see. I didn't know that. All the while I thought there was a standard length. So, anyway, I'm 6 feet 5 inches tall, what length should I get?

WOMAN: Let me see... 6 feet 5 inches is about 79 inches so the <u>38</u>-inch cane will be the best for you.

여자: 피닉스 워킹 스틱 컴퍼니입니다. 무엇을 도와드릴까요?

남자: 안녕하세요, 최근에 사고로 오른쪽 다리를 다쳐서 지팡이를 사려고 보고 있었어요. 걸을 때 지탱을 해줄 수 있는 지팡이가 필요해요.

여자: 아, 알겠습니다. 특별히 생각해두신 것이 있습니까?

남자: 사실, 뭘 사야 할지 모르겠어요. 저 좀 도와주시겠어요?

여자: 최선을 다해 도와드릴게요. 유의해야 할 가장 중요한 점은 지팡이의 길이예요. 손님 키에 적당해야 합니다. 그렇지 않으면, 더 큰 문제를 일으킬 수 있어요.

남자: 그렇군요. 몰랐어요. 그동안 기본 길이만 생각했어요. 그럼, 제 키가 6피트 5인치인데, 어떤 길이로 사야 할까요?

여자: 잠시만요… 6피트 5인치이면 대략 79인치네요. 그러면 38인치의 지팡이가 가장 잘 맞을 거예요.

TAPESCRIPT 17

WOMAN: Have you seen the swimming pool being built at the community sports centre?

MAN: No, I haven't. I heard that it's just going to be a regular pool, like a house pool or something.

WOMAN: Oh really? That can't be! I've seen it and I can tell you now that it's huge! It's actually an Olympic-size pool -- 50 metres long and 25 metres wide. I'm so excited about it!

MAN: Wow! That's perfect for our swimming practice!

WOMAN: Exactly!

MAN: Do you know how long it's going to take for them to finish it?

WOMAN: I think it's almost done and it should be opened in about 2 or 3 months.

여자: 지역 스포츠센터에서 짓고 있는 수영장에 가봤어?

남자: 아니. 집에 있는 수영장 같은 평범한 수영장이라고 들었어.

여자: 오, 정말? 그럴 리가 없어! 가봤는데 정말 컸어! 실제로 올림픽 규격 크기의 수영장이야. 길이는 50미터이고 폭은 25미터야. 정말 기대돼!

남자: 와! 우리 수영 연습하는데 딱인데!

여자: 맞아!

남자: 완성되는데 얼마나 걸리는지 알고 있어?

여자: 거의 마친 것 같아. 2~3달 안에는 열거야.

TAPESCRIPT 18

CLERK: Good morning, welcome to Carpet Right, what can we do for you?

WOMAN: Hi, I'm looking for a rug that will fit nicely into my living room.

CLERK: Excellent. Please have a seat and I'll show you some designs so you can pick from it.

WOMAN: Oh, thank you!

CLERK: Here you go. Take your time and just call me when you've made your choice.

WOMAN: Ok. By the way, are all these designs available in 10 feet by 13 feet?

CLERK: Yes, but if what you pick isn't available right now, no worries, we can get it for you and have it delivered to your home in 3 days time.

WOMAN: Oh, that's wonderful.

직원: 안녕하세요, 카펫 라이트에 오신 것을 환영합니다. 무엇을 도와드릴까요?

여자: 안녕하세요, 저희 집 거실에 꼭 맞는 카펫을 찾고 있어요.

직원: 정말 잘 됐네요. 앉아계시면 고를 수 있도록 몇 가지 디자인을 보여드릴게요.

여자: 오, 감사합니다!

직원: 여기 있어요. 천천히 둘러보시고 결정을 하셨으면 저를 불러주세요.

여자: 네. 그런데, 이 디자인들은 10피트에서 13피트까지 모두 가능한가요?

직원: 네. 손님이 고르신 것이 지금 바로 되지 않더라도 걱정 마세요. 저희가 받아서 3일 내로 집으로 배송을 해드릴게요.

여자: 오, 정말 좋네요!

TAPESCRIPT 19

MAN: Hello, this is Ben Kerns. May I speak to Miss Moonshine, please?

WOMAN: Oh, I'm afraid she's not in her office right now. She left yesterday for a conference in Sydney.

MAN: I see. How long will it take for her to come back?

WOMAN: According to her schedule, she won't be in the office for another 2 weeks.

MAN: That's a long time. Are there any other ways that I can reach her?

WOMAN: Well, unless you know her personal mobile number, there are no other ways you can reach her, sir.

남자: 안녕하세요, 벤 컨스입니다. 문샤인 씨와 통화하고 싶습니다.

여자: 오, 죄송하지만 지금 사무실에 없어요. 컨퍼런스 때문에 어제 시드니에 갔어요.

남자: 알겠습니다. 돌아오는데 얼마나 걸릴까요?

여자: 일정대로 하면, 앞으로 2주간은 사무실에 없을 거예요.

남자: 꽤 걸리네요. 연락할 수 있는 다른 방법은 없습니까?

여자: 음, 개인 휴대전화번호를 알고 계시지 않으면 연락할 수 있는 다른 방법은 없습니다.

DOCTOR: Hello, Mr. Brown, what's the matter?

PATIENT: Good morning, I have a terrible ache in my lower back.

DOCTOR: How long has it been bothering you?

PATIENT: It's been on and off for the last <u>72</u> hours.

DOCTOR: Do you have any history of back problems?

PATIENT: No, this is the first time I've experienced something like this.

DOCTOR: OK, let's have a look at your back.

의사: 안녕하세요, 브라운 씨. 어디가 안 좋으신 거예요?

환자: 안녕하세요, 허리 아래 부분이 심하게 아파요.

의사: 아프신지 얼마나 되셨어요?

환자: <u>72</u>시간 동안 아프다 안 아프다 했어요.

의사: 허리에 문제가 있었던 적이 있으신가요?

환자: 아뇨, 이런 적은 처음이에요.

의사: 네, 허리를 살펴보도록 할게요.

UNIT 03 **LETTER** & **NUMBER**

ADDRESS   p.80

TAPESCRIPT 1

WOMAN: Yes, I'd like to book an eco-farm trip for me and my friends.

MAN: Sure, may I have your name, please?

WOMAN: Katy Pennington.

MAN: And your address?

WOMAN: It's 68 Lake Road.

여자: 네, 친구들과 제가 친환경 농장 관광을 예약하고 싶어서요.
남자: 네, 성함이 어떻게 되시죠?
여자: 케이티 페닝턴입니다.
남자: 그리고 주소는요?
여자: 레이크 로드 68번지입니다.

TAPESCRIPT 2

MAN: Hello, Miss Wyatt. I'm from the Australian Embassy and I have some questions regarding your personal information that's required for your application. What is your full name, please?

WOMAN: Jessica Wyatt.

MAN: Do you know where you'll be staying in Australia?

WOMAN: Yes, my friend's place at 16 Ocean Drive.

남자: 안녕하세요, 와이엇 씨. 저는 호주 대사관에서 왔는데요, 지원서에 필요한 개인 정보에 관해 몇 가지 질문이 있어서요. 성함이 어떻게 되시나요?
여자: 제시카 와이엇입니다.
남자: 호주에 있는 동안 어디서 머무르게 될지 아시나요?
여자: 네, 오션 드라이브 16번지에 있는 친구 집에 있을 거예요.

TAPESCRIPT 3

PATIENT: Hello, I'd like to set up an appointment with a doctor for a medical consultation, please.

NURSE: OK, I need your full name for our records, please.

PATIENT: It's Crystal Atkinson.

NURSE: And your address?

PATIENT: 14 Queens Avenue.

환자: 안녕하세요. 진료 때문에 의사 선생님과 일정을 잡고 싶어서요.
간호사: 네, 기록을 위해 성함을 알려주세요.
환자: 크리스탈 앳킨슨입니다.
간호사: 주소는요?
환자: 퀸즈 에비뉴 14번지예요.

TAPESCRIPT 4

MAN: I'm calling to file a complaint for my delayed flight from Glasgow to London.

WOMAN: I see. First of all, apologies for the inconvenience we've caused you, sir. As for the complaint, I would need some information. May I have your full name, please?

MAN: Stephen McCall.

WOMAN: And your address, please?

MAN: It's No. 33 Hilicross.

남자: 글래스고에서 런던까지 가는 항공편이 지연된 점에 대해 불만사항을 접수하려고 전화했어요.
여자: 그렇군요. 먼저, 불편을 드린 점 사과드립니다. 불만사항에 관해서는 몇 가지 정보가 필요합니다. 성함을 알려주시겠어요?
남자: 스티븐 맥콜입니다.
여자: 주소는 어떻게 되시나요?
남자: 힐리크로스 33번지입니다.

TAPESCRIPT 5

REGISTRAR: OK, Madam, we need to fill out a form for your daughter's school records. Could you give me her full name, please?

WOMAN: Sarah O'Connor.

REGISTRAR: Now, we need your address, please.

WOMAN: No. 65 Park Road.

REGISTRAR: Also, may we know her nationality?

WOMAN: She's Australian.

담당자: 네, 따님의 학교 기록을 작성해야 합니다. 따님의 이름을 알려주시겠어요?
여자: 사라 오코너입니다.
담당자: 이제, 주소를 알려주세요.
여자: 파크 로드 65번지입니다.
담당자: 또, 국적은 어떻게 되나요?
여자: 호주 국적이에요.

TAPESCRIPT 6

WOMAN: Hi, my name is Janet and I'm calling about the promotional campaign which I signed up for.

MAN: Are you referring to the Hotel Prize Entry Form?

WOMAN: Yes. I wanted to make sure that I have listed my address correctly.

MAN: OK, we can do that. May I have your last name, please?

WOMAN: It's Pfaff, Janet Pfaff.

MAN: And may we have your address, please?

WOMAN: Sure, No. 134 Rose Road.

여자: 안녕하세요. 저는 자넷이라고 합니다. 제가 신청한 홍보 캠페인에 대해 문의하려고 전화했어요.
남자: 호텔 프라이즈 참가 신청서를 말씀하시는 건가요?
여자: 네. 제가 주소를 정확하게 작성했는지 확인했으면 해서요.
남자: 네. 확인해드리겠습니다. 성이 어떻게 되시죠?
여자: 파프입니다. 자넷 파프요.
남자: 주소도 알려주시겠어요?
여자: 물론이죠. 로즈 로드 134번지입니다.

TAPESCRIPT 7

WOMAN: Hi, I'm calling to inquire about the party that was booked for my husband.

MAN: May I have your husband's full name, please?

WOMAN: It's Anthony Casem.

MAN: OK, found it. The party will be held at the Sheraton Hotel at 15 Museum Avenue.

여자: 안녕하세요. 남편을 위해 예약한 파티에 대해 문의하려고 전화했습니다.
남자: 남편 분 성함이 어떻게 되시나요?
여자: 앤서니 캐이즘이에요.
남자: 네. 찾았습니다. 파티는 뮤지엄 에비뉴 15번지에 있는 쉐라톤 호텔에서 하게 됩니다.

TAPESCRIPT 8

WOMAN: You've reached Midland News, how may I help you?

MAN: Hi, I'd like to place an advertisement in the buy and sell section of the Sunday paper, please.

WOMAN: Certainly. May I first have your full name, please?

MAN: My name is Robert Brown.

WOMAN: Thank you, and your address, please?

MAN: It's 124 Green Street.

여자: 미들랜드 뉴스입니다. 무엇을 도와드릴까요?
남자: 안녕하세요. 일요일자 신문에 물건을 사고 파는 난에 광고를 내고 싶어요.
여자: 물론이죠. 먼저 성함이 어떻게 되시나요?
남자: 로버트 브라운입니다.
여자: 고맙습니다. 그리고 주소는요?
남자: 그린 스트리트 124번지입니다.

TAPESCRIPT 9

MAN: Yes, hello, I would like to inquire about your services because I'm starting a car rental business but I'm not sure how or where to begin.

CONSULTANT: I understand what you mean. But first, I need your personal information for our records. May I have your full name, please?

MAN: This is Joaquin Phoenix.

CONSULTANT: And your address, please?

MAN: It's 6 Verdon Street.

남자: 네, 안녕하세요. 제가 렌터카 사업을 시작하게 되었는데 어떻게, 어디서 시작을 해야 하는지 잘 몰라서 이곳 서비스에 대해 문의하고 싶어서요.
상담원: 무슨 말씀인지 알겠습니다. 하지만 먼저, 기록을 위해 개인 정보가 필요해요. 성함을 알려주시겠어요?
남자: 호아킨 피닉스예요.
상담원: 그리고 주소는요?
남자: 버든 스트리트 6번지입니다.

TAPESCRIPT 10

CUSTOMER: Hi, I'm calling to talk about a problem that I experienced with the fridge that I bought from you about a year ago. Can someone come and look at it?

AGENT: Yes, if it's still within the warranty period. Let me check. What's your name?

CUSTOMER: Michelle Trager.

AGENT: And, as it shows here, your address is 62 Queen Avenue, correct?

CUSTOMER: Yes, right.

고객: 안녕하세요, 1년 전에 여기서 구입한 냉장고에 문제가 생겨 전화했어요. 누군가 와서 봐주실 수 있을까요?
직원: 아직 보증 기간 안이라면 괜찮습니다. 확인을 해볼게요. 성함이 어떻게 되시죠?
고객: 미셸 트레이거예요.
직원: 그리고, 여기 나와있는 대로, 주소는 퀸즈 에비뉴 62번지 맞으시나요?
고객: 네, 맞아요.

TAPESCRIPT 11

PATIENT: I would like to consult with a doctor, please. I feel like I need to be examined right now.

NURSE: OK, may I have your full name, please?

PATIENT: Susan Braddle.

NURSE: And your address?

PATIENT: No. 17 Upland Road.

환자: 의사 선생님과 상담을 하고 싶어서요. 지금 바로 진찰을 받아야 할 것 같아요.
간호사: 네, 성함이 어떻게 되시죠?
환자: 수잔 브래들입니다.
간호사: 주소는요?
환자: 업랜드 로드 17번지예요.

TAPESCRIPT 12

MAN: I'm looking at the camping club options and I'm not sure which to pick. Which one would you recommend?

WOMAN: I'd pick the Happy Camper Club, sir. We can process your registration right now. May I have your name please?

MAN: Yes, that'd be great. My name is Robin Whitworth.

WOMAN: And may I have your address for our records?

MAN: Yes, it's 32 Bank Street.

남자: 캠핑 클럽 옵션을 보고 있는데 어떤걸 골라야 하는지 모르겠어요. 추천해주시겠어요?
여자: 저라면 해피 캠퍼 클럽을 선택했어요. 지금 바로 등록을 해드릴 수 있습니다. 성함이 어떻게 되시나요?
남자: 네, 그게 좋겠네요. 제 이름은 로빈 위트워스입니다.
여자: 그리고 기록을 위해 주소를 알려주시겠어요?
남자: 네, 뱅크 스트리트 32번지입니다.

TAPESCRIPT 13

WOMAN: I'd like to book a group tour ticket to the aquarium, please.

MAN: Certainly. May I have the name of the group leader, please?

WOMAN: It's Sandy McDowell and it's for a group of 40 students from Sandy's College.

MAN: Could you give me the address of the college, please?

WOMAN: Yes, it's No. 6 Beach Road.

여자: 수족관 단체 관광 티켓을 예매하고 싶어서요.
남자: 물론이죠. 인솔자의 성함이 어떻게 되시나요?
여자: 샌디 맥도웰입니다. 그리고 샌디 대학의 학생 40명의 인솔자예요.
남자: 학교 주소를 알려주시겠어요?
여자: 네, 비치 로드 6번지입니다.

TAPESCRIPT 14

CUSTOMER: Hi, I sent a package by post to the U.S. Could you check its current status?

MAN: Sure. Could you give me your name, please?

CUSTOMER: I'm Monica Havayena.

MAN: And your address, please?

CUSTOMER: It's 14 Mountain Road, Norway.

고객: 안녕하세요. 미국으로 소포를 보냈는데 배송 상황을 확인할 수 있을까요?
남자: 물론이죠. 성함을 알려주시겠어요?
고객: 모니카 하바에나입니다.
남자: 그리고 주소는요?
고객: 노르웨이 마운틴 로드 14번지예요.

TAPESCRIPT 15

PATIENT: I'd like to set up a 2pm appointment with Dr. Flintstone, please, either today or tomorrow.

NURSE: OK, just give me a moment to check his schedule. He's already booked for that time today, but tomorrow is fine.

PATIENT: OK, great, please set the appointment to 2pm. My name is William Brown.

NURSE: OK, Mr. Brown. I need your address, as well.

PATIENT: Yes, it's 27 Station Road, Marton.

환자: 오늘이나 내일 오후 2시로 플린트스톤 선생님 진료 예약을 하고 싶어요.
간호사: 네, 잠시 선생님 일정을 확인해볼게요. 오늘 그 시간에는 이미 예약이 되어있는데 내일은 괜찮아요.
환자: 네, 좋아요. 오후 2시로 잡아주세요. 제 이름은 윌리엄 브라운입니다.
간호사: 네, 브라운 씨. 주소도 알려주세요.
환자: 네, 마튼 스테이션 로드 27번지입니다.

TAPESCRIPT 16

MAN: I'd like to confirm if my airline ticket has been booked, please.

WOMAN: I can check that for you, Sir, but may I first have your name, please?

MAN: It's John Lee, L, double E.

WOMAN: Thank you, sir. The tickets will be sent by express mail to your address on 15 Station Avenue, New Castle, by 9am tomorrow.

남자: 비행기 표가 예매가 되었는지 확인을 하고 싶어서요.
여자: 확인을 해드릴게요. 그런데 먼저 성함을 알 수 있을까요?
남자: 존 리입니다. L 그리고 E가 두 개예요.
여자: 고맙습니다. 표는 고객님의 주소 뉴캐슬 스테이션 에비뉴 15번지로 내일 오전 9시까지 빠른 우편으로 발송이 될 것입니다.

TAPESCRIPT 17

SECRETARY: Yes, the job interview will be held in the outskirts of South Park.

STUDENT: Can I have the exact address, please?

SECRETARY: It's on at 7 Market Street; don't forget to bring the requirements.

STUDENT: Thank you, I won't.

비서: 네, 면접은 사우스 파크의 근교에서 하게 됩니다.
학생: 정확한 주소를 알 수 있을까요?
비서: 마켓 스트리트 7번지에 있어요. 필요한 것들을 꼭 가져오세요.
학생: 고맙습니다. 꼭 가져갈게요.

TAPESCRIPT 18

ASSISTANT: Good afternoon, Sir, how may I help you?

MAN: Yes, I have an appointment with Dr. Imbruglia at 1.30 pm today.

ASSISTANT: I see. OK, may I have your full name, please?

MAN: My name is Jonathan Bridgeport.

ASSISTANT: Ah, I see you already have a file with us. Do you still have the same address, Sir? We have it listed as 95 Cross Street, Suburban Walkley.

MAN: Yes, that's correct.

비서: 안녕하세요. 무엇을 도와드릴까요?
남자: 네, 오늘 오후 1시 반에 임브룰리아 박사님과 약속이 있는데요.
비서: 그렇군요. 네, 성함이 어떻게 되시죠?
남자: 조나단 브리지포트입니다.
비서: 아, 이미 저희 기록에 있으시네요. 주소는 같으신가요? 워클

리 근교 크로스 스트리트 95번지로 되어 있어요.
남자: 네, 맞습니다.

TAPESCRIPT 19

STUDENT: Hello, I'm looking to enrol in the landscaping art course.

ADVISER: OK, may I have your full name, please?

STUDENT: Yes, it's Margaret Herde.

ADVISER: And your address?

STUDENT: 40 Long Road, Massachusetts.

ADVISER: OK, I've entered your information in the registry; you can come tomorrow to officially enrol.

학생: 안녕하세요, 풍경화 수업에 등록을 하고 싶어서요.
지도교사: 좋아요, 이름이 어떻게 되죠?
학생: 네, 마가렛 허드입니다.
지도교사: 주소는요?
학생: 매사추세츠 롱 로드 40번지입니다.
지도교사: 네, 등록부에 정보를 입력해놓았습니다. 내일 오셔서 정식으로 등록을 하면 돼요.

TAPESCRIPT 20

WOMAN: Hello, Officer, I'd like to file a complaint about the continuous noise that's coming from my neighbour's house.

MAN: OK, what's your address?

WOMAN: I live at 72 North Road.

MAN: And where's the noise coming from?

WOMAN: From next door at 74.

여자: 안녕하세요, 제 이웃집에서 계속해서 소음이 들려와서 불만을 접수하려고요.
남자: 네, 주소가 어떻게 되시죠?
여자: 노스 로드 72번지에 살고 있어요.
남자: 어디서 소음이 들린다고요?
여자: 옆집 74번지에서요.

TAPESCRIPT 21

WOMAN: Rice Cookers Unite, how may I help you?

CUSTOMER: I'm having trouble with the rice cooker I just bought from you.

WOMAN: Oh, I'm sorry to hear that, Sir. Let me see what we can do for you. Could you give me your name, please?

CUSTOMER: My name is Patrick Hewitt.

WOMAN: And could you confirm your address, please?

CUSTOMER: It's 84 Park Road.

여자: 라이스 쿠커스 유나이트입니다. 무엇을 도와드릴까요?
고객: 여기서 산 밥솥에 문제가 생겨서요.
여자: 오, 죄송합니다. 저희가 할 수 있는 방안을 알아보겠습니다. 성함이 어떻게 되시죠?
고객: 패트릭 휴이트입니다.
여자: 그리고 주소를 알려주시겠어요?
고객: 파크 로드 84번지예요.

TAPESCRIPT 22

DOCTOR: How has your headache been affecting you and your work?

PATIENT: Oh, it's been terrible, Doctor! I could hardly get up in the morning; and when I do make it to work, I just couldn't concentrate at all. It's been a struggle, really.

DOCTOR: Did you follow my advice about moving into a new place to avoid the ill effects of mold?

PATIENT: Yes, I have, Doctor. My new address is 21A Eagle Road.

의사: 두통이 환자분과 환자분 일에 어떤 영향을 미쳤나요?
환자: 오, 선생님, 정말 끔찍했어요! 아침엔 거의 일어날 수가 없었고 일을 할 때는 전혀 집중을 할 수가 없었어요. 정말 힘들었어요.
의사: 곰팡이의 부작용을 피하기 위해 새로운 곳으로 이사를 가보라는 저의 조언을 따르셨나요?
환자: 네, 선생님. 새 주소는 이글 로그 21A예요.

TAPESCRIPT 23

WOMAN: I'd like to update my business address on the yellow pages.

MAN: OK, may I have your name, please?

WOMAN: My name is Amelia Smith from RIZ Global Services.

MAN: OK, got that. What's the new address, please?

WOMAN: We've moved to 16 Napier Road, London.

여자: 전화번호부에 제 사무실 주소를 갱신하려고요.
남자: 네, 성함이 어떻게 되시나요?
여자: 리즈 글로벌 서비스의 아멜리아 스미스입니다.
남자: 네, 알겠습니다. 새 주소는 무엇인가요?
여자: 런던 네이피어 로드 16번지로 이사 갔어요.

TAPESCRIPT 24

WOMAN: Good afternoon, is this the directory assistance?

MAN: Yes, how may I help you?

WOMAN: I can't seem to find 10 Centre Street on the map. Could you give me directions, please? I'm at the corner of Elm and Oak streets.

MAN: OK, just turn left from the Oak Street and continue walking. 5 blocks from there is the Centre Street. You should be able to find it.

여자: 안녕하세요, 여기가 전화번호 안내 서비스인가요?
남자: 네, 무엇을 도와드릴까요?
여자: 지도에서 센터 스트리트 10번지를 찾을 수가 없어요. 어떻게 가는지 알려주시겠어요? 지금 엘름 스트리트와 오크 스트리트 모퉁이에 있어요.
남자: 네, 오크 스트리트에서 왼쪽으로 돌아서 계속 걸어가요. 거기서 다섯 블록 더 가면 센터 스트리트예요. 찾을 수 있을 거예요.

TAPESCRIPT 25

MAN: I didn't know you were going on a holiday so I sent the package to your office.

WOMAN: You should have asked me first. Did you send it to our branch at The Fairway?

MAN: No, I sent it to Westhill, at Unit 3 Prospect Place.

남자: 나는 네가 휴가를 가는지 모르고 네 사무실로 소포를 보냈어.
여자: 나한테 먼저 물어봤어야지. 페어웨이에 있는 지사로 보냈어?
남자: 아니, 프로스펙트 플레이스 3번지 지점에 있는 웨스트힐로 보냈어.

TAPESCRIPT 26

MAN: I need to have my prescription filled but the pharmacy on Brompton is closed.

WOMAN: Why don't you check the one at 15 Elms Road?

MAN: Oh, thanks. I didn't know there was a pharmacy there.

남자: 처방전을 받아야 하는데 브롬프턴에 있는 약국이 닫았어.
여자: 엘름스 로드 15번지에 있는 곳도 확인해보는 게 어때?
남자: 오, 고마워. 거기에 약국이 있는지 몰랐어.

TAPESCRIPT 27

MAN: Would you like me to check the address for you?

WOMAN: Yes, please, I remember it's in Crawley but I'm not sure of the specific address.

MAN: Oh, yes, here it is. It's <u>16 Northgate House</u>, Crawley.

남자: 주소를 확인해드릴까요?
여자: 네, 크롤리에 있는 건 기억이 나는데 정확한 주소를 모르겠어요.
남자: 오, 네, 여기 있네요. 크롤리 <u>노스게이트 하우스 16번지</u>입니다.

TAPESCRIPT 28

STUDENT: We're planning to spend the night at Emily's to work on the project.

ADVISER: I see; and what's Emily's address? I need to know in case your parents ask me.

STUDENT: It's just 4 blocks from school at <u>49 Windmill Drive</u>.

ADVISER: Ah, good. Make sure to finish everything in time for tomorrow's presentation.

학생: 프로젝트 작업을 하기 위해 에밀리의 집에서 밤을 보낼 생각이에요.
지도교사: 알겠다. 에밀리 집주소가 어떻게 되니? 부모님께서 물어보실 수 있으니 알아야겠어.
학생: 학교에서 네 블록 떨어져있는 <u>윈드밀 드라이브 49번지</u>에 있어요.
지도교사: 아, 그래. 내일 발표를 위해 시간에 맞춰 다 끝내도록 하렴.

TAPESCRIPT 29

WOMAN: Have you tried the new Chinese restaurant at Coventry?

MAN: Actually, I haven't but I'd like to take Jane there.

WOMAN: You should, she's going to love it.

MAN: Do you have the address for the place?

WOMAN: Yes, it's at <u>83 Computer Highway</u>.

여자: 코번트리에 새로 생긴 중국 음식점에 가봤어?
남자: 사실, 가본적은 없는데 제인을 데리고 가고 싶어.
여자: 그렇게 해, 좋아할 거야.
남자: 그곳 주소 알고 있어?
여자: 응, <u>컴퓨터 하이웨이 83번지</u>야.

TAPESCRIPT 30

WOMAN: Hi, I need someone to come and check my air-conditioner.

MAN: Sure, we can send someone but I'm afraid it won't be 'til Friday.

WOMAN: Can't it be sooner? This is becoming really inconvenient.

MAN: Unfortunately not, madam, we're really swamped at the moment.

WOMAN: Oh, alright. I'm at <u>6 Barking Street</u>.

여자: 안녕하세요, 제 에어컨을 와서 봐줄 사람이 필요해서요.
남자: 물론이죠, 사람을 보내겠습니다. 그런데 죄송하지만 금요일까지는 안 될 것 같아요.
여자: 더 빨리 안 되나요? 정말 불편해서 그래요.
남자: 안타깝지만 저희가 지금은 정말 눈코 뜰 새 없이 바빠서요.
여자: 오, 알겠어요. 저는 <u>바킹 스트리트 6번지</u>에 살고 있습니다.

TAPESCRIPT 31

MAN: I lost the piece of paper with Mark's address on it.

WOMAN: Let me call him and ask... OK, it's <u>13 High Road</u>.

MAN: Great! Tell him I'm on my way. Thanks.

남자: 마크의 주소가 적힌 종이를 잃어버렸어.
여자: 전화해서 물어볼게… 응, <u>하이 로드 13번지</u>래.
남자: 좋아! 지금 가는 중이라고 말해줘. 고마워.

TAPESCRIPT 32

MAN: I've been trying to call Jessica the whole day but I couldn't reach her. I'm starting to get worried.

WOMAN: Do you think we should go check her house? Do you know the address?

MAN: Yes, I think we should. The address is <u>1 Stoney Lane</u>.

WOMAN: OK, let's go then.

남자: 하루 종일 제시카에게 전화를 걸었는데 받지 않아. 걱정되기 시작하네.
여자: 우리가 제시카 집에 가봐야 할까? 주소 알고 있어?
남자: 응, 그래야 할 것 같아. 주소는 <u>스토니 레인 1번지</u>야.
여자: 좋아, 가보자.

TAPESCRIPT 33

WOMAN: Do you know Jane Cino?

MAN: Oh, yes, I used to go to her house to tutor her for English.

WOMAN: I see. Does she still live at 24 Gate Hill?

MAN: Yes, I think so.

여자: 제인 시노라고 알아?
남자: 오, 그럼, 그녀에게 영어를 가르치려고 집에 가본적이 있어.
여자: 그렇구나. 아직도 게이트 힐 24번지에 살고 있어?
남자: 응, 그럴 거야.

TAPESCRIPT 34

MAN: Where did you say that Korean restaurant was?

WOMAN: It's at 98 Church Road.

MAN: Would you like to have dinner there on Friday?

남자: 한식당이 어디에 있다고 했죠?
여자: 처치 로드 98번지예요.
남자: 금요일에 거기서 저녁 먹지 않을래요?

TAPESCRIPT 35

STEVEN: Hi, Jane! Yes, I'm at my new office here in Glasgow.

JANE: That's great, Steven! When can I come see it?

STEVEN: You can come now, if you want! It's at 39 Break Drive. And could you bring some flowers for my office, please. Thanks!

스티븐: 안녕, 제인! 응, 난 글래스고에 있는 새 사무실에 있어.
제인: 좋아, 스티븐! 언제 보러 갈까?
스티븐: 괜찮다면 지금 와도 돼. 브레이크 드라이브 39번지에 있어. 그리고 사무실에 놓을 꽃 좀 가져와 줄 수 있어? 고마워!

TAPESCRIPT 36

WOMAN: Yes, I'd like to have a telephone installed in my apartment, please.

MAN: Sure. What's your name, please?

WOMAN: My name is Katy Newcombe.

MAN: Where are you located?

WOMAN: I'm at Apartment 15 Breeze Place.

여자: 네, 아파트에 전화기를 설치하고 싶어서요.
남자: 네. 성함이 어떻게 되시죠?
여자: 케이티 뉴컴입니다.
남자: 지역이 어디인가요?
여자: 브리즈 플레이스 15번지에 있는 아파트예요.

TAPESCRIPT 37

MAN: There seems to be a problem with my internet connection. Could you send someone to check it?

WOMAN: Certainly, Sir. May I have your address, please?

MAN: It's 62 Crow Lane.

WOMAN: And may I know who's calling, please?

MAN: This is Jonathan Long.

남자: 인터넷 연결에 문제가 있는 것 같아요. 확인해줄 사람은 보내주실 수 있으신가요?
여자: 물론이죠. 주소를 알려주시겠어요?
남자: 크로우 레인 62번지입니다.
여자: 그리고 전화하신 분의 성함이 어떻게 되시나요?
남자: 조나단 롱입니다.

TAPESCRIPT 38

OFFICER: Do you have the surveillance report on of 21B Moss Lane?

MAN: Yes, I left it with your secretary this morning.

OFFICER: OK, thanks. Let me check it with her.

경찰관: 모스 레인 21B의 감시 보고서가 있습니까?
남자: 네, 오늘 오전에 비서에게 맡겨두었습니다.
경찰관: 네, 고맙습니다. 비서에게 확인해볼게요.

TAPESCRIPT 39

DIRECTOR: Hello, Mr. Donovan, this is Mrs. Rowland of the Rowland Brothers Funeral Parlour. Your mother's remains have been brought here so we need you to come over, please.

MAN: Yes, of course. Could you give me the address, please?

DIRECTOR: We're at 35 Whitehorse Road, Sir.

책임자: 안녕하세요, 도노반 씨, 저는 롤랜드 브라더스 장례식장의 롤랜드입니다. 어머니의 유골이 이곳으로 와서 오셔야 할 것 같아요.

남자: 네, 물론이죠. 주소를 알려주시겠어요?
책임자: 화이트호스 로드 35번지에 있습니다.

TAPESCRIPT 40

WOMAN: Good morning, this is Mrs. Lerwick and I would like to enrol my son at your preschool.

DIRECTOR: I see. Well, Mrs. Lerwick, the first thing you need to do is to come to our school with your son for an interview and assessment.

WOMAN: I understand. May I have the school address, please?

DIRECTOR: Sure. We're located at 135 Sussex Way, Islington. The best time to come is between 9 and 11 in the morning.

여자: 안녕하세요, 저는 러윅이라고 합니다. 이 유치원에 제 아들을 등록시키고 싶어서요.
책임자: 그렇군요. 음, 러윅 씨, 제일 먼저 해야 할 것은 면접과 평가를 위해 아드님을 데리고 학교에 오셔야 합니다.
여자: 알겠습니다. 학교 주소를 알려주시겠어요?
책임자: 물론이죠. 이즐링턴, 서섹스 웨이 135번지에 있습니다. 오전 9시에서 11시 사이에 방문하시는 것이 가장 좋습니다.

TAPESCRIPT 41

CLERK: You've reached the Premiere Inn, good evening!

WOMAN: Hi, I'd like to book a room for the 26th of October, please.

CLERK: Sure, ma'am. May I have your name, please?

WOMAN: This is Ms. Holly. Also, may I have the hotel address, please?

CLERK: Yes, it's 10 Russell Road, Twickenham.

직원: 프리미어 호텔입니다, 안녕하세요!
여자: 안녕하세요, 10월 26일에 방을 예약하고 싶어서요.
직원: 네. 성함이 어떻게 되시나요?
여자: 홀리입니다. 또, 호텔 주소를 알 수 있나요?
직원: 네, 트위크넘 러셀 로드 10번지입니다.

TAPESCRIPT 42

CLERK: Hello, Ms. Havisham. This is Greg from Barget.

WOMAN: Hi, Greg, what can I do for you?

CLERK: I'm calling to confirm the address for the delivery of the dishwasher you bought yesterday. It's scheduled to be delivered at 9 am tomorrow to 13B Albert Road, Romford. Is that correct?

WOMAN: Yes, it is Greg, thank you for calling. I'll be here tomorrow to sign for the delivery.

직원: 안녕하세요, 해비샴 씨. 저는 바겟의 그렉입니다.
여자: 안녕하세요, 그렉 씨, 무슨 일이죠?
직원: 어제 구입하신 식기 세척기를 배송할 주소를 확인하려고 전화했어요. 내일 오전 9시에 롬퍼드 앨버트 로드 13B로 배송 일정이 잡혔습니다. 맞나요?
여자: 네, 맞아요 그렉 씨, 전화 주셔서 감사해요. 제가 내일 물건을 받을 거예요.

TAPESCRIPT 43

MAN: Hello, you've reached Bourne Valley Car and Taxi Service.

WOMAN: Yes, could you send a car to pick me up and drive me to the airport, please?

MAN: Right away, ma'am. Could you tell me your location, please?

WOMAN: Yes, I'm at Quality Hotel, 35 Manor Road, Andover.

남자: 안녕하세요, 본 밸리 자동차, 택시 서비스입니다.
여자: 네, 저를 태우고 공항까지 운전해줄 차를 보내주실 수 있으신가요?
남자: 바로 보내드리죠. 위치를 알려주시겠어요?
여자: 네, 저는 앤도버 매너 로드 35번지에 있는 퀄리티 호텔에 있어요.

TAPESCRIPT 44

WOMAN: Diamonds Galore, Patricia speaking.

MAN: Hi, Patricia, it's Mr. Anderson. Do you remember our new address? Still can't remember it.

WOMAN: Absolutely, Sir. It's Beresfords Accountants, 36 Castle Avenue, Folkestone, Kent.

MAN: Thanks.

여자: 다이아몬드 갤로어의 패트리샤입니다.
남자: 안녕하세요. 패트리샤 씨, 저는 앤더슨입니다. 저희 새 주소를 기억하시나요? 아직도 기억이 안 나서요.
여자: 물론이죠. 켄트, 포크스턴, 캐슬 에비뉴 36번지의 베레스포드 회계사예요.
남자: 감사합니다.

TAPESCRIPT 45

WOMAN: I'm terribly sorry about that. I've spoken with your delivery department and they told me that the laptop will be delivered by tomorrow morning.

MAN: I really hope so. Anyway, could you confirm that you have the right address?

WOMAN: Of course, sir. The address listed is Moray House, 39 John Street, Perth.

MAN: OK, that's correct.

여자: 정말 죄송합니다. 배송 부서와 이야기를 했는데 노트북은 내일 오전까지 배송해준다고 했습니다.
남자: 정말 그랬으면 좋겠네요. 어쨌든, 주소가 정확한지 확인해주시겠어요?
여자: 물론이죠. 적혀 있는 주소는 퍼스, 존 스트리트 39번지, 모레이 하우스입니다.
남자: 네, 맞아요.

TAPESCRIPT 46

WOMAN: Mr. Franks would like to schedule a meeting with you later in this week.

MAN: I'll be meeting some clients out of town on Friday morning. He can come join me then.

WOMAN: OK, I'll let him know. Where should he meet you?

MAN: At the Erroibank Guest House, 9 Brentwood Road. Tell him to be there at 10.

여자: 프랭크 씨가 이번 주 후반에 미팅 일정을 잡고 싶어합니다.
남자: 금요일 오전에 지방에서 고객들을 만나기로 했어요. 그럼 같이 만나도 되겠네요.
여자: 네, 그에게 알려줄게요. 어디서 만나야 하죠?
남자: 브렌트우드 로드 9번지, 에롤뱅크 게스트하우스에서 10시에 만나자고 전해줘요.

TAPESCRIPT 47

WOMAN: Hello, you've reached Supercar Insurance.

MAN: Oh, hello! I'd like to ask about my new car insurance, please.

WOMAN: Yes, of course. I'll just take a few details. What's your name, please?

MAN: My name is John Trottel.

WOMAN: And your address?

MAN: It's 31 Victoria Road.

여자: 안녕하세요, 슈퍼카 보험입니다.
남자: 오, 안녕하세요! 제 새 차 보험에 대해 문의하려고요.
여자: 네, 물론이죠. 몇 가지 세부사항을 적을게요. 성함이 어떻게 되시죠?
남자: 제 이름은 존 트로틀입니다.
여자: 주소는요?
남자: 빅토리아 로드 31번지예요.

TAPESCRIPT 48

MAN: I'm calling because my internet connection is down; I can't go online.

AGENT: Have you tried basic troubleshooting, Sir?

MAN: Yes, I have and it didn't work. I would like you to send a technician immediately.

AGENT: OK, sir. Let me just make sure we have your address right. Are you located at 40 Railway Street?

MAN: Yes, that's correct. What time should I be expecting them?

남자: 인터넷 연결이 안 돼서 전화했어요. 인터넷에 접속할 수가 없어요.
직원: 기본적인 문제 해결을 시도해보셨나요?
남자: 네, 해봤는데 작동을 안 해요. 지금 바로 기술자를 보내주셨으면 해요.
직원: 네, 주소가 맞는지 확인해볼게요. 레일웨이 스트리트 40번지 맞나요?
남자: 네, 맞아요. 몇 시에 오시나요?

TAPESCRIPT 49

AGENT: May I have your card number, please, so I can pull up your account?

WOMAN: It's 2451 7577 5078 2112.

AGENT: The account is for Amelie, correct?

WOMAN: Yes, that's me.

AGENT: OK, for verification purposes, could you please state your address?

WOMAN: It's 35 Kings Road.

직원: 계정을 불러오기 위해 카드번호를 알려주시겠어요?
여자: 2451 7577 5078 2112입니다.
직원: 계정이 아멜리 씨 맞나요?
여자: 네, 저예요.
직원: 네, 확인을 위해 주소를 말씀해주시겠어요?
여자: 킹스 로드 35번지입니다.

TAPESCRIPT 50

WOMAN: Yes, Mr. Shrewsbury, we've located your luggage.

MAN: That's great. But I'm on a business trip right now so could you just send it to 16 Lincoln Avenue, please?

WOMAN: Yes, sir, we will do it right away. Again, we apologise for the inconvenience and thank you for flying on the British Airways.

여자: 네, 슈루즈버리 씨, 짐을 찾았습니다.
남자: 다행이네요. 그런데 제가 지금 출장 중이라 링컨 에비뉴 16번지로 보내주시겠어요?
여자: 네, 곧바로 보내드릴게요. 다시 한번 불편을 드려 죄송합니다. 브리티시 항공을 이용해주셔서 감사합니다.

TAPESCRIPT 1

CLERK: Rainbow Hotel, good morning!

MAN: Hi, I'd like to book a twin room, please, for me and my family.

CLERK: Of course, sir. May I have your name, please?

MAN: It's Conrad Jameson.

CLERK: And your address, please?

MAN: 43 North Street, Plymouth, postcode TO34YU.

CLERK: OK, thank you.

직원: 레인보우 호텔입니다. 안녕하세요!
남자: 안녕하세요, 저와 가족들을 위해 2인용 침실을 예약하려고요.
직원: 물론이죠. 성함이 어떻게 되시나요?
남자: 콘래드 제임슨입니다.
직원: 주소는요?
남자: 플리머스 노스 스트리트 43번지이고, 우편번호는 TO34YU예요.
직원: 네, 고맙습니다.

TAPESCRIPT 2

PATIENT: Hello, I'd like to set up an appointment with a doctor for a medical consultation, please.

NURSE: OK, I firstly need your full name for our records.

PATIENT: It's Crystal Atkinson.

NURSE: And your address?

PATIENT: 14 Queens Avenue, postcode EL142BF.

NURSE: Thank you. Could you describe how you've been feeling?

환자: 안녕하세요, 진료 예약을 하고 싶어서요.
간호사: 네, 먼저 기록을 위해 성함을 알려주세요.
환자: 크리스탈 앳킨슨입니다.
간호사: 주소는요?
환자: 퀸즈 에비뉴 14번지이고, 우편번호는 EL142BF예요.
간호사: 감사합니다. 몸 상태가 어떠신지 설명해주시겠어요?

TAPESCRIPT 3

WOMAN: British Airways, how can I help you?

MAN: Yes, I'd like to file a complaint about the trouble I experienced while riding on your airline.

WOMAN: I'm sorry to hear that, sir. Can I have your name, please?

MAN: It's Doctor Parker Chambers.

WOMAN: We're sorry for the inconvenience we've caused you, sir, but before we move on to the details of your complaint, I firstly need to get your address and postcode for our records.

MAN: Of course. It's 7 Digswell Hill, Welwyn, postcode AL698GQ.

WOMAN: I'm really sorry, sir. Let me just make sure I got your address right.

여자: 브리티시 항공입니다. 무엇을 도와드릴까요?
남자: 네, 여기 항공사를 이용하면서 어려움을 겪은 것에 대한 불만을 접수하려고요.
여자: 죄송합니다. 성함을 알려주시겠어요?
남자: 닥터 파커 챔버스입니다.
여자: 불편을 끼쳐서 죄송합니다. 그런데 불만 사항에 대해 자세히 알기 전에 기록을 위해 먼저 주소와 우편번호를 알려주시길 바랍니다.
남자: 물론이죠. 웰린 딕스웰 힐 7번지이고, 우편번호는 AL698GQ입니다.
여자: 정말 죄송합니다. 주소가 정확한지 확인해볼게요.

TAPESCRIPT 4

MAN: Well, we have to determine the living conditions of each sector of the borough.

WOMAN: It can be done but it'll take more time than expected considering that the population of the city is over a million.

MAN: I understand.

WOMAN: I've already assigned a person to begin the survey in the Browns Green area.

MAN: Good. Could you give me the postcode so I could cross it off the official list?

WOMAN: Of course, it's BH246GL.

MAN: Wonderful. Let's keep in touch as we dispatch people in different areas so we don't do the same area more than once.

남자: 음, 저희는 각 자치구의 생활 상태를 알아내야 합니다.
여자: 할 수 있지만, 도시의 인구가 백만 명 이상이라는 것을 감안하면 예상한 것보다 시간이 더 걸릴 거예요.
남자: 알겠습니다.
여자: 브라운즈 그린지역 조사를 시작하기 위해 이미 사람을 배치해 뒀어요.
남자: 좋아요. 공식 명단에서 빼기 위해 우편번호를 알려주시겠어요?
여자: 물론이죠, BH246GL이에요.
남자: 아주 좋습니다. 같은 지역을 여러 번 조사하지 않기 위해 각각 다른 지역에 사람들을 보낼 때마다 연락하기로 해요.

TAPESCRIPT 5

WOMAN: Is the driver's license and insurance registration on going?

MAN: Yes, Ma'am.

WOMAN: I would like to inquire about my cousin's registration too.

MAN: No worries madam, the files are grouped by postcode so could you give me your cousin's postcode?

WOMAN: Yes, it's RT125CZ.

MAN: Just a moment... ah, that's the Twyford area. And what's her last name, please, so I can pull up her form?

WOMAN: It's Walsham, Sarah Walsham.

여자: 운전면허와 보험 등록을 계속 진행 중인가요?
남자: 네.
여자: 제 사촌 등록에 대해 문의하고 싶어서요.
남자: 그럼요, 기록들이 우편번호로 분류가 되어서 그러는데 사촌분의 우편번호를 알려주시겠어요?
여자: 네, RT125CZ예요.
남자: 잠시만요… 아, 티퍼드 지역이네요. 그리고 문서를 불러와야 해서 성이 어떻게 되시나요?
여자: 월샴, 사라 월샴이에요.

TAPESCRIPT 6

NURSE: I understand, Miss Thompson. Could you give me your address and postcode, please?

PATIENT: It's 46 Church Street Cromer, postcode SD154CY.

NURSE: Thank you. Shall we expect you to arrive at 2pm today?

PATIENT: Yes, please. But could you give me the address to the health centre, please? I want to be sure.

NURSE: Of course, it's 35 State Street, postcode SD153DY. We're pretty close to your area so it shouldn't take you more than 15 minutes to get here.

간호사: 알겠습니다. 톰슨 씨. 주소와 우편번호를 알려주시겠어요?
환자: 크로머 처치 스트리트 46번지, 우편번호는 SD154CY입니다.
간호사: 감사합니다. 오늘 오후 2시에 오시는 걸로 기다리면 될까요?
환자: 네. 그런데 진료소 주소를 알려주시겠어요? 확인을 하고 싶어서요.
간호사: 물론이죠. 스테이트 스트리트 35번지이고, 우편번호는 SD153DY입니다. 진료소가 환자 분의 집과 가까워서 오시는데 15분이 넘지는 않을 거예요.

TAPESCRIPT 7

AGENT: QVC Shopping, how may I help you?

CUSTOMER: Hi, I'd like to place an order for the laptop that's on clearance sale right now, please?

AGENT: OK, may I have your name, please?

CUSTOMER: It's Ashley Cooper.

AGENT: OK, Miss Cooper, where should we send the product to?

CUSTOMER: Send it to 81 Vicarage Road, postcode GX192RU.

AGENT: OK, thank you. Now, to process your order I need your card details.

직원: QVC 쇼핑입니다. 무엇을 도와드릴까요?
고객: 안녕하세요, 지금 재고 정리 세일을 하고 있는 노트북을 주문하고 싶어서요.
직원: 네, 성함이 어떻게 되시죠?
고객: 애슐리 쿠퍼입니다.
직원: 네, 쿠퍼 씨, 상품을 어디로 보내드리면 될까요?
고객: 우편번호 GX192RU, 비커리지 로드 81번지로 보내주세요.
직원: 네, 감사합니다. 이제, 주문을 처리해드리기 위해 카드 정보가 필요합니다.

TAPESCRIPT 8

WOMAN: Hi, I'd like to register my two daughters into your painting class. My youngest is under 8 years old.

REGISTRAR: That's OK; she'll be joining a separate group for children 8 years old and below. May I know the name of the contacting person, please?

WOMAN: That would be me, the mother, Andy Kahn.

REGISTRAR: And your address, please?

WOMAN: It's 2A Clifford Road.

REGISTRAR: And your postcode, please?

WOMAN: It's HB39PU.

REGISTRAR: Thank you, madam.

여자: 안녕하세요, 제 두 딸을 그림 수업에 등록시키고 싶어서요. 막내가 8살 미만이에요.
담당자: 괜찮습니다. 8세 미만 아이들을 위한 별도의 수업에 가입하면 돼요. 저희가 연락할 수 있는 분의 성함을 알 수 있을까요?
여자: 저예요, 엄마인 앤디 칸입니다.
담당자: 그리고 주소는요?
여자: 클리포드 로드 2A입니다.
담당자: 우편번호는요?
여자: HB39PU예요.
담당자: 감사합니다.

TAPESCRIPT 9

SECRETARY: Yes, the job interview will be held in the outskirts of South Park.

STUDENT: Can I have the exact address, please?

SECRETARY: It's on 7 Market Street, postcode VIT613UL. Don't forget to bring the requirements.

STUDENT: Thank you, I won't.

비서: 네, 면접은 사우스 파크 근교에서 하게 됩니다.
학생: 정확한 주소를 알 수 있을까요?
비서: 마켓 스트리트 7번지, 우편번호는 VIT613UL이에요. 필요한 것들을 꼭 가져오세요.
학생: 감사합니다. 꼭 가져갈게요.

TAPESCRIPT 10

WOMAN: Hi, can you help me? I lost my baggage in the train.

CLERK: Yes no problem, kindly fill out this form and tell me where you're from.

WOMAN: I am from Woodbridge.

CLERK: OK, please fill this out and hand it back to me as soon as you're done.

WOMAN: Here's the form. Unfortunately, I'm not sure what my postcode is.

CLERK: It's OK, let me see your address and find out for you... Here it is. Your postcode is GW432HA.

WOMAN: Oh, thank you, I'll take note of that. So what can we do about my lost baggage?

여자: 안녕하세요, 저 좀 도와주시겠어요? 기차에서 짐을 잃어버렸어요.
직원: 네 걱정 마세요, 이 서류를 작성하시고 어디에서 오셨는지 말씀해주세요.
여자: 우드브리지에서 왔습니다.
직원: 네, 이것을 작성하시고 다 하시면 저에게 주세요.
여자: 여기 있어요. 죄송한데, 우편번호가 확실하지가 않아요.
직원: 괜찮아요, 주소를 확인하고 찾아볼게요…. 여기 있네요. 우편번호는 GW432HA입니다.
여자: 오, 감사합니다. 외워둘게요. 그럼 잃어버린 짐은 어떻게 되는 거죠?

TAPESCRIPT 11

WOMAN: I would like to order a single bed for my son, please.

DEALER: No problem. Would you happen to know the code or name of the bed you want?

WOMAN: Yes, it's the Sleep Number Icon Modular Bed Set. I think the code is H200973.

DEALER: Ah, I see, yes that's the right code name. So, let's process your order. May I have your name, please?

WOMAN: Yes, it's Diana Morgan.

DEALER: Thank you; and where should we deliver it to?

WOMAN: The address is 25 Kings Road in Belfast and the postcode is 254EU.

DEALER: Thank you. The bed will be delivered tomorrow between 9 and 11 am. Now, may I have your credit card number, please?

여자: 제 아들을 위해 1인용 침대를 주문하고 싶어요.

판매원: 좋습니다. 원하시는 침대의 이름이나 번호를 알고 계시나요?

여자: 네, 슬립 넘버 아이콘 모듈러 베드 세트라는 제품이에요. 번호는 H200973인 것 같아요.

판매원: 아, 알겠습니다. 맞는 코드명이네요. 그럼, 주문을 처리해드릴게요. 성함이 어떻게 되시죠?

여자: 네, 다이애나 모건입니다.

판매원: 고맙습니다. 그리고 어디로 배송을 해드릴까요?

여자: 주소는 벨파스트 킹스 로드 25번지이고 우편번호는 254EU예요.

판매원: 감사해요. 침대는 내일 오전 9시에서 11시 사이에 배송이 될 것입니다. 이제, 신용카드 번호를 알려주시겠어요?

TAPESCRIPT 12

WOMAN: Hello, Officer, I'd like to report my noisy neighbours. There's a bunch of drunken teens causing a raucous at this hour!

MAN: OK, what's your address?

WOMAN: I'm at 73 Hanson Drive in Fowey. The postcode is PL239PU.

MAN: And where's the noise coming from?

WOMAN: From next door at 74 Hanson Drive.

MAN: OK, I've sent a dispatch; they'll be there in a few minutes.

여자: 안녕하세요, 경관님. 제 이웃집이 시끄러워서 신고하려고요. 이 시간에 십대 애들이 술에 취해서 너무 소란스러워요!

남자: 네, 주소가 어떻게 되죠?

여자: 저는 포위에 핸슨 드라이브 73번지에 살고 있어요. 우편번호는 PL239PU예요.

남자: 소음은 어디에서 들리나요?

여자: 옆집인 핸슨 드라이브 74번지요.

남자: 알겠습니다. 경찰을 보냈습니다. 몇 분 내로 도착을 할 거예요.

TAPESCRIPT 13

DOCTOR: How has your headache been affecting you and your work?

PATIENT: Oh, it's been terrible, Doctor! I could hardly get up in the morning; and when I do make it to work, I just couldn't concentrate at all. It's been a struggle, really.

DOCTOR: Well, like I told you, you must find another place that's free from mold. I have a friend who rents out apartments; you might want to check them out.

PATIENT: Oh, thank you, Doctor. May I have the address, please?

DOCTOR: Sure, it's the Kirkdale House at 7 Kirkdale Road, London E11VR.

의사: 두통이 환자분과 환자분 일에 어떤 영향을 주었나요?

환자: 오, 정말 끔찍했어요, 선생님! 아침에는 거의 일어날 수가 없었고 일을 하면 도저히 집중을 할 수가 없었어요. 너무 힘들었습니다.

의사: 음, 제가 말씀 드렸듯이, 곰팡이가 없는 다른 곳을 찾아보셔야 해요. 아파트를 임대하는 친구가 한 명 있는데 거기 한번 확인해보세요.

환자: 오, 고맙습니다, 선생님. 주소를 알려주시겠어요?

의사: 물론이죠, 런던, 커크데일 로드 7번지에 있는 커크데일 하우스예요, 우편번호는 E11VR이고요.

TAPESCRIPT 14

SPEAKER: As you all know, old postcodes are being replaced by new ones so this meeting is to inform every one of the changes. First off, the new postcode for Gordon Road on Ellandale is W52AT.

WOMAN: Is it the same for Spring Bridge and Carlton Greens?

SPEAKER: No, it isn't. W52AT is only for Gordon Road, Ellandale. We have the postcode brigade standing by the exit; you can confirm your new postcode with them before you leave.

WOMAN: OK, thank you very much.

연사: 다들 아시겠지만, 이전 우편번호는 새로운 것으로 대체되고 있습니다. 그래서 오늘은 여러분들에게 그 변화들 중 하나를 알려드리려고 합니다. 먼저, 엘랜데일에 있는 고든 로드의 새 우편번호는 W52AT입니다.

여자: 스프링 브리지와 칼턴 그린스의 우편번호도 같은가요?

연사: 아니요. W52AT은 엘랜데일의 고든 로드에만 해당됩니다. 출구 옆에 우편번호 창구가 있으니 나가시기 전에 여기서 새 우편번호를 확인하시면 됩니다.

여자: 네, 정말 고맙습니다.

TAPESCRIPT 15

WOMAN: Hi, could you tell me what time you'll be in this town for the utility maintenance check?

MAN: Can I have your address, please?

WOMAN: It's 103 Fowler Road.

MAN: And your postcode?

WOMAN: It's RO62LR.

MAN: Give me a moment to check... Here it is. We're scheduled to be in your area at 2pm today.

여자: 안녕하세요. 이 마을에는 몇 시에 전기 점검을 오시는지 시간을 좀 알려주시겠어요?
남자: 주소가 어떻게 되시죠?
여자: 파울러 로드 103번지예요.
남자: 우편번호는요?
여자: RO62LR입니다.
남자: 잠시 확인을 해볼게요…. 여기 있네요. 이 지역은 오늘 오후 2시로 일정이 잡혀있습니다.

TAPESCRIPT 16

WOMAN: International booking, how can I help you?

MAN: Hi, I'd like to inquire about the departure date of the Elliott entourage, please.

WOMAN: One moment, please... ah, yes, departure date is on the 3rd of November at 6pm.

MAN: Has the hotel been booked?

WOMAN: Yes, sir. ETA at the Sycamore Gardens Hotel is 7: 30pm.

MAN: Thank you; and what's the hotel address, please?

WOMAN: It's the Sycamore Gardens Hotel at 18 Sycamore Drive London, postcode W643HH.

여자: 인터내셔널 예약 센터입니다. 무엇을 도와드릴까요?
남자: 안녕하세요. 엘리엇 수행원들의 출발 날짜를 물어보려고요.
여자: 잠시만요… 아, 네, 출발 날짜는 11월 3일 오후 6시예요.
남자: 호텔은 예약이 되어있나요?
여자: 네, 시카모어 가든스 호텔에 ETA로 오후 7시 반입니다.
남자: 감사합니다. 호텔 주소는 어떻게 되나요?
여자: 런던, 시카모어 드라이브 18번지에 있는 시카모어 가든스 호텔입니다. 우편번호는 W643HH예요.

TAPESCRIPT 17

CLERK: Grants of Croydon, what can we do for you today?

WOMAN: Hello. I bought a washing machine from your store about 9 months ago and something has gone wrong with it recently. Do I still qualify for repair service?

CLERK: Absolutely, madam. The warranty for repairs is for 1 year so you're well within the period. May I have your name, please?

WOMAN: Yes, it's Joni Mitchell.

CLERK: And your address, please?

WOMAN: It's 1 Rushbridge Close, postcode CR02YR.

Clerk: OK, give me a moment to set up a schedule.

직원: 크로이든 그랜츠입니다. 오늘은 무엇을 도와드릴까요?
여자: 안녕하세요. 9개월 전에 여기서 세탁기를 샀는데 최근 들어 이상이 생겨서요. 아직 수리 서비스를 받을 수 있나요?
직원: 물론이죠. 수리 보증기간은 1년이기 때문에 기한 내에 받으실 수 있어요. 성함을 알려주시겠어요?
여자: 네, 조니 미첼이에요.
직원: 주소는요?
여자: 러시브리지 클로즈 1번지이고 우편번호는 CR02YR입니다.
직원: 네, 일정을 잡기 위해 잠시만 기다려주세요.

TAPESCRIPT 18

MAN: LM Recovery and Mechanics, how can I help you?

WOMAN: Yes, my car broke down; I need a mechanic and tow truck to come right away, please.

MAN: Do you know where you are?

WOMAN: Well, I'm on Holloway Road in Bournemouth, Dorset.

MAN: Is there someone you can ask for the postcode?

WOMAN: Hold on a moment... OK, they said the postcode here is BH906KS.

MAN: OK, great. We can get to you in about 30 minutes. Can I have your name, please?

남자: LM 복구 정비 센터입니다. 무엇을 도와드릴까요?
여자: 네, 차가 고장이 나서 지금 바로 올 수 있는 정비공과 견인차가 필요해요.
남자: 어디에 계신지 아시나요?
여자: 음, 도싯, 본머스에 홀로웨이 로드예요.
남자: 거기에 우편번호를 물어볼 수 있는 사람이 있나요?
여자: 잠시만요… 네, 여기 우편번호가 BH906KS이라고 하네요.
남자: 네, 좋아요. 대략 30분 안에 갈 수 있습니다. 성함이 어떻게 되시죠?

TAPESCRIPT 19

WOMAN: Is the driver's license and insurance registration on going?

MAN: Yes, ma'am.

WOMAN: OK, I would also like to inquire about my cousin's registration.

MAN: No worries, madam. The applications are grouped by postcode so could you give me your cousin's postcode?

WOMAN: Yes, it's RT125CZ.

MAN: Just a moment... OK, that's Henwick in Thatcham. Applications from that area are still being processed at the moment.

WOMAN: I see. Do you know how much longer it would take?

여자: 운전면허와 보험 등록을 아직 하고 있는 건가요?
남자: 네.
여자: 네, 제 사촌 등록에 대해 물어보고 싶어서요.
남자: 괜찮습니다. 신청은 우편번호로 나뉘어지기 때문에 사촌 분의 우편번호를 알려주시겠어요?
여자: 네, RT125CZ예요.
남자: 잠시만요… 네, 태참에 있는 헨윅이네요. 그 지역의 신청은 지금도 진행 중에 있습니다.
여자: 그렇군요. 신청하는데 얼마나 걸리는지 알 수 있나요?

TAPESCRIPT 20

WOMAN: Bristol City Council Wastecare and Recycling, how can I help you?

MAN: Hi, could you tell me the newspaper collection schedule for my area? My postcode is BS97PU; on Bridgwater Road.

WOMAN: Let me check a moment... OK, it's every 2nd Wednesday of the month at 6 in the morning.

MAN: I see, thank you.

WOMAN: No problem. For questions in the future, feel free to send an email to helpline@blackcat. com.

여자: 브리스톨 시 의회 폐기물 처리와 재활용 부서입니다. 무엇을 도와드릴까요?
남자: 안녕하세요. 저희 지역 신문 수거일이 언제인가요? 우편번호는 BS97PU이고, 브리지워터 로드에 있어요.
여자: 잠시 확인을 해볼게요… 네, 매월 둘째 주 수요일 오전 6시입니다.
남자: 알겠습니다. 고마워요.
여자: 괜찮습니다. 앞으로도 문의사항이 있으시면 언제든지 helpline@blackcat.com으로 메일 보내주세요.

TAPESCRIPT 21

MAN: I've been waiting for 2 hours and my baggage still hasn't come out of the carousel!

STAFF: We're really sorry for the inconvenience, Mr. Davis. I have contacted the baggage department and they're doing everything to locate your belongings.

MAN: How re-assuring!

STAFF: I understand your frustration, sir; you have every right to feel that way. However, as much as I hate to say this, there is a possibility that your baggage may not be located today. In that case, I will need your address so we can have them delivered to you.

MAN: Fine, my address is 33 Hill Crest, North Walsham with postcode PG14BU.

STAFF: Thank you.

남자: 두 시간을 기다렸는데 아직도 제 짐이 수하물 컨베이어 벨트에 나오지 않았어요!
직원: 불편을 드려 정말 죄송합니다. 데이비스 씨. 수하물 담당 부서에 연락을 했는데 짐을 찾기 위해 최선을 다하고 있다고 합니다.
남자: 어떻게 장담하죠!
직원: 불만스러운 점 이해합니다. 그렇게 느끼실 만도 해요. 이런 말씀 드리고 싶지는 않지만, 오늘 짐을 찾지 못할 수도 있습니다. 그런 경우에는 저희가 배송해드릴 수 있도록 주소가 필요합니다.
남자: 좋아요, 주소는 노스 월샴, 힐 크레스트 33번지예요. 우편번호는 PG14BU이고요.
직원: 감사합니다.

TAPESCRIPT 22

MAN: Hi, Ronnie. I'm so sorry for calling you at this time, I know it's 1am there.

WOMAN: What's going on?

MAN: Well, I'm at the conference and I have to fill out a form that requires the postcode to our office. Would you happen to know what it is?

WOMAN: Yes, it's NR280AJ.

MAN: Thanks, Ronnie; really sorry for waking you.

WOMAN: No worries; see you soon.

남자: 안녕, 로니. 이 시간에 전화해서 정말 미안해. 지금 거기가 오전 1시인 거 알고 있어.
여자: 무슨 일이야?
남자: 음, 컨퍼런스에 왔는데 우리 사무실 우편번호가 필요한 서류를 작성해야 해서. 우편번호가 뭔지 알고 있어?
여자: 응, NR280AJ야.
남자: 고마워, 로니. 깨워서 정말 미안해.
여자: 괜찮아. 나중에 봐.

TAPESCRIPT 23

MAN: Shetland Properties, how can I help you?

WOMAN: Good morning, I'm looking at your advertisement on Anderson Homes and I'm very interested in visiting the property.

MAN: That's good to hear. I can schedule you for a site tripping at 10am tomorrow.

WOMAN: That's great. Where should I meet the agent?

MAN: I've set you up with our agent, Mr. Clark Turner; he will be at the site to meet you.

WOMAN: So what's the address?

MAN: It's 1 Anderson Homes at Lerwick, Shetland. The postcode is ZE10BG.

남자: 셰틀랜드 부동산입니다. 무엇을 도와드릴까요?
여자: 안녕하세요, 앤더슨 홈즈에서 여기 광고를 보고 있는데 정말 방문해 보고 싶어서요.
남자: 반가운 소식이네요. 내일 오전 10시로 현장 방문 일정을 잡을게요.
여자: 좋아요. 어디서 중개인을 만나야 하나요?
남자: 저희 중개인 클라크 터너 씨에게 소개를 해드렸습니다. 고객님을 만나기 위해 현장에 있을 거예요.
여자: 그럼 주소가 어떻게 되죠?
남자: 셰틀랜드, 러윅에 있는 앤더슨 홈즈 1번지예요. 우편번호는 ZE10BG입니다.

TAPESCRIPT 24

WOMAN: Medina Dairy, good morning!

MAN: Hello. We just moved into the area and I was wondering if we can have milk delivered to our address.

WOMAN: I see. Well, could you give me your address and also your postcode so I can check if we cover your area?

MAN: Yes, it's 36 Cradle Lane at Roydon. Let me just check the postcode... Here it is. The postcode is IP224EG.

WOMAN: Let me check... OK, we do deliver to your area. When would you like deliveries to be made?

여자: 메디나 유업입니다. 안녕하세요!
남자: 안녕하세요. 이 지역으로 이사를 왔는데 저희 주소로 우유 배달이 되는지 궁금해서요.
여자: 그렇군요. 음, 고객님의 지역도 포함이 되는지 확인하기 위해 주소와 우편번호를 알려주시겠어요?
남자: 네, 로이돈에 있는 크래이들 레인 36번지예요. 우편번호를 확인해볼게요…. 여기 있네요. 우편번호는 IP224EG입니다.
여자: 확인해보겠습니다… 네, 그 지역도 배달을 하고 있어요. 언제 배달을 받기 원하세요?

TAPESCRIPT 25

WOMAN: Hello, you've reached Booze Mini Mart, how can I help you?

MAN: Hi, I was wondering if you could make delivery to my home.

WOMAN: It depends on your location, sir. What's your address and postcode?

MAN: Oh, never mind. I'll just drop by your store. Could you give me your address?

WOMAN: Yes, it's Booze Mini Mart 62 High Street, postcode DA100AH.

MAN: Thanks!

여자: 안녕하세요, 부즈 미니 마트입니다. 무엇을 도와드릴까요?
남자: 안녕하세요, 저희 집에 배달을 해주실 수 있는지 궁금해요.
여자: 지역에 따라 다릅니다. 주소와 우편번호가 어떻게 되시죠?
남자: 오, 신경 쓰지 마세요. 제가 가게에 막 들를 참이에요. 주소를 알려주시겠어요?
여자: 네, 하이 스트리트 62번지 부즈 미니 마트이고, 우편번호는 DA100AH예요.
남자: 감사합니다!

TAPESCRIPT 26

MAN: Hello, Jane, I'm already in Troon but I seem to have misplaced the piece of paper where I wrote down Patrick's address and phone number. Do you have it?

WOMAN: Let me check my phonebook... Here it is. The address is 2 Shore Road, Troon, postcode KA106AG. And the phone number is 441292312045.

MAN: OK, thanks, Jane!

WOMAN: Take care!

남자: 안녕, 제인, 내가 이미 트룬에 와있는데 패트릭의 주소와 전화번호를 적은 종이를 잃어버린 것 같아. 혹시 알고 있니?
여자: 전화번호부를 확인해볼게…. 여기 있다. 주소는 트룬, 쇼 로드 2번지이고, 우편번호는 KA106AG이야. 그리고 전화번호는 441292312045이야.
남자: 좋아, 고마워, 제인!
여자: 잘 지내!

TAPESCRIPT 27

MAN: Good morning, this is Edward Green from Crystal Peaks Shopping Center. I'd like to speak with Miss Emily Havisham, please.

WOMAN: This is Emily, what can I do for you?

MAN: Hello, ma'am. I just wanted to confirm the address you provided for the delivery of the dishwasher you bought. The address on file is stated as 12 Sandstone Avenue, postcode S91AL. Is it correct?

WOMAN: Yes, that's correct. When is it arriving?

남자: 안녕하세요. 크리스탈 픽스 쇼핑 센터 에드워드 그린입니다. 에밀리 해비샴 씨와 통화를 하고 싶어서요.
여자: 제가 에밀리입니다. 무슨 일이죠?
남자: 안녕하세요. 구매하신 식기 세척기를 배송하기 위해 알려주신 주소를 확인하려고요. 주소가 샌드스톤 에비뉴 12번지이고, 우편번호는 S91AL이라고 되어 있는데 맞나요?
여자: 네, 맞아요. 언제 도착하나요?

TAPESCRIPT 28

WOMAN: Scottish Ambulance Service, what's your emergency?

MAN: Yes, my wife seems to have lost consciousness, it's been 10 minutes and she still hasn't come to. Can you send paramedics immediately, please?

WOMAN: Of course, could you give me your exact location?

MAN: 23 Tumberry Road, G115AH. Could you make an immediate action?

WOMAN: Yes, an ambulance is on its way, they should be there in about 5 minutes. Please remain calm, sir.

여자: 스코티시 구급차 서비스입니다. 어떤 응급상황입니까?
남자: 네, 제 아내가 의식을 잃은 것 같아요, 10분이 지났는데 아직 의식을 찾지 못했어요. 지금 바로 응급구조원들을 보내줄 수 있나요?
여자: 물론이죠. 정확한 위치를 알려주시겠어요?
남자: G115AH, 텀베리 로드 23번지예요. 응급조치를 해주실 수 있나요?
여자: 네, 구급차가 가는 중이고 5분 안에 도착을 할 거예요. 침착하게 계세요.

TAPESCRIPT 29

MAN: Hi, it's Harry from Elite Plumbing Solutions. I'm supposed to be at your house right now, as you requested, but I couldn't find your house. Could you give me your address again, please, so I can check if I have it right?

WOMAN: Of course, I've been waiting for you. The address is 10 Mitchell Crescent.

MAN: Well, I seem to have that part right. Is the postcode FK101BB?

WOMAN: Oh, no, it's double-N, as in N for Nancy -- FK101NN.

MAN: I see. No wonder why I couldn't find it.

남자: 안녕하세요, 엘리트 배관 솔루션의 해리입니다. 요청하신 대로, 지금 고객님의 댁으로 가려고 하는데 집을 찾을 수가 없네요. 맞는지 확인해보기 위해 주소를 다시 한번 알려주시겠어요?
여자: 물론이죠, 기다리고 있었어요. 주소는 미첼 크레센트 10번지예요.
남자: 음, 그 지역이 맞는 것 같은데요. 우편번호가 FK10 1BB인가요?
여자: 오, 아뇨, 낸시의 N으로 N이 두 개예요. FK101NN이에요.
남자: 그렇군요. 못 찾은 것이 당연하네요.

TAPESCRIPT 30

MAN: Can I invite you to dinner?

WOMAN: Sure. When?

MAN: How about Friday night, I'll pick you up at 7.

WOMAN: That would be great!

MAN: So, what's your address?

WOMAN: 3 Kilburn Lane W104AE.

MAN: OK, see you on Friday then.

남자: 저녁 식사에 초대를 해도 될까?
여자: 물론이지. 언제?
남자: 금요일 밤에 어때? 7시에 데리러 갈게.
여자: 좋은데!
남자: 그럼, 주소가 어떻게 되지?
여자: W104AE 킬번 레인 3번지야.
남자: 응, 그럼 금요일에 봐.

p.96

DATE

TAPESCRIPT 1

WOMAN: The movie club start date was planned on the 10th.

MAN: Yes.

WOMAN: However, it is postponed and moved to next week.

MAN: What do you mean?

WOMAN: It will be held on the <u>17th of April</u>.

여자: 그 영화 클럽 시작일은 10일로 되어 있었어.
남자: 맞아.
여자: 그런데, 다음 주로 연기되었대.
남자: 그게 무슨 말이야?
여자: <u>4월 17일</u>에 열린대.

TAPESCRIPT 2

WOMAN: The drama course will start on the <u>30th of May</u>.

MAN: Alright, I thought it was going start on June the 3rd. Anyway, who is the instructor?

WOMAN: I heard that it will be Jan Cressiick.

MAN: Oh, really? Awesome!

여자: 드라마 강의는 <u>5월 30일</u>에 시작할거야.
남자: 알았어, 나는 6월 3일에 시작할거라 생각했어. 그건 그렇고, 강사는 누구야?
여자: 잔 크레식 강사라고 들었어.
남자: 오, 정말? 굉장한데!

TAPESCRIPT 3

MAN: Hello, this is Greg from the mail delivery service and I'd like to ask some questions about you, madam.

WOMAN: Yeah, sure.

MAN: Since, you wanted to move from New Zealand to Australia, can I get the postcode please?

WOMAN: OK, it's WS62YH.

MAN: What about your moving date?

WOMAN: That will be on <u>September</u> 22nd. No, wait, let me check. That would be Saturday the <u>23rd</u>.

MAN: Alright, got that, thank you.

남자: 안녕하세요, 우편 배달 서비스의 그렉이라고 합니다. 몇 가지 질문이 있어서요.

여자: 네.
남자: 뉴질랜드에서 호주로 이사 가고 싶어하셨는데 우편번호를 알 수 있을까요?
여자: 네, WS62YH예요.
남자: 옮기시는 날짜는 어떻게 됩니까?
여자: <u>9월</u> 22일이에요. 아니, 잠시만요, 확인해볼게요. <u>23일</u> 토요일 이네요.
남자: 알겠습니다. 고맙습니다.

TAPESCRIPT 4

MAN: I'm looking for an apartment that's situated near a park so I can enjoy some leisure activities.

WOMAN: When are you planning to move in?

MAN: My contract for the present apartment ends on the 5th of August, but I'd like to move into the new apartment on August 1st.

WOMAN: OK. So that would be <u>August 1st</u>.

MAN: Yes, that's right.

WOMAN: OK, sir, we'll inform you about the apartment's availability as soon as possible.

남자: 저는 여러 레저 활동들을 즐기고 싶어서 근처에 공원이 있는 아파트를 찾고 있어요.
여자: 언제 이사오실 계획인가요?
남자: 지금 사는 아파트의 계약은 8월 5일에 끝나지만 8월 1일에 새 아파트로 이사를 가고 싶어요.
여자: 네, 그럼 <u>8월 1일</u>이 되겠네요.
남자: 네, 맞아요.
여자: 좋아요, 가능한 아파트를 알아보고 최대한 빨리 알려드릴게요.

TAPESCRIPT 5

WOMAN: Hi, I'm here to consult about my illness.

NURSE: Yes, please have a seat, I need some details from you.

WOMAN: OK, thanks.

NURSE: May I know your address please?

WOMAN: Yes, I live in Dallas Road, Mexico City.

NURSE: OK, what is your date of birth, please?

WOMAN: I was born on <u>May 1st</u> 1986.

여자: 안녕하세요, 몸이 아파서 진료를 받으려고 왔어요.
간호사: 네, 앉으세요, 몇 가지 세부 사항들이 필요해서요.
여자: 네, 고맙습니다.
간호사: 주소를 알려주시겠어요?
여자: 네, 멕시코 시티의 달라스 로드에 살고 있어요.
간호사: 네, 생년월일은 어떻게 되죠?
여자: 1986년 <u>5월 1일</u>에 태어났어요.

TAPESCRIPT 6

SARAH: Hello, I called to look for a part time job.

MAN: OK, could you tell me your full name please?

SARAH: My name is Sarah Brown.

MAN: And your birthday, please?

SARAH: Yes, it's <u>30th of March</u> 1988.

MAN: Sorry, I wasn't paying attention. Did you say March 8th?

SARAH: No, I said I was born in 1988 on March 30th.

사라: 안녕하세요, 아르바이트를 구하려고 전화했어요.
남자: 네, 성함이 어떻게 되시죠?
사라: 저는 사라 브라운이에요.
남자: 생년월일은요?
사라: 네, 1988년 <u>3월 30일</u>이에요.
남자: 죄송해요, 잘 못 들었어요. 3월 8일이라고요?
사라: 아뇨, 1988년 3월 30일이라고 했어요.

TAPESCRIPT 7

MAN: I lost my bag yesterday.

WOMAN: Yes, could you tell me your name?

MAN: I'm Maine.

WOMAN: OK, today is March 24, and you lost it yesterday, the <u>23rd of March</u> right?

MAN: Yes, that's right.

WOMAN: Alright, we'll call you after 2 days to tell you whether it has been found or not.

MAN: Thanks!

남자: 어제 가방을 잃어버렸어요.
여자: 네, 이름을 알려주시겠어요?
남자: 메인이에요.
여자: 네, 오늘이 3월 24일이고 어제 잃어버리셨다고 하셨으니 <u>3월 23일</u> 맞나요?
남자: 네, 맞아요.
여자: 알겠습니다. 발견 여부를 알려드리기 위해 이틀 뒤에 연락을 드릴게요.
남자: 감사합니다!

TAPESCRIPT 8

MAN: Hello, I'm calling because your moving company seemed to have lost some of my belongings.

WOMAN: Yes sir, may I know your name please?

MAN: I'm Jerry Northwaite.

WOMAN: OK, sir. First of all, an investigation has to be conducted. So will it be okay if we send one of our representatives to your house on the 25th of <u>January</u>?

MAN: Oh ... I would be in the office then. Is it possible to schedule it on the <u>23rd</u> instead?

WOMAN: No problem. I marked that date. Thank you.

남자: 안녕하세요, 여기 이삿짐센터에서 제 물건들을 몇 개 분실한 것 같아서 전화했어요.
여자: 네, 성함이 어떻게 되시나요?
남자: 제리 노스웨이트입니다.
여자: 네. 먼저는 조사가 이루어져야 합니다. 그럼 <u>1월</u> 25일에 고객님 집으로 저희 대표 중 한 사람을 보내도 괜찮을까요?
남자: 오… 그때 제가 사무실에 있을 거예요. 대신에 <u>23일</u>로 일정을 잡아도 될까요?
여자: 괜찮습니다. 그날로 표시를 해놓을게요. 감사합니다.

TAPESCRIPT 9

CLERK: Travelodge Hotel, how can I help you?

MAN: Hi, I'd like to book a double room with a balcony, please.

CLERK: OK, may I have your name, please?

MAN: It's John Thompson and I'd like to book for the <u>17th of June</u>.

CLERK: Let me make sure we have one available for that date, sir.

직원: 트래블로지 호텔입니다, 무엇을 도와드릴까요
남자: 안녕하세요, 발코니가 있는 2인용 방을 예약하고 싶어서요.
직원: 네, 성함을 알려주시겠어요?
남자: 존 톰슨이에요. <u>6월 17일</u>로 예약을 하고 싶습니다.
직원: 그 날짜에 가능한 객실이 있는지 확인을 해보겠습니다.

TAPESCRIPT 10

WOMAN: I would like to hold a party for my friend. His birthday is on the 28th of April.

RECEPTIONIST: So, would you like to hold the party on April 28th?

WOMAN: Actually, no... I prefer to have the party a day before the twenty-eighth.

RECEPTIONIST: OK, let me just confirm, so the date is <u>27th of April</u>.

WOMAN: Yes, that's right! Thanks!

여자: 제 친구를 위해 파티를 열고 싶어서요. 친구 생일은 4월 28일이에요.
접수원: 그럼 4월 28일에 파티를 열고 싶으신 건가요?

여자: 사실, 아뇨···. 28일 하루 전에 파티를 하고 싶어요.

접수원: 네, 확인을 하겠습니다. 그럼 날짜는 <u>4월 27일</u>이네요.

여자: 네, 맞아요! 감사합니다!

매니저: 네, 피터 씨, 우선 급여는 시간당 4.45파운드예요. 급여는 괜찮으신가요?

남자: 네.

매니저: 그럼, <u>10월 22일</u>에 사장님과 최종 면접 일정을 잡아드릴게요.

TAPESCRIPT 11

MAN: Hi, I would like to inquire about the yoga course.

WOMAN: Yes, sure... What would you like to know?

MAN: When is it scheduled to begin?

WOMAN: The start date is on the <u>27th of June</u>.

MAN: Oh, unfortunately, I wouldn't be available then but I would be free on Saturday, the 28th of June.

WOMAN: Apologies, sir, but we cannot move or re-schedule the start date.

MAN: I see. I guess I'll have to miss the first class then. But I'll try to make it. Thank you.

남자: 안녕하세요, 요가 수업에 대해 문의하고 싶어서요.

여자: 네, 무엇을 알고 싶으신가요?

남자: 수업은 언제 시작을 하게 되나요?

여자: 시작일은 <u>6월 27일</u>이에요.

남자: 오, 안타깝게도 그때는 안 될 것 같아요, 6월 28일 토요일에는 괜찮을 것 같네요.

여자: 죄송하지만 시작일을 옮기거나 조정할 수가 없습니다.

남자: 그렇군요. 그럼 첫 수업을 놓쳐야겠네요. 그래도 참석하도록 노력해볼게요. 고맙습니다.

TAPESCRIPT 12

MANAGER: Please have a seat and let's talk about your application for a part time job here at our restaurant.

MAN: Yes, ma'am, thank you.

MANAGER: Could you tell me your name please?

MAN: I'm Peter Chen.

MANAGER: OK, Peter, first of all, the salary is 4.45 pounds per hour. Are you OK with that?

MAN: Yes, ma'am.

MANAGER: In that case, I'll schedule you for a final interview with the company President on the <u>22nd of October</u>.

매니저: 앉아주세요. 저희 레스토랑에 아르바이트를 지원하신 것에 대해 얘기를 해볼까요?

남자: 네, 감사합니다.

매니저: 성함을 알려주시겠어요?

남자: 피터 첸입니다.

TAPESCRIPT 13

WOMAN: Hi, you are the landlord of this house, I presume.

MAN: Yes, miss. How may I help you?

WOMAN: Well, I would like to rent it. I could start my occupancy on the 1st of May.

MAN: That's no problem. You can actually move in on <u>April 30th</u>.

WOMAN: I see. That would be great. Now, may I ask about the kitchen, how big is it?

MAN: I think it's quite big. I'm sure you can fit all of your kitchen appliances.

WOMAN: That's nice.

여자: 안녕하세요, 이 집의 주인 맞으시죠?

남자: 네, 무엇을 도와드릴까요?

여자: 음, 집을 임대하고 싶어서요. 5월 1일부터 집을 사용할 수 있어요.

남자: 문제 없습니다. 사실 <u>4월 30일</u>에 이사를 오셔도 돼요.

여자: 알겠습니다. 좋네요. 부엌에 대해 여쭤봐도 될까요? 얼마나 크죠?

남자: 꽤 클 거예요. 주방용품을 모두 넣을 수 있을 거예요.

여자: 괜찮네요.

TAPESCRIPT 14

MAN: Kindly fill out this driver's license and insurance form.

WOMAN: OK, thank you.

MAN: By the way, the certificate will be delivered on the <u>1st of August</u>.

WOMAN: I see. My cousin is an artist, so should I indicate that here?

MAN: Actually, just write "technician".

남자: 여기 운전면허와 보험 서류를 작성해주세요.

여자: 네, 고맙습니다.

남자: 참고로, 면허증은 <u>8월 1일</u>에 배송이 될 것입니다.

여자: 알겠습니다. 제 사촌은 화가인데 여기에 써야 하나요?

남자: 기술자라고 써주세요.

TAPESCRIPT 15

SANDY: I'd like to book group tickets to the aquarium, please.

CLERK: OK. When is your preferred date?

SANDY: We'd like to come on November 1st.

CLERK: OK, that would be a Saturday.

SANDY: Oh, hang on, Saturday is a busy day. Can I schedule for Friday instead?

CLERK: Sure, no problem. So to confirm, your aquarium visit will be on the 31st of October, Friday.

SANDY: Yes, that's right! Thanks!

샌디: 수족관 단체 관광 티켓을 예매하려고요.
직원: 네. 원하시는 날짜가 언제인가요?
샌디: 11월 1일에 가고 싶어요.
직원: 네, 그럼 토요일이겠네요.
샌디: 오, 잠시만요, 토요일은 바빠서요. 대신에 금요일로 잡을 수 있을까요?
직원: 네, 문제 없어요. 그럼, 수족관 방문은 10월 31일, 금요일입니다.
샌디: 네, 맞아요! 고맙습니다!

TAPESCRIPT 16

WOMAN: Hi. My son is enrolled in Gossebeck School and I'm calling to ask just a couple of questions.

WORKER: Sure. What information are you looking to ask?

WOMAN: Oh, I just want to know what type of lunch you serve at school.

WORKER: Well, the students are always served a hot meal for lunch.

WOMAN: That's good to know. And, when is the first day of school, please?

WORKER: Classes will begin on the 14th of September.

WOMAN: OK, thank you for the info and your time. Have a nice good day!

여자: 안녕하세요. 제 아들이 고세벡 학교에 등록을 하는데 몇 가지 질문이 있어서 전화했어요.
직원: 네. 어떤 것을 물어보고 싶으신가요?
여자: 아, 학교에서 점심으로 어떤 음식을 제공하는지 알고 싶어서요.
직원: 음, 학생들에게는 점심으로 항상 따뜻한 음식이 제공됩니다.
여자: 좋네요. 그리고, 학교 개학은 언제인가요?
직원: 수업은 9월 14일에 시작될 거예요.
여자: 네, 시간 내서 알려주셔서 감사해요. 좋은 하루 되세요!

TAPESCRIPT 17

WOMAN: Hi, how may I help you?

MAN: Yes, I hurt my back and I need some help for the pain.

WOMAN: OK, kindly sit down first while I collect some personal details about you.

MAN: Alright, thanks.

WOMAN: Could you tell me your name please?

MAN: My name is Ernest Riryard.

WOMAN: And your date of birth, please?

MAN: The 25th of February 1975.

WOMAN: OK, I got it. Give me a moment to inform the doctor that you're here.

여자: 안녕하세요, 무엇을 도와드릴까요?
남자: 네, 허리를 다쳐서 통증 때문에 도움이 좀 필요해요.
여자: 네, 제가 몇 가지 개인 정보를 묻는 동안 먼저 앉아계세요.
남자: 네, 고맙습니다.
여자: 성함을 알려주시겠어요?
남자: 제 이름은 어니스트 라이어드입니다.
여자: 그리고 생년월일은요?
남자: 1975년 2월 25일이에요.
여자: 네, 알겠습니다. 의사선생님께 환자분이 오신 것을 알려드릴 테니 잠시 기다려주세요.

TAPESCRIPT 18

WOMAN: Hello, Insurance Company. How may I help you?

MAN: Yes, hello. I'd like to file a claim request for my laptop that broke.

WOMAN: OK, sir. Could you tell me your name please?

MAN: Erl Priston.

WOMAN: And when were you born, please?

MAN: The 30th of April.

WOMAN: Let me just confirm sir, that's the thirtieth-of-April.

MAN: Yes, that's correct.

여자: 안녕하세요, 보험 회사입니다. 무엇을 도와드릴까요?
남자: 네, 안녕하세요. 제 노트북이 고장이 나서 보험료 청구를 하려고요.
여자: 네. 성함을 알려주시겠어요?
남자: 얼 프리스톤입니다.
여자: 그리고 생년월일이 어떻게 되나요?
남자: 4월 30일이에요.
여자: 확인해볼게요. 4월 30일이요.
남자: 네, 맞아요.

TAPESCRIPT 19

WOMAN: I'd like to inquire about club membership, please.

CLERK: Sure, there's a monthly membership fee that you need to pay and a registration fee for special events such as the upcoming swimming event.

WOMAN: How much is it?

CLERK: The monthly membership fee is $20 and the event registration fee is just $2.

WOMAN: OK. So when is this swimming event happening?

CLERK: It will be on the 16th of October.

여자: 클럽 회원에 대해 문의하려고요.

직원: 네, 월마다 내야 하는 회비와 다가올 수영 대회와 같은 특별 행사를 위한 등록비가 있습니다.

여자: 얼마예요?

직원: 월회비는 20달러이고 행사 등록비는 2달러만 내시면 됩니다.

여자: 네. 그럼 수영 대회는 언제 열리나요?

직원: 10월 16일에 열립니다.

TAPESCRIPT 20

CLERK: Hello, Hiraya Painting Gallery, how may I help you?

WOMAN: Yes, hello. I'd like to ask about the painting competition because my daughter wants to join in.

CLERK: OK. The theme of the painting competition is "Travel".

WOMAN: Alright. What about the deadline for submission?

CLERK: It will be on the 29th of August.

WOMAN: Let me just clarify, it's on the twenty-ninth-of-August.

CLERK: Yes, that is correct.

직원: 안녕하세요, 히라야 화랑입니다. 무엇을 도와드릴까요?

여자: 네, 안녕하세요. 제 딸이 등록을 하고 싶어해서 미술 대회에 대해 물어보려고요.

직원: 네, 미술 대회의 주제는 '여행'입니다.

여자: 알겠어요. 제출 마감일은 언제인가요?

직원: 8월 29일입니다.

여자: 확인해볼게요. 8월 29일이요.

직원: 네, 맞아요.

TAPESCRIPT 21

MANAGER: You said you're looking for a job.

STUDENT: Yes, sir.

MANAGER: We are in need of waiters but you first have to attend the waiter orientation on the 25th of August.

STUDENT: OK, I understand. But could you let me know when work would start?

MANGER: If you're hired, you would start 2 days after the orientation, so on the 27th of August.

STUDENT: OK, thank you, sir.

매니저: 일을 구한다고 했었죠.

학생: 네.

매니저: 우리는 웨이터들이 필요한데 먼저 8월 25일에 하는 웨이터 오리엔테이션에 참석해야 해요.

학생: 네, 알겠습니다. 그런데 일은 언제 시작하는지 알려주실 수 있으신가요?

매니저: 채용이 되면 오리엔테이션 이틀 뒤인 8월 27일에 시작을 하게 돼요.

학생: 네, 감사합니다.

TAPESCRIPT 22

PETER: Hi Jane, I'm moving in with you on the 1st of June!

JANE: Perfect!

PETER: By the way, why isn't the telephone in the living room?

JANE: Oh, because it gets noisy in the living room and it would disturb people in their rooms from sleeping. So, it's in the kitchen.

PETER: I see. It makes sense.

피터: 안녕 제인, 6월 1일에 너희 집으로 이사를 가려고 해!

제인: 아주 좋아!

피터: 그런데, 거실에 왜 전화기가 없는 거야?

제인: 아, 거실에 있으면 시끄럽고 잠 자는데 방해가 돼서 주방에 있어.

피터: 그렇구나. 이해가 되네.

TAPESCRIPT 23

MAN: Hi, I'd like to apply for membership to your club for protecting birds, please.

WOMAN: Yes, sure. But please note that we don't get receive funds from the government so we do a lot of fundraising activities. So, the money to support and maintain the club comes mainly from donations and club memberships.

MAN: I see. I got it. So how am I going to receive the application form?

WOMAN: It will be sent through mail.

MAN: Ok. So, when should I expect it to arrive?

WOMAN: Let me see... uhm... we'll be sending more out on the 23rd of <u>August</u> so you should expect them to arrive by the <u>25th</u>.

남자: 안녕하세요, 새 보호를 위해 이 클럽의 회원 신청을 하고 싶어서요.
여자: 네, 물론이죠. 하지만 저희는 정부로부터 자금을 받지 않기 때문에 자금 모금 활동을 많이 한다는 것을 유념해주세요. 그래서, 클럽을 지원하고 유지하기 위한 자금은 주로 기부금과 클럽의 회원들로부터 나옵니다.
남자: 그렇군요. 알겠습니다. 그럼 신청서는 어떻게 받는 거죠?
여자: 우편으로 보내질 것입니다.
남자: 네. 그럼, 언제 도착할까요?
여자: 글쎄요… 음… 저희가 <u>8월</u> 23일에 보낼 예정이니까 <u>25일</u>에는 받아보실 거예요.

TAPESCRIPT 24

WOMAN: Hello, how may I help you?

MAN: Yes, I'd like to register for Thai, Italian and French cookery.

WOMAN: OK. Could you tell me your name, please?

MAN: I'm Alan Furness.

WOMAN: And what's your date of birth, please?

MAN: I was born on the <u>16th of October</u> 1987.

여자: 안녕하세요, 무엇을 도와드릴까요?
남자: 네, 태국, 이탈리아, 프랑스 요리 수업에 등록을 하고 싶어서요.
여자: 네. 성함이 어떻게 되시죠?
남자: 앨런 퍼니스입니다.
여자: 그리고 생년월일은요?
남자: 1987년 <u>10월 16일</u>에 태어났어요.

TAPESCRIPT 25

WOMAN: So, when will the house I want to rent, be emptied?

LANDLORD: On the 21st of April, but it will be available for occupancy on <u>April 23rd</u>.

WOMAN: OK. Now, what about the facilities?

LANDLORD: The rent includes garden maintenance.

여자: 그럼, 제가 임대하고 싶은 집은 언제 빌까요?
남자: 4월 21일이요, 그런데 집은 <u>4월 23일</u>에 사용이 가능해요.
여자: 네. 그럼, 시설들은 어때요?
남자: 임대료에 정원 관리가 포함이 되어 있어요.

TAPESCRIPT 26

DOCTOR: When did the incident happen?

MAN: I played tennis on January 10th but I didn't feel any pain when I injured my ankle, so, I forgot about it.

DOCTOR: But when did you feel the pain?

MAN: After 8 days, when I noticed swelling on the injured ankle; I think that was on the <u>18th of January</u>.

DOCTOR: OK, I suggest you to first treat it with an ice bag or ice pack aside from taking aspirin for the pain.

MAN: Yes, thank you Doctor.

의사: 사고는 언제 일어났나요?
남자: 1월 10일에 테니스를 쳤는데 발목을 다쳤을 때는 아무렇지도 않아서 잊고 있었어요.
의사: 그럼 언제 통증을 느끼셨나요?
남자: 8일 뒤에 다친 발목이 부어있다는 걸 알았어요. 그때가 <u>1월 18일</u>인 것 같아요.
의사: 네, 먼저 진통제로 아스피린을 먹는 것 외에도 얼음 주머니나 얼음 팩으로 찜질을 하는 것이 좋습니다.
남자: 네, 감사합니다 선생님.

TAPESCRIPT 27

MAN: I'd like to apply for a credit card, please.

WOMAN: Sure sir, please have a seat. I need to gather some information from you.

MAN: OK, thanks.

WOMAN: Could you tell me your address please?

MAN: It's 53 Green Street, West Lake.

WOMAN: And how about your date of birth?

MAN: I was born on the <u>13th of September</u> in 1978.

남자: 신용카드를 신청하고 싶어서요.
여자: 네, 앉으세요. 몇 가지 정보를 알아야 합니다.
남자: 네, 고마워요.
여자: 주소를 알려주시겠어요?
남자: 웨스트 레이크, 그린 스트리트 53번지예요.
여자: 그리고 생년월일은요?
남자: 1978년 <u>9월 13일</u>입니다.

TAPESCRIPT 28

WOMAN: Regarding the exhibition, when can private visitors attend?

MAN: They can come on the <u>25th of June</u>.

WOMAN: OK. What about on the 26th? I heard that they had an appointment for just business meeting.

MAN: Yes, that's right; the 26th of June will just be for business meeting.

여자: 전시회에 관해서, 개인 방문객들은 언제 참석할 수 있나요?
남자: <u>6월 25일</u>에 오시면 됩니다.
여자: 네. 26일에는요? 업무 회의가 있다고 들었어요.
남자: 네, 맞아요. 6월 26일에는 업무 회의가 있습니다.

TAPESCRIPT 29

RECEPTIONIST: Hello, Hotel Company, how may I help you?

WOMAN: Yes, I'd like to book a room, please.

RECEPTIONIST: OK, when is your preferred date? We actually have slots on the 4th and <u>18th of May</u>.

WOMAN: Ah, I see. But the 4th is the beginning of the month so it would probably be busy. I think I'd rather take the18th.

RECEPTIONIST: Alright, let me just confirm that ma'am, your reservation will be for the eighteenth of May.

WOMAN: Yes, that's right. Thanks.

접수원: 안녕하세요, 호텔 컴퍼니입니다. 무엇을 도와드릴까요?
여자: 네, 방을 예약하고 싶어서요.
접수원: 네, 원하시는 날짜가 언제인가요? 사실 <u>5월</u> 4일과 <u>18일</u>에 방이 있어요.
여자: 아, 그렇군요. 그런데 4일은 월초라 바쁠 것 같아요. 18일이 낫겠네요.
접수원: 알겠습니다. 확인을 해드릴게요. 손님의 예약은 5월 18일로 되었습니다.
여자: 네, 알겠습니다. 감사해요.

TAPESCRIPT 30

WOMAN: Hello, Hotel Company, I'd like to book a room for Saturday, please.

RECEPTIONIST: OK, give me a moment to check, please... Unfortunately, madam, there won't be available rooms for Saturday. We're already fully booked on that day.

WOMAN: Oh, I see. OK, let me just move it to Sunday, the <u>11th of December</u>. Do you have a free room for that day?

RECEPTIONIST: Alright, thank you for your understanding, madam. Let me just see if that date is free...

여자: 안녕하세요. 토요일에 방을 예약하고 싶어서요.
접수원: 네, 잠시 확인을 해볼게요…. 죄송하지만, 토요일에는 빈 방이 없습니다. 그날은 이미 예약이 꽉 찼어요.
여자: 오, 그렇군요. 그럼, <u>12월 11일</u>, 일요일로 바꿀게요. 그날에는 빈 방이 있나요?
접수원: 알겠습니다. 양해해 주셔서 감사합니다. 그 날짜에 빈 방이 있는지 확인을 해볼게요….

TAPESCRIPT 31

TEACHER: There will be a quiz about the steam train museum which we will be visiting.

STUDENT: Excuse me, ma'am, just one question. The registrar said that we're going to the museum on the 29th of May, is that correct?

TEACHER: Oh, yes, I almost forgot. No, that date has been cancelled. The activity will be held on the <u>22nd of May</u> instead. Please take note of that.

STUDENT: OK, thank you.

교사: 우리가 방문할 증기 기관차 박물관에 대한 퀴즈가 있을 거예요.
학생: 죄송한데, 질문이 하나 있어요. 총무과에서 우리가 5월 29일에 박물관에 간다고 했는데, 맞나요?
교사: 오, 네, 잊고 있었네요. 아뇨, 그 날짜는 취소가 되었어요. 대신에 <u>5월 22일</u>에 활동이 있을 거예요. 알고 계세요.
학생: 네, 감사합니다.

TAPESCRIPT 32

WOMAN: Is the speech transcript of the football club secretary already done?

MAN: Yes, it states that the transcription should be handed in before the date of the speech.

WOMAN: When is that again?

MAN: On the <u>30th of April</u>. We also need volunteer parents for the scoring and transport.

WOMAN: Don't worry, I have already arranged that.

여자: 축구팀 총무의 연설 원고는 벌써 다 끝낸 거예요?
남자: 네, 원고는 연설 날짜 전까지 넘겨줘야 한다고 되어 있어요.
여자: 다시 언제라고요?
남자: <u>4월 30일</u>이요. 또한 경기 기록과 이동을 위해 학부모 자원봉사자도 필요해요.
여자: 걱정 마세요. 이미 처리했어요.

TAPESCRIPT 33

WOMAN: I'm planning to go to the Dinosaur Museum on Monday.

MAN: Oh, they'll be closed.

WOMAN: You mean they won't be open on the Christmas day?

MAN: Yes, Monday is <u>December 25th</u> and they'll be closed from then until January 1st.

WOMAN: OK, I guess I'll have to go after New Year's then.

여자: 월요일에 공룡 박물관에 갈 예정이야.
남자: 오, 박물관 문 닫을 텐데.
여자: 크리스마스에 문을 열지 않는다고?
남자: 응, 월요일이 <u>12월 25일</u>이라 1월 1일까지 문을 열지 않아.
여자: 그래, 그럼 새해가 지나고 가야겠다.

TAPESCRIPT 34

WOMAN: Hello, everyone. I would like to inform you that classes for extra-curricular courses will begin on September 7th. Any questions?

MAN: My daughter, Emma, is going to be busy until the 13th of September so if you don't mind, can she start her extra- curricular courses from the <u>14th of September</u>? Would that be a major problem?

WOMAN: Well, it depends on the instructor, sir. But if he knows your daughter's circumstance, I'm sure arrangements can be made.

MAN: Thank you. Can I have the name of the head instructor, please?

WOMAN: Of course, it's Mr. Jamal Curtis. You can come see him after the orientation.

여자: 안녕하세요, 여러분. 특별활동 수업이 9월 7일에 시작한다는 것을 알려드립니다. 질문 있으신가요?
남자: 제 딸, 엠마가 9월 13일까지 바쁜데 괜찮으시다면, 제 딸은 특별활동 수업을 <u>9월 14일</u>부터 시작할 수 있을까요? 큰 문제가 되나요?
여자: 음, 강사에 따라 달라요. 하지만 강사 분이 따님의 상황을 안다면 조정을 해드릴 거예요.
남자: 고맙습니다. 주임 강사의 성함을 알 수 있을까요?
여자: 물론이죠, 자말 커티스 씨예요. 오리엔테이션 후에 찾아가셔도 돼요.

TAPESCRIPT 35

MAN: I'd like to retrieve further information about The Guggenheim Club, please.

WOMAN: May I ask how you found out about the club?

MAN: I heard about it on a radio program.

WOMAN: I see. OK, you can request for further information through email and you will get a reply within 3 days.

MAN: That's great. So, today's the 12th and if I send an email now, I should receive a reply on or before <u>October the 15th</u>, correct?

WOMAN: Yes, that was correct. Is there anything else that I can help you with?

남자: 구겐하임 클럽에 대한 정보를 더 검색하고 싶어서요.
여자: 저희 클럽을 어떻게 찾으셨는지 여쭤봐도 될까요?
남자: 라디오 프로그램에서 들었어요.
여자: 그렇군요. 자세한 정보는 이메일을 통해 요청을 하실 수 있고 3일 이내로 답변을 받으실 거예요.
남자: 좋네요. 그럼, 오늘이 12일이니까 지금 이메일을 보내면, <u>10월 15일</u> 전에 답변을 받을 수 있네요, 맞죠?
여자: 네, 맞습니다. 제가 도와드릴 부분은 또 없으신가요?

TAPESCRIPT 36

WOMAN: Harvey Norman Fridges, how can I help you?

MAN: Yes, I just bought a silver Westinghouse Top Mount Fridge from you guys and it's supposed to be frost free but it's not!

WOMAN: I'm so sorry to hear that, sir. Let me see what I can do. May I have your name, please?

MAN: My name is William Burroughs.

WOMAN: And when did you purchase the fridge, sir?

MAN: On the <u>12th of January</u>.

WOMAN: OK, sir, I'll send out a repairman to your house to check the fridge on Monday, January 20th.

여자: 하비 노먼 냉장고입니다. 무엇을 도와드릴까요?
남자: 네, 제가 여기서 은색 웨스팅하우스 탑 마운트 냉장고를 샀어요. 그런데 성에가 안 낀다고 했는데 그렇지 않아서요!
여자: 대단히 죄송합니다. 저희가 해드릴 수 있는 부분을 알아볼게요. 성함이 어떻게 되시나요?
남자: 윌리엄 버로스입니다.
여자: 그리고 냉장고는 언제 구입하셨나요?
남자: <u>1월 12일</u>이요.
여자: 네, 냉장고를 확인하기 위해 1월 20일, 월요일에 고객님의 집으로 수리공을 보내겠습니다.

TAPESCRIPT 37

WOMAN: Manchester Employment Centre, how can I help you?

MAN: Hi, good afternoon. I'm new in this town and I'd like to inquire about some available part-time jobs, please.

WOMAN: OK, may I have your name, please?

MAN: It's Oliver Stonewall.

WOMAN: OK, Mr. Stonewall, the only part-time job available at the moment is for an accountant at a bank. The pay for it is only 7 pounds per hour but the working hours vary.

MAN: I'm fine with that.

WOMAN: Good. You could go to the local bank for an interview on the 30th of October.

여자: 맨체스터 고용 센터입니다. 무엇을 도와드릴까요?

남자: 안녕하세요. 이 동네는 처음이라 할 수 있는 아르바이트가 있는지 물어보려고요.

여자: 네, 성함이 어떻게 되시나요?

남자: 올리버 스톤월입니다.

여자: 네, 스톤월 씨, 지금 할 수 있는 아르바이트는 은행 경리입니다. 급여는 시간당 7파운드이지만 근무 시간은 유동적입니다.

남자: 괜찮네요.

여자: 좋아요. 면접을 위해 10월 30일에 지역 은행으로 가시면 됩니다.

TAPESCRIPT 38

JERRY: I heard you wanted to play golf with us.

ROBERT: Yes, indeed! When can we do that?

JERRY: I think we should go on the 4th of July. It's the Independence Day celebration so we'll watch the fireworks after we play a round of golf in the evening.

ROBERT: That would be perfect!

제리: 네가 우리와 골프를 같이 치고 싶어한다는 걸 들었어.

로버트: 응, 맞아! 언제 치러 갈까?

제리: 7월 4일에 가야 할 것 같아. 독립기념일 행사 때문에 골프를 치고 나서 저녁에 불꽃놀이를 구경할거야.

로버트: 완벽해!

TAPESCRIPT 39

WOMAN: Is the driver's license and insurance registration on going?

MAN: Yes, Ma'am.

WOMAN: OK, I'd like to also inquire about my cousin's registration.

MAN: No worries, madam; what can I help you with?

WOMAN: Well, my cousin wants to know when the certificates will be given out.

MAN: Ah, just a moment, let me check... yes, they will be sent by post beginning on August 1st.

WOMAN: And that shouldn't take more than 3 days, right?

여자: 운전면허와 보험 등록을 계속 하고 있나요?

남자: 네.

여자: 네, 제 사촌 등록에 대해 문의하려고요.

남자: 괜찮습니다. 무엇을 도와드릴까요?

여자: 음, 제 사촌이 면허증을 언제 받는지 알고 싶어해서요.

남자: 아, 잠시만요, 확인해볼게요… 네, 8월 1일에 우편으로 발송이 시작될 거예요.

여자: 그럼 3일 이상이 걸리진 않겠죠?

TAPESCRIPT 40

WOMAN: Hi, I'd like to sign up for a gym membership, please.

MAN: Sure. Have a seat, please. What's your name?

WOMAN: Jean Simpson.

MAN: OK, Miss Simpson, can I have your date of birth, please?

WOMAN: It's August 24th, 1979.

MAN: OK, kindly fill out the rest of this form. After, you'll have to pay a one-time membership fee of $200. There is a maintenance fee of $10 per month and since today is July 1st, you're scheduled to pay your first maintenance on the 1st of next month.

여자: 안녕하세요, 헬스클럽 회원 가입을 하려고요.

남자: 네. 앉으세요. 성함이 어떻게 되시죠?

여자: 진 심슨이에요.

남자: 네, 심슨 씨, 생년월일을 알려주시겠어요?

여자: 1979년 8월 24일입니다.

남자: 네, 이 서류 나머지를 작성해주세요. 그리고 나서, 일시불로 가입비 200달러를 내주시면 됩니다. 매달 관리비 10달러가 있고 오늘이 7월 1일이니까, 다음 달 1일에 첫 관리비를 내주시면 됩니다.

TAPESCRIPT 41

STUDENT: Hello, Professor. I'm here to arrange a schedule for a meeting with you.

PROFESSOR: Tell me what's on your schedule.

STUDENT: Well, I was wondering if we could have it either on the November 3rd or the 4th.

PROFESSOR: Give me a moment to check my calendar... hmm, let's see... Ah, unfortunately, it's not going to be possible. I will be out of town on a conference.

STUDENT: When are you due back, sir?

PROFESSOR: Well, I'll be back by 10am on November 5th.

STUDENT: Is it OK with you if we have the meeting then, after lunch perhaps?

학생: 안녕하세요, 교수님. 회의 일정을 잡으려고 왔어요.
교수: 너의 일정을 말해봐라.
학생: 음, 저는 11월 3일이나 4일에 할 수 있을까 해서요.
교수: 잠시 일정표를 확인해볼게… 흠, 어디 보자… 아, 안타깝지만, 가능할 것 같지 않구나. 다른 지역에서 컨퍼런스가 있어.
학생: 언제 돌아올 예정이세요?
교수: 글쎄, 11월 5일 오전 10시에 오게 될 거야.
학생: 그럼 점심 이후에 만나도 괜찮으신가요?

TAPESCRIPT 42

WOMAN: Shakey's Pizza, how may I help you?

MAN: Hi, I'd like to book a birthday party for my daughter, please.

WOMAN: Sure, sir. What date are you thinking to have it?

MAN: Hopefully, Saturday, the 28th of June.

WOMAN: OK, let me check if no one has booked for that date yet... yes, it's available.

MAN: Great! Can we have it from 11am to 4pm, please?

WOMAN: No problem, sir, that's noted. OK, may I have your name, please?

MAN: My name is Collin Hegna.

여자: 쉐이키스 피자입니다. 무엇을 도와드릴까요?
남자: 안녕하세요, 제 딸을 위해 생일 파티를 예약하려고요.
여자: 네. 언제 파티를 하실 생각이세요?
남자: 6월 28일, 토요일이었으면 좋겠어요.
여자: 네, 그날 예약을 하신 분이 없는지 확인을 해볼게요… 네, 가능하네요.
남자: 좋아요! 오전 11시에서 오후 4시까지 파티를 해도 될까요?
여자: 괜찮습니다. 적어놓을게요. 그럼, 성함이 어떻게 되시죠?
남자: 콜린 헤그너입니다.

TAPESCRIPT 43

STUDENT: Hi, I want to shift to another course. Could you help me?

REGISTRAR: Yes, but first, I would need your name.

STUDENT: It's Erica Bunton.

REGISTRAR: Give me a moment to pull up your records. To which course are you planning to shift to?

STUDENT: Well, I'm currently taking Economics but would like to shift to Psychology. My economics course started last August 5th so I'd like to work on this now before the next term begins on the 3rd of February.

REGISTRAR: OK, I understand. Take a seat while I prepare a list of requirements for you.

학생: 안녕하세요, 다른 강의로 바꾸고 싶어서요. 도와주시겠어요?
교무과장: 네, 하지만 먼저, 이름을 알려주세요.
학생: 에리카 번튼이에요.
교무과장: 기록을 꺼내보기 위해 잠시만 기다려주세요. 어떤 강의를 바꿀 생각이죠?
학생: 음, 지금 경제학 수업을 듣고 있는데 심리학 수업으로 바꾸고 싶어요. 경제학 수업이 지난 8월 5일에 시작을 해서 2월 3일에 다음 학기가 시작하기 전에 지금 바꾸고 싶어요.
교무과장: 네, 알겠습니다. 필요한 서류를 준비하는 동안 앉아계세요.

TAPESCRIPT 44

WOMAN: Business Conference Enterprise, how can I help you?

MAN: Hi, good morning. This is Scott Heaton and I'm scheduled to give out a presentation in the upcoming 10-day conference that will take place from June 14th to the 24th.

WOMAN: OK, Mr. Heaton, give me a moment to check the file so I can answer your questions.

MAN: OK, thanks. Actually, I just need to know when my presentation has been scheduled to.

WOMAN: I see. OK, here it is. It says that your presentation is set in the early evening of June the 19th.

여자: 비즈니스 컨퍼런스 회사입니다. 무엇을 도와드릴까요?
남자: 안녕하세요. 저는 스콧 히튼입니다. 제가 6월 14일과 24일에 열리는 곧 있을 10일간의 컨퍼런스에서 발표를 하기로 되어있어요.
여자: 네, 히튼 씨, 문의에 답변을 드릴 수 있도록 잠시 기록을 확인해보겠습니다.
남자: 네, 고맙습니다. 사실, 언제 발표가 잡혀있는지 알고 싶어서요.
여자: 알겠습니다. 여기 있네요. 히튼 씨의 발표는 6월 19일 이른 저녁으로 잡혀 있습니다.

TAPESCRIPT 45

MAN: Hello, how can I help you?

WOMAN: I'd like to inquire about the terms of your apartment for rent.

MAN: It's $700 a month and you'll need to make a month's deposit and a month's advance to move in. The address is the Clark House on University Drive. You can visit between 9am and 5pm on weekdays to see it. When are you planning to move in?

WOMAN: I was thinking on Sunday, the 11th of January.

MAN: That's fine, I think.

WOMAN: Now, if I may ask, what's included in the rent?

MAN: You get a furnished room, access to the kitchen and use of the washing machine. Also, a cleaning woman comes once a week to clean the rooms. So, if you move in on the 11th, the first time you'll see her is on January 15th. She always comes on Thursdays.

남자: 안녕하세요, 무엇을 도와드릴까요?
여자: 아파트 임대 기간에 대해 문의하려고요.
남자: 매달 700달러이고 한 달 보증금과 이사오기 위해 한 달 비용을 미리 치르셔야 합니다. 주소는 유니버시티 드라이브에 있는 클라크 하우스입니다. 주중에 오전 9시에서 오후 5시 사이에 보러 오시면 돼요. 언제 이사오실 예정이시죠?
여자: 1월 11일 일요일로 생각을 하고 있어요.
남자: 괜찮은 것 같네요.
여자: 그럼, 임대료에 어떤 것이 포함되는지 여쭤봐도 될까요?
남자: 가구가 딸린 방이 있고, 주방과 세탁기를 사용할 수 있어요. 또한, 여자 청소부가 방을 치우기 위해 일주일에 한 번씩 옵니다. 그래서, 11일에 이사를 오신다면, 청소부는 1월 15일에 처음 보시게 될 거예요. 목요일마다 오거든요.

TAPESCRIPT 46

AGENT: So what kind of job are you looking to get?

MAN: Well, anything in the hospitality sector would be great.

AGENT: Let me see... I have one here for a hotel doorman. You can work from Tuesdays to Saturdays and if you're hired, you can begin your work from the 25th of September.

MAN: That's perfect! What do I need to bring to the interview?

직원: 그래서 어떤 직업을 찾고 있으신가요?
남자: 음, 접객업 쪽의 어떤 일이든 좋아요.
직원: 한번 볼게요…. 호텔 도어맨 자리가 하나 있어요. 화요일부터 토요일까지 일을 할 수 있고 채용이 되면, 9월 25일부터 시작할 수 있어요.
남자: 완벽해요! 면접을 볼 때 뭘 가져가야 하나요?

TAPESCRIPT 47

MAN: Advance Insurance Company, how can I help you?

WOMAN: Good morning, I would like to file a claim for a broken window at my house, please.

MAN: OK, may I have your name, please?

WOMAN: Yes, it's Brianna May.

MAN: OK, Miss May, I have created a note for a claim on your account. However, you'll have to fill out a claim form. So, please come to the office on Wednesday, the 10th of February at 8:00 am.

Woman: OK, thank you.

남자: 어드밴스 보험 회사입니다. 무엇을 도와드릴까요?
여자: 안녕하세요, 저희 집에 깨진 창문에 대한 보험료를 청구하려고요.
남자: 네, 성함을 알려주시겠어요?
여자: 네, 브리아나 메이예요.
남자: 네, 메이 씨, 계좌에 청구 신청 문서를 만들었습니다. 하지만, 청구서를 작성해주셔야 하기 때문에 2월 10일 수요일 오전 8시에 사무실로 와주시길 바랍니다.
여자: 네, 감사합니다.

TAPESCRIPT 48

MAN: International Culinary Arts, how can I help you?

WOMAN: Hi, I'd like to inquire about your course on French style cooking.

MAN: OK, it's a 3-month-long course but it's only on the first Tuesday of each month, so you'll get 3 classes in all.

WOMAN: How long does each course lesson take?

MAN: It lasts 5 hours and there are 2 schedules to choose from – the first one is from 9 am to 2 pm and the second one lasts from 3 to 8 pm. You also have an event called "Girl's Club" where students get together and prepare dishes they've learned so far by themselves.

WOMAN: When does this event take place?

MAN: Let me see... Students for the April to June 2015 session will have their Girl's Club event held on June the 15th.

WOMAN: That sounds great. Can I register now?

남자: 인터내셔널 조리 학교입니다. 무엇을 도와드릴까요?
여자: 안녕하세요, 프랑스 스타일의 요리 과정에 대해 문의하려고요.
남자: 네, 이것은 3개월 과정이지만 매달 첫 번째 화요일에만 있기 때문에 총 3번의 수업을 듣게 됩니다.
여자: 각 수업을 듣는데 얼마나 걸리나요?
남자: 5시간 동안 합니다. 2개의 시간표에서 고를 수 있는데 첫 번째는 오전 9시부터 오후 2시까지 하고 두 번째 수업은 오후 3시부

터 8시까지 합니다. 또한 걸즈 클럽이라는 행사가 있는데 학생들이 함께 모여 지금까지 배운 요리들을 <u>스스로 준비하는 것입니다.</u>
여자: 이 행사는 언제 열리나요?
남자: 확인해볼게요…. 2015년 4월부터 6월까지 수강한 학생들은 <u>6월 15일에</u> 걸즈 클럽 행사를 가지게 됩니다.
여자: 그거 좋네요. 지금 등록을 할 수 있나요?

TAPESCRIPT 49

HARRY: Hello, Miss Julia, it's good to hear from you again!

JULIA: Thanks, Harry. I have been meaning to call you because the lease on our current office is about to expire and we are not able to extend it. Is the location you mentioned to me some time ago still available?

HARRY: In fact, it is! I'll just have to make arrangements for renovations to house all of your staff members. How many people will be occupying the office?

JULIA: We have 40 employees in total -- 4 Senior Executives, including myself, 6 Junior Executives and 30 other people in various positions. Do you think there's enough space for all of us?

HARRY: Oh, absolutely. So when do you plan to move in? I want to have the place cleaned and renovated by then.

JULIA: Well, our lease expires in June so what about on <u>May the 16th.</u>

HARRY: Perfect! I have enough time to fix up the place.

해리: 안녕하세요, 줄리아 씨, 다시 소식을 듣게 되어서 기쁘네요!
줄리아: 고마워요, 해리 씨. 지금 저희 사무실 임대 계약이 곧 만료가 되고 연장을 할 수 없어서 전화하려고 했어요. 얼마 전에 말씀하셨던 곳은 아직 비어있나요?
해리: 사실, 아직 있어요! 직원들이 모두 들어올 수 있도록 수리를 해야 해요. 사무실은 몇 명이 사용을 할거죠?
줄리아: 총 40명의 직원들이 있어요. 저를 포함해서 4명의 임원진과 중견 간부 6명, 그리고 다른 여러 직책에 30명의 직원들이 있어요. 그곳이 저희가 들어가기에 충분하다고 생각하시나요?
해리: 오, 물론이죠. 그래서 언제 이사올 예정이에요? 그때까지 치우고 수리를 할거라서요.
줄리아: 음, 임대 계약은 6월에 만료가 돼서 <u>5월 16일</u>이에요.
해리: 아주 좋아요! 수리할 시간이 충분하네요.

TAPESCRIPT 50

WOMAN: Yes, I'd like to inquire about holiday activities for my children at your sports centre.

MAN: OK, may I have your name and your children's names, please?

WOMAN: My name is Sienna Beacon and my children's names are David and Mara.

MAN: Thank you for that. Now, let's see... this season's activities are Outdoor Pursuits and Football and Sailing Activities. All activities are open to children aged 5 to 16 years old.

WOMAN: Sounds good.

MAN: There will be a general orientation on <u>February 27th</u> which parents and registered children must attend. You will be informed of all the requirements that are needed for each of the activities then.

여자: 네! 여기 스포츠 센터에 제 아이들을 위한 휴일 활동들에 대해 문의하려고요.
남자: 네, 고객님의 성함과 아이들의 이름을 알려주시겠어요?
여자: 제 이름은 시에나 비컨이고 아이들은 데이비드, 마라예요.
남자: 감사합니다. 자, 확인을 해볼게요… 이번 시즌 활동에는 야외 활동, 축구, 보트 타기 활동이 있어요. 모든 활동들은 5세부터 16세 아이들을 대상으로 합니다.
여자: 좋네요.
남자: <u>2월 27일</u>에 전반적인 오리엔테이션이 있고 학부모님들과 등록을 한 아이들은 반드시 참석을 해야 합니다. 그날 각 활동에 필요한 모든 것들을 알려드릴 거예요.

IELTS Speaking & Writing 대비를 위한 IELTS 실전 대비 과정

Perfect IELTS로 학습한 뒤 본격적으로 시험에 대비하기 위한 알츠스쿨의 IELTS 실전 대비과정을 소개합니다. IELTS Speaking은 혼자보다는 파트너와 함께 실전처럼 연습하는 것이 가장 좋고, Writing은 IELTS전문가의 교정을 통한 학습이 제일 효과적입니다. 이를 위해 IELTS 국내 최대 카페인 알츠스쿨에서는 IELTS 전문 Speaking, Writing 사이트(유료사이트)를 개설하여 많은 수험생들에게 큰 도움을 주고 있습니다. 국내유일의 IELTS 전문 Speaking, Writing Study 사이트로서 Perfect IELTS 저자들의 모든 노하우가 집약되어 있습니다.

알츠스쿨 실전 대비 과정 장점

◆위에 과정들은 별도의 과정이 개설되어 있지 않고 수강자가 수업예약을 할 때 임의로 고를 수 있습니다.
◆시험 일정과 수강생 각자의 의도와 편의에 원하시는 적합한 수업을 선택 예약하여
　자유롭게 IELTS speaking을 준비하실 수 있습니다.

IELTS Speaking

1:1 Class	Real Test

| 정확한 답변완성을 돕는 스카이프 일대일 수업 | 실제 IELTS 시험 형식을 그대로 반영한 모의테스트 |

정확히 문제에 답할 수 있도록, 수업 중에는 강사의 간단한 문제 설명과 답변 수정이 이루어집니다. 또한, 문제관련 힌트가 제공되어, 더욱 자신감 있게 답변을 할 수 있도록 수업이 구성되어있기 때문에, ICLTS를 시작하시는 분도 부담 없이 시작할 수 있도록 구성되어있습니다.

매월 전달 출제되었거나 출제 빈도가 높은 문제를 계속적으로 선별하여 모의테스트에 반영하고 있습니다. 따라서 시험을 바로 앞두고 계신 분들께 최적의 과정이며, IELTS Speaking 채점항목을 더욱 자세히 세분화하여 어떤 부분이 문제가 있는지 정확히 확인하여 개선할 수 있도록 구성하였습니다.

IELTS Writing

Correction

| ELTS 채점기준에 부합된 풍부한 표현을 제공하는 첨삭 |

IELTS Writing채점 항목 (Task Response or Achievement / Coherence & Cohesion / Lexical Resource / Grammatical Range & Accuracy) 을 준수하여 예상 Band(점수)를 산출하며, 정확한 의미전달을 위한 구절 또는 분상이 주가되는 전문가에 의한 고급첨삭이 이뤄집니다.

더 자세한 사항은 국내 최대 IELTS 카페인 알츠스쿨 또는 알츠스쿨 홈페이지에서 확인하세요
• 알츠스쿨 홈페이지 http://www.ielts-school.co.kr
• 알츠스쿨 카페 http://cafe.daum.net/vvvivvv

교재의 MP3 이제 콜롬북스 APP으로 편하게 다운로드 받자!

지금 바로 구글플레이 · 앱스토어에서 **콜롬북스**를 검색하세요.

콜롬북스 무료 MP3 다운로드 제공!

  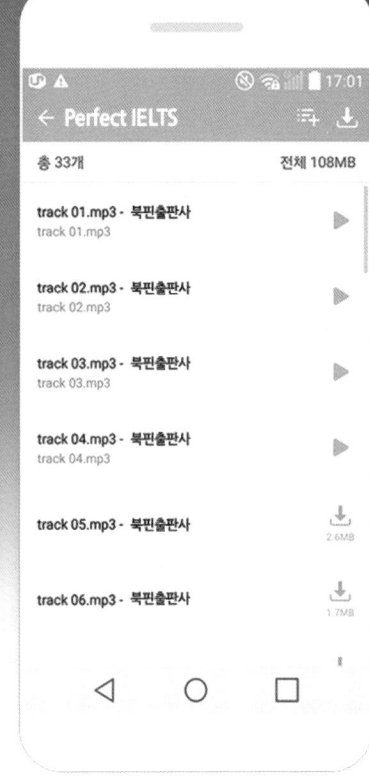

스마트폰에서 바로 듣는 MP3

- 구글플레이, 앱스토어에서 〈콜롬북스〉 어플을 설치하세요.
- 도서명이나 출판사를 검색하여 MP3 파일을 쉽게 다운로드하세요. (회원 가입 불필요)

내 서재로 쓰는 콘텐츠함 제공

- 회원가입을 하면 내 서재에 원하는 교재를 담아서 더 편리하게 이용할 수 있습니다.

무료 MP3 다운/듣기 편의기능 제공

- 빠르고 간편하게 MP3 다운로드
- 반복기능, 플레이 위치 이동 등 사용자 편의기능을 제공합니다.
- 다운받은 MP3는 콜롬북스에서만 재생할 수 있습니다.

COLUM BOOKS